Trac

NICO PIRO

Uno strano dono

Storia di un giornalista di guerra
che ha imparato a far pace con la disabilità

SOLFERINO

SOLFERINO

www.solferinolibri.it

ISBN 978-88-282-1492-2
Prima edizione: settembre 2024

Uno strano dono

Di tutte le città della Grecia, Sparta è l'unica a non aver lasciato all'umanità né uno scienziato né un artista... Forse gli spartani, senza saperlo, eliminando i loro neonati malati o troppo fragili, hanno ucciso i loro musici, i loro poeti, i loro filosofi.

Jérôme Lejeune

Non c'è niente di speciale nella scrittura. Devi solo sederti davanti alla macchina da scrivere e metterti a sanguinare.

Ernest Hemingway

Educazione salernitana

Shhhhhh... Sembra un sibilo e attraversa tutta l'aula, uno stanzone dentro un edificio costruito agli inizi del Novecento dove sta entrando, di taglio, il sole dorato del primo pomeriggio.

Il rumore è curioso, anomalo, fastidioso, ma non ci fa caso nessuno. Ormai ci siamo abituati.

Peppino sta aprendo una lattina di Coca-Cola, di nascosto, sotto al banco, dove tiene – ben stretta tra le mani – una rosetta imbottita: un panino di dimensioni salernitane, grande il doppio del suo equivalente milanese, la michetta. È venuto a scuola appena finito di lavorare al mercato con suo padre, che ha una bancarella (baracca, la si chiama qui) dove vende abbigliamento intimo. Per questo è soprannominato «Peppino 'a mutand'».

Nella città in cui sono nato, Salerno, il terremoto del 23 novembre 1980 non ha portato la stessa ondata di morte e distruzione che ha spazzato l'Irpinia, il Calore, la Basilicata. Ha «solo» imprigionato il centro storico della città nei tubi Innocenti, gli unici che resteranno davvero tali in mezzo all'imminente scandalo della ricostruzione.

Nell'infinito elenco degli edifici «inagibili» c'è anche la scuola Lanzalone, quella dei figli dei portuali, delle «tribù» del centro storico, dei salernitani ferocemente veraci. Per questo, nella mia scuola media abbiamo cominciato a fare i doppi turni. La mia classe entra alle 14 ed è stata fusa con una dell'altro istituto. Adesso qui dentro non siamo più solo figli di piccola borghesia, dipendenti statali, commercianti, «quelli del centro» (che poi è a poco più di un chilometro di distanza).

Oltre a «Peppino 'a mutand'» c'era Nando, che dopo la terza media andrò a trovare in uno «scasso» – un autodemolizioni – dove aveva il compito di tagliare con il «cannello» (la fiamma ossidrica) i telai delle moto rubate. Luigino mi raccontava sempre di suo padre che era in Egitto anche se non capivo mai davvero cosa stesse facendo in quel Paese, almeno fino al giorno in cui ha risposto alla mia domanda su quando sarebbe tornato a casa: «Tra dieci anni».

C'era poi Mario, anche lui veniva da una famiglia di ambulanti, divorato dal tifo per la Salernitana. Ogni volta che andavo a suonare al suo citofono, prima di scuola, si affacciava gridando dalla finestra del bagno; mi ero ormai convinto che vivesse lì dentro.

Un altro compagno di classe acquisito era invece il figlio del capo dei facchini del mercato generale. Dopo le «scuole» (la licenza media) se ne sarebbe andato in America per poi ritornare a casa e infine trasferirsi di nuovo negli Usa dove avrebbe coronato, con il successo delle sue pizzerie, un percorso da sogno americano.

Un ragazzino che non poteva correre e che camminava male poteva mai sopravvivere in quell'ambiente? Per giunta, un ambiente che non si era scelto ma nel quale si era semplicemente ritrovato, senza rete né protezione?

È una domanda che avrebbe senso se non fossimo nella Salerno degli anni Ottanta. «Ogni crisi porta con sé un'opportunità» è una delle più solide convinzioni della mia vita e credo di averlo capito proprio in quegli anni.

La tragedia del terremoto ha regalato a una generazione di ragazzini la possibilità di diventare adolescenti in un ambiente totalmente interclassista. Tra di loro c'ero anch'io, e ho imparato che la normalità nella vita è qualcosa di molto diverso da quello che la televisione voleva farci credere, soprattutto la televisione di quegli anni. La Fininvest aveva già cominciato la demolizione della cultura nazionalpopolare italiana (operazione che sarà poi decisiva per l'affermazione del berlusconismo politico) e stava spacciando un modello di società e di famiglia preso direttamente dall'autorappresentazione che l'America Wasp (bianca, anglosassone, protestante) dava di se stessa, delle sue rigidità passate per qualità, del suo separarsi dagli altri, del suo arido produttivismo, della sua assenza di sarcasmo e di ironia, del suo razzismo silenzioso. Salerno però resisteva, complice l'«ammuina», cioè il rimescolamento sociale causato dalla tragedia del terremoto, almeno per chi l'aveva fortunatamente vissuta di striscio.

La grande stufa a cherosene era piazzata nel corridoio per fare in modo che il calore raggiungesse tutte le altre stanze. A casa mia non c'erano i termosifoni, mancavano in tutto il palazzo. Il mio bisnonno lo aveva ricostruito dopo i bombardamenti alleati della Seconda guerra mondiale. L'edificio originario era stato colpito nonostante fosse a oltre duecento metri in linea d'aria dal fascio dei binari della stazione ferroviaria eppure i sorvoli dei bombardieri alleati andarono avanti per settimane: all'epoca le bombe non si chiamavano ancora «chirurgiche» come fanno oggi portavoce e generali per pulirsi la coscienza, erano ordigni a caduta libera. Quasi sempre mancavano il loro bersaglio. I salernitani si erano inventati il soprannome di «Ciccio 'o ferrovier'», cioè Francesco il ferroviere, per quel pilota che erano convinti di scorgere in cielo poco prima dei raid sulla stazione ferroviaria.

Gli strani percorsi della vita mi porteranno a sposare una donna americana, nipote di uno di quei soldati a cui le bombe sganciate dei B-52 stavano aprendo la strada, colpendo infrastrutture e il nodo ferroviario di fronte alla casa dove sarei nato. Tragico prologo allo sbarco avvenuto il 9 settembre del 1943 più a sud, sulle spiagge di Paestum.

All'epoca della ricostruzione, subito dopo la Seconda guerra mondiale, in una città di mare del Sud, pur ventosa come Salerno, i riscaldamenti centralizzati venivano considerati, più che un lusso, una specie di superfluo capriccio.

Per ovviare al problema, una trentina di anni dopo, messa su famiglia in quella casa, i miei genitori avevano comprato una grande stufa piazzandola nel corridoio, un posto dove potessimo riunirci tutti dopo cena, con il vantaggio che il calore riscaldava la vicina cucina e tentava – senza successo – di arrivare alle stanze da letto. Mi piaceva tanto quella stufa che assomigliava a un camino ma aveva un grosso problema: mia mamma doveva salire quattro piani di scale con le latte di cherosene, di una grezza plastica gialla, perché nell'edificio non c'era l'ascensore. La stufa mi piaceva soprattutto perché aveva una finestra fatta a listelle di vetro temperato con i bordi molati che frammentavano l'immagine del fuoco come un prisma. Mi ipnotizzava guardare le fiamme dorate, brillanti che zampillavano dal bruciatore. A volte dall'ipnosi passavo al sonno.

«Nico, dài, non ti ci addormentare davanti che finisci come Pinocchio.» Spesso mi svegliava così mia mamma. Ne ridevamo tutti, ma almeno al burattino di Collodi le gambe bruciate erano state sostituite.

Il sarcasmo è stata la chiave con cui la mia famiglia ha sempre affrontato i miei problemi di salute, che pure l'hanno portata sull'orlo del crollo economico e psicologico.

Quando si trattava di viaggi della speranza e di cure quei problemi li prendevamo sempre sul serio; mai quando si trattava di conviverci ogni giorno. Il sarcasmo era la cima che afferravamo per non farci portare via dai marosi della malattia. Il salvagente era però l'amore incondizionato dei miei genitori e la loro continua, martellante, quasi fideistica convinzione che ce l'avrei fatta qualunque cosa avessi voluto fare. Una fiducia che non diventava mai un pompare illusioni e un giustificare fughe dalla realtà, era invece un percorso senza sconti.

«Quest'anno, per l'ottimo risultato a scuola, ti regalerò un abbonamento allo stadio.» L'annuncio di mio padre arriva nel mezzo di un pranzo di famiglia e mi lascia totalmente sorpreso, visto che mai aveva «gradito» il mio frequentare la curva della Salernitana. Tale è la mia sorpresa che non reagisco con la gioia che l'evento meriterebbe, ma resto perplesso in attesa della frase successiva. Mio padre odia lo stadio e quella che definisce «sottocultura della curva», per questo ogni volta che ci vado mi parla addosso per giorni. «E visto che sei stato così bravo» ecco che arriva l'epilogo «l'abbonamento sarà nel settore distinti.» Scoppiamo tutti a ridere. «Distinto», il voto che avevo appena preso all'esame di terza media, un gradino sotto l'ottimo, quello che invece si aspettava mio padre. Andava così, senza sconti.

Una gamba più corta dell'altra di sei centimetri che ne influenzò la postura sin da bambino e quindi l'andatura. In una delle mie lunghe maratone notturne alla tv, tra un Tg3 della notte e un film di *Fuori Orario*, mi trovai di fronte alla storia di Garrincha, un campione come pochi nella storia non solo del Brasile, il Paese che del pallone ha fatto un credo popolare, ma del calcio tutto. Che grande speranza sapere che quel bambino zoppicante e con le gambe storte era riuscito a trasformare i suoi limiti in grandi vantaggi quando si trattava di fare dribbling, aggirando l'avversario.

Al contrario di Garrincha, la mia disabilità con il calcio non mi aiuta. Per questo comincio a giocare da portiere, ruolo dove correre non è necessario. Intanto avevo cominciato a frequentare il mondo del football americano, uno sport che per gli strani meccanismi dell'immigrazione di ritorno era approdato nella mia piccola città. Anni d'oro, quelli, per il football americano, che sarà per me una straordinaria scuola di vita. Tra scaricatori del mercato e studenti oversize di ingegneria, non riuscirò mai a superare lo step del flag-football ma imparo che se ti colpiscono e soffri da morire, devi sorridere; imparo che devi sempre desiderare che la palla corra dal tuo lato così da poterne colpire il portatore; imparo che il sacrificio può portarti ovunque e che senza dolore non ci sono progressi. Imparo anche che non è solo bello giocare ma anche testimoniare, cioè raccontare quello che accade e, pur di non allontanarmi dal mondo del football, imparo a fotografare e quell'esperienza – a sedici anni – diventa il mio primo passo nel mondo del giornalismo.

L'unione del calcio e del football non è stata però esente da effetti collaterali: uscendo fuori dai pali, non avevo paura né di farmi male né di farne agli avversari. I miei compagni di calcetto non la prendevano esattamente bene. Uno mi disse che sembravo Sylvester Stallone quando, in un famoso film, da completo ignorante di calcio si improvvisa portiere nella squadra dei prigionieri di guerra che deve sfidare la selezione dei soldati nazisti.

Chiudo con il calcio qualche anno dopo. Stavamo giocando in un piazzale, libero dalle auto perché era appena finito il mercato rionale. Asfalto gibboso e cemento ovunque. Uno strazio per un portiere chiamato a tuffarsi di continuo nel caos di un campo senza linee e senza porte. Al sesto gol subito un amico (Sandrino il Nero, chiamato così perché suo padre lavorava nei campi petroliferi libici) grida: «Togliete il portiere, mettete il citofono». E quel giorno finì la mia «carriera» calcistica.

Il calcio, come il football, era un'eccezione per me, faticosamente sottratta al controllo dei miei genitori; un passatempo, un momento di socialità.

All'epoca la medicina era nella sua fase «chirurgica», agli esseri umani andavano cambiati i pezzi (o modificati) come fossero automobili, era un positivismo alla Mary Shelley quello che imperava nell'ortopedia e non solo. Ai bambini con lesioni cerebrali spastiche, per esempio, si tagliavano gli adduttori convinti di «sbrigliarne» le gambe; quasi sempre così li si riduceva su una sedia a rotelle ma ci vollero anni affinché i medici lo capissero. Anni durante i quali anch'io finii massacrato da inutili interventi chirurgici per cercare di guarire piaghe da decubito che, invece, avrebbero dovuto essere curate con dei plantari.

In quegli anni, la fisioterapia era inscindibilmente legata alla chirurgia. Non viveva di vita propria, esisteva solo per il post-intervento, «serviva» dopo la rimozione del gesso, non aveva autonomia e dignità né nel preservare né nel curare.

L'acqua entra nel casco e negli stivali, li inonda. Diventano pesanti e mi tirano giù. A forza di braccia riesco a raggiungere la sponda fatta di sassi e sabbia. Frana sotto il peso delle mie mani ma, alla fine, riesco ad arrampicarmici sopra. Apro i ganci degli stivali e ne esce un fiume. Il casco è marcio. Respiro affannato. Rido.

Non smetto di ridere. Stavo morendo illeso e non so ancora perché.

Un attimo prima la moto volava sulla spiaggia lungo quella linea dove l'onda batte e la sabbia si compatta tanto da non opporre troppa resistenza alle gomme e farti andare, anche se hai solo un motore da 350 cc e ti mancano gli pneumatici adatti. Quando ho visto la foce, ho dato gas, convinto di avere abbastanza velocità per saltare oltre.

Otto marzo, in mezzo agli anni Novanta. Quella mattina mi sveglio con un presagio di sventura: una coccinella morta nel letto. Mi vesto provando a dimenticare le mie radici preilluministe e meridionali, alla fine esco lo stesso in moto. Imbocco il tratturo che porta sui pianori dell'Accellica, la montagna di Giustino Fortunato, ma devo tornare indietro: c'è neve dappertutto e il posteriore scoda, non ho le gomme giuste. Decido di scendere a mare e nonostante la moto non abbia potenza a sufficienza per galleggiare sulla sabbia, la traiettoria che trovo sulla battigia è perfetta, fino a quando arrivo sulla sponda di un torrente. Al termine del salto finisco, come un coltello caldo nel burro, direttamente sul fondo del corso d'acqua. Nei miei piani sarei dovuto finire con le gomme sul fondo e l'acqua alle ginocchia, un pelo sotto la marmitta. I piani, però, non sempre riescono. L'inverno, la pioggia, la neve avevano alzato il livello del torrente mentre il mare in tempesta si riversava nella foce ingolfandola ancora di più.

Andando sott'acqua, per fortuna, la moto resta in assetto da strada, non si piega su un fianco e quindi non mi blocca le gambe. Con non poca fortuna riesco a non annegare. Arrivato sulla strada, a piedi, mi ritrovo nel deserto della litoranea di Battipaglia d'inverno, tra stabilimenti balneari chiusi e traffico rarefatto. Non so come chiedere aiuto perché l'epoca dei telefonini non è ancora arrivata. Poi vedo spuntare un collega in auto con l'amante, che si ferma ma mi prega di non dirlo a nessuno. Guidiamo fino a un equivoco campeggio, stranamente aperto fuori stagione, per chiamare i vigili del fuoco. «Ma mica lei è ancora in acqua?» Mi chiede stupito il pompiere dall'altra parte della cornetta.

Ci sarebbe stato da ridere: «Motociclista annega nel Tusciano». E i vigili del fuoco non smettono di ridere quando tirano fuori la moto dal fiume. Ma la scena più esilarante è il pompiere che, convinto, si avvicina e mi dice: «Stacchiamo i cavi della batteria se no va in corto». Ridono anche i meccanici, quando aperto il cilindro del motore ci trovano dentro acqua e sabbia. Rido anch'io, quando la moto riparte dopo un giorno d'officina.

Non ride però mia mamma quando mi vede arrivare nella cabina dell'autopompa con le sirene spiegate. I vigili del fuoco mi avevano dato un passaggio a casa.

Quello è stato probabilmente l'apice delle follie motociclistiche in cui mi producevo da una decina d'anni, dopo aver superato con grande fatica il divieto assoluto dei miei genitori di comprare un motorino, condito da appostamenti per vedere se usassi quello degli altri amici.

Dopo il mancato annegamento in moto, la lite a casa è tanto feroce quanto emblematica. Mia madre me ne dice di tutti i colori, finché non esplodo: «Hai sempre deciso quello che avrei dovuto fare nella mia vita». Non è sufficiente, mia mamma raccoglie tutte le sue residue forze e spinge sui polmoni: «Tu hai sempre fatto quello che cazzo hai voluto!». Gioco, partita, incontro.

Riavvolgo il nastro di quella giornata: quando hai quindici, sedici anni la vita ti sembra infinita, l'ultimo dei tuoi problemi è cosa fartene di quella vita perché «C'è tempo! Prendiamoci una cosa alla volta!». Prima bisogna occuparsi di cosa fare a Capodanno, delle feste con gli amici, della scuola che deve finire perché non se ne può più e dell'estate (ma quando arriva?), delle trasferte della Salernitana, dei biglietti in curva, della politica, delle elezioni a scuola, delle liti, del casino di sera, del giubbotto che costa troppo ma voglio comprarmelo lo stesso, del bordello per il motorino.

Quando perdi mesi di scuola, quando entri ed esci da un ospedale come gli altri ragazzini dai cinema (all'epoca non c'era Netflix), quando un reparto diventa la tua casa, quando devi rinunciare a cose normali come una partita di pallone, una gita, una festa dove si va a ballare, quando non puoi uscire perché devi recuperare i compiti che hai saltato dopo lunghe assenze. Quando ti capita tutto questo e sei ancora un adolescente, la rivelazione ti aspetta dietro l'angolo. Una volta che lo giri non ti dà il tempo di frenare, nell'illuminazione ci sbatti dentro.

L'uomo più ricco del mondo può avere e accumulare tutto, può riempire la sua autorimessa di Ferrari e Lamborghini, l'armadio di abiti firmati, il caveau di soldi e gioielli. C'è però qualcosa che non riuscirà mai a mettere da parte, in cassaforte, per poterlo usare dopo: è il tempo. Quello va usato ogni volta che esce dalla catena di montaggio della vita, quindi ogni secondo, perché ogni attimo non utilizzato va perso, per sempre, e non si può recuperare. È il fiume di Eraclito che mi appassionava al liceo e nel quale non ci si può bagnare per due volte allo stesso modo, perché tutto scorre e quindi non è come prima e non sarà mai come dopo.

Quella illuminazione, la scoperta che il tempo o lo usi o lo perdi, si unisce all'idea che la morte e la malattia non smettono mai di lavorare per demolirtelo, quel tempo che ti è stato assegnato. Non so perché ma l'unica immagine che riesco a trovare per descrivere questo continuo demolire è quella di *Galaga*, un videogioco di quegli anni: sciami di astronavi che ti piombavano addosso senza che tu potessi fare altro che distruggerli o almeno provarci, per sopravvivere. Grafica bidimensionale, roba noiosa se paragonata a quella di oggi, ma all'epoca per avere quei videogame c'era bisogno di tante monete e di uscire di casa, verso luoghi mistici come la Play Room, una sala giochi.

Ho capito che, se fossi rimasto fermo, la malattia non avrebbe fatto altro che accelerare il tempo, facendomelo scivolare ancora più velocemente tra le dita. Da quel momento in poi non ho mai smesso di «fare», perché ho capito che costruendo, producendo, ideando, immaginando, realizzando (e sbagliando strada facendo) riusciamo a valorizzare l'ingrediente tempo, che altrimenti diverrebbe rancido all'istante come pesce lasciato fuori troppo tempo dal frigo, nel caldo d'agosto.

Da quel momento in poi, ho sempre avvertito il produrre come una cosa giusta, cioè come la sola cosa da fare.

Quell'uomo è riuscito ad arrivare fino a pochi metri dalla «porta degli inglesi», l'*abbey gate*, una vera impresa, perché quasi fisicamente irrealizzabile. In quei giorni, l'aeroporto di Kabul è assediato da decine di migliaia di persone, terrorizzate dall'arrivo dei talebani che, pochi giorni prima, nel Ferragosto del 2021, hanno ripreso il potere in Afghanistan. Quell'uomo non si è fatto largo tra la folla, ha invece sfruttato un canale fognario, a cielo aperto, dove ha camminato con i liquami fino alle ginocchia per raggiungere l'ingresso dello scalo. A pochi metri da una pattuglia di militari americani e nel mezzo di una folla che si accalcava disperata ha fatto detonare l'esplosivo che si portava nascosto sotto lo *shalwar kamiz*, l'abito tradizionale composto da pantaloni larghi, coperti da un camicione che scende sotto la vita.

La balistica è una scienza ma ha sempre tanto di esoterico. Non è solo la forza della carica esplosiva, la sua disposizione nell'involucro, ma è il contesto a determinare gli effetti devastanti di un ordigno, come quel canale di scolo che ha convogliato lo spostamento d'aria, accelerandolo e moltiplicandone gli effetti distruttivi. Si chiama effetto Venturi, lo conoscono bene i marinai che sentono le loro barche prendere velocità quando passano in mezzo a due isole o tra la costa e un'isola, insomma tra due lembi di terra, tra due ostacoli.

Per una famiglia, la disabilità e la malattia di una figlia o di un figlio sono l'equivalente di una granata lanciata dentro una trincea, o come il kamikaze in quel canale di scolo. L'onda d'urto iniziale investe i genitori per primi. È carica di shock, quello della scoperta della verità; di disorientamento, per l'incertezza totale sul futuro; della necessità di reinventarsi esperti di medicina, di trovare «quello bravo» o l'ospedale giusto, della confusione generata dal congelamento di qualsiasi attività fosse in corso o programmata da tempo, cose banali, essenziali, dal lavoro alle vacanze.

L'esplosione però non si limita ai danni del primo cratere, comincia a infilarsi nel corridoio di casa, si inserisce in ogni canale della vita. Ci vuole un po' di tempo per capire che il trauma iniziale non finisce mai, si diluisce nella quotidianità, sotto forma di progetti di normalità infranti, si manifesta con il progressivo impoverimento perché – anche solo per i viaggi della speranza – curarsi è costoso, molto costoso, e quindi bisogna rinunciare a tutto il resto. Dai vestiti al tempo libero, tutto diventa superfluo se paragonato alla salute.

Superato lo shock della «scoperta» della disabilità, della malattia, del danno irreparabile, una famiglia deve evitare di crollare o di essere resa completamente inagibile dai danni dell'esplosione. I genitori devono cominciare a gestire i rapporti con gli altri figli (io ho un fratello, minore) per evitare che si sentano secondari e abbandonati, visto che il grosso del tempo della loro mamma e del loro papà verrà destinato solo a uno di loro.

«Perché hai un calzino?» Sono appena entrato in un mare che sembra una lastra di cristallo, immobile e quindi trasparente nonostante il fondo sabbioso. Il golfo di Sapri e tutta la costa del Cilento, il mare della mia infanzia, alternano roccia e sabbia. Entrambe per me sono un problema, la prima è troppo tagliente, la seconda si infila con i suoi granelli nelle ferite. All'epoca credo avessi poco più di dieci anni, un'epoca in cui non esistevano cerotti hi-tech e medicazioni pressoché stagne, come quelle disponibili oggi; al massimo c'era qualche inutile protezione in lattice, per questo mia mamma mi aveva chiesto di camminare dall'ombrellone al mare con un calzino, per giunta bianco, perché era un modo per tenere sotto controllo una ferita che a volte perdeva sangue, a volte pus. «Perché hai un calzino?» mi chiede il bimbo che sta giocando in acqua. «Forse perché sono fatti suoi?» lo stronca mio fratello, sette anni. La disabilità in una famiglia complica ogni genere di rapporto, non solo quello tra genitori e figli ma anche quello tra fratelli e sorelle. «Io sono Leone» ha scherzato mio fratello per anni e non si riferiva solo al suo segno zodiacale, che era effettivamente quello. Si riferiva al fratello di Camillo Pianese, Leone, interpretato da Marco Messeri in *Le vie del signore sono finite*. Nel film Massimo Troisi combatte con la sua disabilità «psicosomatica» (e contro il fascismo) proprio con il sostegno del fratello Leone, destini incatenati. «Io sono Leone»: un altro esempio del sarcasmo di casa mia.

I genitori non devono solo occuparsi della figlia o del figlio disabile, devono dedicare il poco tempo che resta a gestire il rapporto di coppia. La loro attenzione è però prosciugata dalle necessità della malattia e dalle ansie che scandiscono i giorni. Ansie che fanno impallidire quelle classiche di un papà e di una mamma che pure non si annullano. Il «Copriti, fa troppo freddo fuori» si somma alle preoccupazioni «straordinarie» legate alla malattia.

È un meccanismo spesso incontrollabile che può fare grossi danni soprattutto a chi è oggetto di quelle ansie, la figlia o il figlio disabile che di fronte a quello che può essere un peso enorme deve scegliere se ribellarsi (sempre che riesca ad avvertirlo come un pericolo) o accomodarsi sotto quella falsa protezione.

Lo chiamavano il «castello» anche se della fortezza non aveva nulla. Non ho mai capito se fosse solo un classico esempio della passione ottocentesca per gli stili di un lontano passato, in primis il gotico, o un edificio nobiliare che era cresciuto sulle mura di una torre di guardia medioevale, al servizio della strada vicina. Stava su un antico percorso che porta dal mare di Salerno verso l'Appennino, i Monti Picentini, e lungo il quale ancora oggi un occhio attento riesce a vedere i ruderi delle guarnigioni che lo sorvegliavano, distanti chilometri ma disposti sempre su una linea di contatto visivo per comunicare tra di loro con i segnali luminosi dei fuochi. Il «castello» era stato forse uno di quei bastioni.

Mio padre gli stava dedicando molto del suo tempo anche se intanto i lavori di ristrutturazione di casa nostra galleggiavano nel limbo, tra le sue assenze e l'assenza di soldi per completarli. Il «castello» era un enorme parco giochi per lui, artista che non si limitava alla pittura ma veniva da una tradizione familiare di decoratori, quella che l'aveva portato in materica (e vesuviana) rotta di collisione con la transavanguardia, agli inizi degli anni Settanta. Mentre il mondo dell'arte diventava etereo, allontanandosi sempre più dalla materia, lui ci si tuffava dentro. Docente prima al Liceo artistico – dove aveva conosciuto mia madre, una sua allieva sposata poco dopo la maturità –, poi all'Accademia di Belle Arti, il «castello» lo divorava perché era uno di quei luoghi dove poteva togliere l'intonaco e vedere come le zeppe di legno erano state usate per fissare blocchi di pietra senza malta, oppure come il rovere delle montagne vicine era diventato scheletro dei solai, o quanto stucco si usava prima dei catalizzatori chimici per renderlo plastico poi solido.

«Ho toccato quel barattolo, sarà velenoso?» Panico.

Intorno ai dieci anni d'età forse per l'eccessiva frequentazione con gli ospedali e quindi con l'idea stessa della fine, della morte, comincio a vederla dappertutto. All'epoca non avrei mai immaginato che qualche tempo dopo, per il mio lavoro, sarebbe diventata una compagna, una parte decisiva della mia vita, tanto da poterla apprezzare: nel suo essere un limite che ti sprona a vivere. Quando, da grande, ho cominciato a frequentare luoghi dove morire era una possibilità quotidiana, a ogni minuto e per motivi non sempre epici, come un incidente stradale a tre ore dall'«ospedale» più vicino, ho cominciato a preferire stare lì. In mezzo ai vivi che guardavano in faccia la morte, piuttosto che nella nostra parte del mondo, soffocata dal consumismo, in mezzo a schiere di morti che – comprando cose – si illudono di essere vivi.

Tutto questo è appunto successo anni dopo, non in giorni come quello nel cantiere del «castello» con quel barattolo che evidentemente mi avrà spaventato tipo una barra combustibile del reattore di Černobyl.

Mio padre, da buon artista visivo mai capace di esprimersi con le parole, sempre con le immagini, risponde nel modo che gli è più congeniale: apre la latta di vernice – quella che solo a toccarla temevo mi avesse già condannato a morte – ci mette le mani dentro e se le passa in faccia spalmandosi di quel liquido oleoso, denso, di color marrone biondo. Dopo avermene dato la prova pratica mi dice: «Ecco, vedi che non muori!».

I genitori di una bimba o di un bimbo malato devono cominciare a occuparsi di attività che sino al momento dell'«esplosione» ritenevano cose da medici o da infermieri, come aspirare la trachea di un bambino, cambiargli il catetere, lavarlo a letto, rifargli le medicazioni.

Che poi tutto questo, visto da un bambino, può assumere anche contorni buffi.

Una delle cose che mi spaventava di più, da piccolo, era l'idea che una volta cresciuto non avrei saputo tagliarmi le unghie dei piedi come faceva mia madre per evitare che assumessero forme tali da aprire piaghe nella cute vicina. Le unghie! Un problema – poi scoprirò minore – che, nella visione parziale della situazione che i genitori lasciano a un bambino o a una bambina, era diventato improvvisamente un enorme macigno sul futuro.

Credo di aver superato quel «trauma» buffo solo verso i quarant'anni, quando mi sono deciso a usare un tagliaunghie, da bambino messo al bando da mia madre (che usava con grande cura e maestria le forbicine) in quanto strumento di pericoloso autolesionismo. A farmi rompere ogni indugio è stato il fatto che un tagliaunghie è più pratico da portare in giro, perché non fa scattare le paranoie da dirottamento ai controlli di sicurezza degli aeroporti, cosa che invece riesce benissimo alle forbicine.

I genitori devono cominciare poi a occuparsi di scuola a casa perché un figlio o una figlia che hanno problemi di salute sono destinati a perdere mesi in aula e purtroppo anche ad accomodarsi in una vita fatta di fumetti, di televisione persino di mattina (oggi più probabilmente di videogiochi) e di un comodo letto nel quale rientrare dopo che è stato rifatto, con le lenzuola ghiacciate dal vento della finestra perché «bisogna cambiare l'aria»; un ciclo scandito un po' come in un ospedale.

Di quegli anni conservo una piccola collezione di errori di ortografia, ho come la tentazione di ripeterli ogni volta che scrivo ma mi fermo un attimo prima (o rimedio subito dopo) dandomi come spiegazione il fatto di esserci affezionato. Mi ricordano che ho saltato un bel pezzo di scuola alle medie.

Tutto questo una famiglia deve affrontarlo completamente da sola, ed è chiaro che ce la puoi fare solo se hai una rete di parenti che può aiutarti, condizioni materiali che te lo consentano e una buona dose di istruzione e di cultura. Lo Stato non fa nulla per te, in primis i politici che si riempiono la bocca di calo demografico ma non aiutano in alcun modo le famiglie, figuriamoci quelle con figli disabili.

Al bar i ragazzi in carrozzina hanno sempre qualcuno vicino. Il vecchio sanatorio sulla collina poco distante da Imola è un luogo dove quasi nessuno cammina, salvo il personale medico e qualche parente. Il grosso dei pazienti è paralizzato dalla vita in giù, con diversi gradi di danni accessori, dalla debolezza delle braccia ai tremori degli arti inferiori. Quasi tutti si sono trovati così all'istante, per un incidente stradale o sul lavoro: ragazzi e uomini in perfetta salute, la cui vita è cambiata in maniera irreversibile. Un trauma senza appello e senza possibilità di prepararsi. Di fronte a me: madri anziane, invecchiate per il dolore ancor più che per gli anni, tornare a essere mamme di bambini anche se sono uomini fatti, chi di venticinque, chi di trent'anni. Impossibilitati a far da soli per la loro perdita di autonomia, tornano ad aver bisogno delle madri che si occupano di loro per ogni bisogno mentre si danno un tono, recitando un personaggio: «Io non mi dispero! Io penso agli altri pazienti, a quelli che non hanno nessuno che si occupi di loro».

Non ricordo se ho letto prima *Lo straniero* di Camus o se l'ho scoperto attraverso *Killing an Arab* dei Cure. La canzone l'ho sentita dopo il terzo liceo, il libro l'ho preso in prestito da mio zio Peppe, fratello di mia madre e impassibile scapolo d'oro, di cui non dimenticherò mai le lacrime che gli allagavano gli occhiali da sole Persol, una volta che da bambino mi era venuto a trovare in ospedale in una città del Nord che da allora non ho mai smesso di detestare.

Forse solo ora, scrivendo, capisco perché quel libro mi ha colpito tanto. L'estraniato era capace di confrontarsi con l'abisso della morte, che lui stesso stava provocando, ma senza giudicare, senza provare sentimenti che l'avrebbero sconvolto, paralizzandolo. Camus aveva i «piedi neri», era un francese d'Algeria. Era fuori luogo sia per gli algerini, che lo consideravano un colonizzatore, sia per i francesi colonizzatori, che lo consideravano un algerino. L'estraneità è quella dimensione che mi ha sempre consentito di confrontarmi con l'assurdo della vita, della mia vita. Ho smesso di cercarne il senso a favore della scelta di viverla, perché l'esistere è ora.

Anche per questo ho archiviato il mio sogno di studiare Storia o Filosofia all'Università. Non volevo finire come i giovani artisti che popolavano casa mia, in pellegrinaggio da mio padre. Grandi talenti ridotti a chiedere una raccomandazione ai socialisti (che in quegli anni comandavano) per un posto a scuola.

Forse per questo ho scelto di fare il giornalista, riflettere sulla società e raccontarla per provare a migliorarla. Ma per restare indipendente mi sono iscritto a Economia e commercio. Troppo tempo passato con i cassaintegrati storici del giornalismo salernitano sulle panchine del lungomare per non immaginarmi una via di fuga se le cose fossero andate male come stava capitando a loro, pur bravi e stimati.

Sono appena sceso da un treno di quelli che puzzano di metallo ottonato, tappezzeria impregnata di polvere e ganasce dei freni bruciate. Sono a Venezia e per una volta ci transito di giorno, non in un improbabile orario notturno, che mi costringe ad aspettare il cambio per Salerno nella sala d'attesa della stazione Santa Lucia, popolata di marmi gelati e di persone senza fissa dimora che gelati non volevano morire. È il 1994, ma le Ferrovie dello Stato sono rimaste quelle di trent'anni prima, sull'asse sud-nord destinate prevalentemente al trasporto immigrati. Arrivo da Calalzo di Cadore, la stazione più vicina a Cortina, dove ero stato in un ospedale che mi faceva pensare alla montagna incantata di Thomas Mann.

La sosta diurna a Venezia mi offre l'occasione di fare un giro in città. Vado a Palazzo Correr e in una delle sale vedo, a sorpresa, qualcosa che stavo cercando forse senza nemmeno saperlo. È una struttura in ferro, una cupola ellittica semplice ma non rozza. Sembra precaria ma non ti trasmette l'angoscia del crollo imminente. Sopra a quel telaio, con i morsetti da banco, sono state montate decine di lastre di quello che mi sembra fosse travertino. Ma forse è più giusto chiamarle schegge, perché sono scarti di lavorazione, irregolari, quasi macchie di pietra, scaglie di una corazza. È stato impossibile dare loro una trama regolare anche se probabilmente non è mai stato l'obiettivo dell'artista. Puoi quasi vederlo, Mario Merz, mentre monta questo igloo: mettendo in posizione una scheggia alla volta, poi stringendo la chiave del morsetto e passando alla successiva. Un lavoro di adattamento continuo, ogni passo vincolato da quello precedente, un muoversi tra ostacoli creati dalla necessaria irregolarità dei pezzi. Un'opera che era solo in minima parte del suo autore, nel senso che dipendeva da quelle schegge, la cui forma irregolare non aveva deciso lui ma l'accidente. Era il fasciame che gli era stato dato dal destino per costruirsi una barca e così prendere una rotta nella vita.

Ricordo ancora il nome della mostra, *Arte e Depressione*: nel caso dell'igloo di Merz, la depressione non c'era, la cancellava il fare, lo stordimento del costruire.

All'inizio è stata solo una grande emozione vedere quell'opera essenziale, per giunta, in mezzo ad antiche sale piene di stucchi e glorie. Col tempo quei sentimenti si sono sedimentati sul fondo dell'anima e l'immagine mi è stata più chiara, finalmente nitida: quella sarebbe stata la metafora della mia vita, costruire per non soffocare.

Del resto, a poche decine di chilometri da casa mia, nella stupenda colonia greca di Elea, affacciata sul mare del Cilento, una tartaruga aveva battuto il veloce Achille. Come potevo io aver paura di correre, nella vita?

Alto mare

«Nico! Nico! Nico!» Una banda di eroi scandisce il mio nome, nonostante gridino forte, tra le voci del coro, riesco persino a riconoscere i loro accenti: dall'Olanda all'America latina. Sono prima di tutto una banda di matti, anzi sono degli eroi forse proprio perché sono matti. Sto concludendo una missione di ricerca e soccorso nel Mediterraneo centro-meridionale. Passo dal ponte, dove questo inedito coro mi sta salutando, alla scaletta per scendere sulla piccola barca del «pilota», quella incaricata di riportarmi a terra mentre la grande nave resterà alla fonda nel mezzo della baia di Siracusa.

Ho scelto di imbarcarmi per raccontare, da giornalista, una delle grandi tragedie del nostro presente: la strage di migranti che tentano dalle coste libiche e tunisine di raggiungere l'Italia, per loro la porta d'Europa. Una strage che va avanti da un decennio, che si svolge spesso a poche miglia dalle spiagge dove ci godiamo le vacanze, eppure dimenticata, rimossa, cancellata.

L'ennesima ingiustizia di un mondo specializzato ormai nel nascondere le sue nefandezze. Per questo, con un amico e collega della Rai, Paolo di Giannantonio, abbiamo deciso di autoprodurre – usando i nostri giorni di ferie – un documentario sulle morti in mare, questo imbarco doveva essere l'ultima tappa del nostro viaggio dal Senegal all'Afghanistan, se il meteo ci avesse aiutato.

Il cielo sulla baia di Siracusa è torvo, si carica sempre più di nero dandoti l'impressione che si prepari a caderti addosso, la mia missione è stata un fallimento in termini di «produzione», siamo tornati in porto a zero soccorsi effettuati dopo aver sfidato una brutta tempesta, ma a sentirmi salutare così me ne vado felice. Salgo sulla barca «pilota» per tornare verso il molo, la terra ferma. Li guardo dal basso, loro sono sette-otto metri più in su e si sporgono dalla grande nave mentre io ondeggio su una barchetta che sembra minuscola al confronto.

Man mano che la murata arancione si allontana, e la sagoma dell'imbarcazione si staglia nei suoi settanta metri di lunghezza, la nostalgia prende il posto della felicità e l'umore diventa sempre più pesante, come il cielo.

A tutti è chiaro che la guerra, le catastrofi, le emergenze sono per un essere umano le condizioni più ostili al mondo; quello che le persone «normali» (cioè quelle che fanno una vita normale) spesso non immaginano né capiscono è che in quelle condizioni si creano legami unici, mentre si condividono sofferenze, sforzi, rischi, follie. È una sensazione che ho provato in mezzo a un plotone di soldati, in un'auto sgangherata con un interprete locale, come ora con questa squadra di ricerca e soccorso marino. Non è importante perché tu lo faccia, perché tu abbia scelto di essere lì. Spesso ognuno ha le sue motivazioni, quasi sempre diverse da quelle dell'altro. Quello che importa è che la persona al tuo fianco ti guardi negli occhi sapendo di poter contare su di te, che sia serena perché sa che tu ci sei. C'è chi lo chiama cameratismo, chi fratellanza, sono parole che hanno i loro limiti e non mi convincono. Si sta insieme perché a unirti è la missione, è il senso di quello che stai facendo e un codice non scritto secondo il quale tu sei lì per il tuo compagno e per quelli che vuoi aiutare, costi quel che costi.

È una catena d'unione che le persone «normali» quasi mai conoscono nella loro vita, quando ci sei dentro non te ne accorgi, ma poi – magari vent'anni dopo – quando pensi a quelli con cui sei stato insieme, ti viene da dire: «Sono pronto ad attraversare il Paese per andare ad aiutarlo o ad aiutarla a cambiare una gomma della sua auto».

La mia cassa tecnica fa rumore, le sue ruote arrancano sulla banchina di pietra dell'Etna. Ha il tipico color grigio scuro che la rende distinguibile da quella del Vesuvio, che è nera. Questa in più ha delle venature bianche, segni dei morsi del sale e delle concrezioni marine. Mi ci siedo sopra e comincia la lunga attesa di un'auto che mi porti in aeroporto. Bivacco tra la vista lontana di quella nave di soccorso alla fonda in mezzo alla baia e l'osservazione degli sciami di turisti che vanno a Ortigia. Un doppio panorama, tra vite speciali e la normalità, che mi aiuta a mettere a posto i pensieri. È finita bene, ci siamo lasciati da sorelle e fratelli «nella notte» anche se era pieno giorno; la notte è quella in cui l'umanità muore e qualcuno prova a tenerla in vita. Ma non era cominciata così. Vorrei dire che era cominciata con il piede sbagliato ma nel mio caso sarebbe un ossimoro, visto che per motivi ortopedici il primo passo è sempre sbagliato. Diciamo allora che un paio di settimane prima, l'imbarco, la missione, insomma tutto era cominciato davvero male.

«So che la diversità fa paura. È qualcosa che ci portiamo dietro dall'età della pietra ma di me non dovete avere paura.»

Due grandi oblò alle spalle della mia «platea» lasciano colare luce grigia nella *day room*, a metà tra sala riunioni e relax. Gli oblò portano dentro il colore del cielo nuvoloso che è poi quello del mio animo nel ritrovarmi a fare il discorso che sto facendo. Il controluce diluisce le forme di chi mi ascolta, le facce sembrano indistinguibili o forse è solo l'effetto della loro paura e tristezza.

Ma non posso prendermi il lusso di concentrarmi su quello che sento, ho una missione e devo portarla a termine: le mie parole sono cruciali per convincere tutti che devo restare a bordo.

«Sono nato così, morirò così, e qualsiasi cosa abbia fatto nella mia vita, l'ho sempre fatta così come sono. E credetemi: ho messo la faccia dove molti di voi normali non metterebbero nemmeno i piedi.»

La *day room* della nave si ammutolisce, gli oblò sembrano chiudersi come se stessero ingoiando a fatica quelle parole, nel chiaroscuro intravedo sguardi persi nel vuoto. Resto concentrato guardando non le persone ma l'eterogeneo ammasso di divani in finta pelle, sgabelli ricoperti da tessuti esotici e sedie recuperate da chissà quale ufficio che «arreda» la stanza.

Di fronte a me ho una ventina di individui con storie personali, provenienza geografica ed età diverse. In comune hanno una sola cosa: passano settimane a bordo di questa nave che sarà pur grande fuori ma dentro è angusta e costringe alla vita insieme come tutte le imbarcazioni. Sfidano il mal di mare e la noia, pronti in un attimo a infilarsi l'equipaggiamento di soccorso e saltare su gommoni con motori da 400 cavalli, qualsiasi siano le condizioni meteo, per salvare vite. Per giunta vite di seconda classe, quelle dei migranti che l'Europa non vuole e che i trafficanti libici sfruttano per poi mandarli su barche di fortuna in mezzo al mare, qualunque siano le condizioni purché a riva l'onda non sia tanto alta da impedire la partenza.

Eppure le persone che ho davanti – persone speciali – hanno paura di me o forse solo della mia diversità che rischia di alterare le loro abitudini, i gesti che ripetono a ogni imbarco e soprattutto che può far crollare le loro solide convinzioni e rigide regole su chi può fare cosa e chi no.

Concludo: «Vi chiedo di non preoccuparvi di me e soprattutto di non offrirmi aiuto. Mi vedrete fare cose in maniere tali che vi sembreranno assurde. Di assurdo non c'è nulla e nulla è lasciato al caso. È solo la mia tattica per fare in sicurezza quello che voi fate in altro modo. Se ho bisogno di aiuto ve lo chiedo. Grazie». Il silenzio della platea mi pesa sul cuore, è come se vedessi tante coppie di spilli neri nella penombra della sala, i visi cancellati, occhi di ragno che nel buio riflettono la torcia delle mie parole.

Almeno ho la sensazione di avercela fatta. Ognuno torna al suo lavoro, qualche sorriso comincia a spuntare mentre mi sfilano davanti nel passaggio obbligato verso la porta. Percepisco un po' di sollievo, il loro. Sembrano liberati, forse dalla paura.

A chiedermi di parlare all'equipaggio, alla fine della canonica riunione del mattino – quella in cui si comunica la situazione operativa e la rotta – era stata il giorno prima la comandante della ricerca e soccorso, meglio nota come Sarco. A bordo c'è il comandante della nave che governa l'equipaggio marittimo e ha sempre l'ultima parola sul destino dell'imbarcazione e poi un altro comandante, il coordinatore delle operazioni di *search and rescue*, ricerca e soccorso, che appunto dà ordini alle squadre di salvataggio.

Sono arrivato a bordo dopo una trafila lunga mesi, tra trattative con l'ufficio stampa e le incertezze del calendario di una nave i cui tempi di navigazione e porti di sbarco cambiano sulla base di fattori che nessuno può controllare. Mesi che adesso, di fronte a questo muro, mi sembrano tempo perso, una fatica potenzialmente inutile.

«Se non chiarisci tu direttamente all'equipaggio» mi aveva detto la Sarco «a me continuano ad arrivare domande a cui rispondere.» Chiaramente, nel chiedermi di parlare all'equipaggio, mi stava sottoponendo a una prova, per capire se sarei riuscito a convincere tutti. Un eventuale insuccesso sarebbe stato mia responsabilità.

A bordo i ritmi di vita assomigliano a quelli di una delle attività militari a cui ho partecipato in passato: il valore del riposo, il ricorso ossessivo agli addestramenti per evitare il calo di tensione dell'attesa e non tenere il personale troppo rilassato, l'attenzione maniacale all'equipaggiamento come alla manutenzione dei mezzi, la minuziosa distribuzione dei compiti.

Tutto simile, tranne che per un aspetto. Con i militari, anche nelle condizioni più estreme, nessuno aveva mai messo sul tavolo la mia disabilità come un ostacolo. Eppure parliamo di un ambiente molto più conservatore di quello di un'imbarcazione che va contro i governi di mezza Europa e salva migranti in mezzo al Mediterraneo in nome di politiche progressiste, solidali e di accoglienza.

Il pomeriggio precedente a quel surreale discorso, nella cabina dove mi ero sistemato – una cuccetta affacciata su un'ex sala operatoria, trasformata in *media room* – era entrata una delegazione di tre persone, nell'ordine: la Sarco, l'addetto stampa e il capo delle operazioni di soccorso, questi ultimi due con in viso un misto di imbarazzo e di tristezza la cui origine capirò solo dopo.

«Io non lo sapevo.» La Sarco fa una cosa che le capita raramente, scandisce le parole. È una persona molto attenta alla sua autorità; cerca di sembrare cordiale ma resta sempre distante dall'interlocutore, perciò di solito le parole le arrotola – complice il suo accento sudamericano – quasi a non volersi spingere troppo oltre, simpatica ma non troppo, come per preservare il suo ruolo di capo da ogni possibile contaminazione personale.

Questa volta è invece tassativa, rinuncia persino alle sue finte parvenze di affabilità. Mi dice che lei non sapeva niente della mia *condition*, termine inglese che vuol dire «malattia»; che questa è una nave che balla ed è pericolosa; che lei è responsabile della sicurezza e che qualche settimana prima avevano dovuto organizzare l'evacuazione medica di una fotografa che si era rotta tre costole scivolando, un danno per tutta la missione che era stata cancellata e li aveva costretti a rientrare in porto. Una raffica di parole in inglese con accento sudamericano che mi piovono addosso come chicchi di grandine su un'auto, quando il rumore dell'impatto sul tettuccio ti stordisce. E il tettuccio in quel momento era il mio cranio.

Mentre parla lancio uno sguardo al mio zaino, ho l'impulso di andarmene. Sono su una nave che pesca anime, salva migranti dai flutti, dall'annegamento sicuro, dall'agonia certa, dalla morte inevitabile, ma il responsabile delle operazioni di ricerca e soccorso sta discriminando un giornalista disabile. Non sta cercando soluzioni, sta definendo i termini di un caso d'impossibilità.

Continua a parlare ma per me la sua voce scompare. Davanti ai miei occhi, scorre la sua immagine muta, la bocca si muove sparando parole come fossero proiettili. Spara e ricarica e ogni volta che esaurisce il caricatore esibisce un sorriso finto, forzato, di circostanza.

Per fortuna i pensieri sono velocissimi, più della sua raffica di parole. Mi arrivano in soccorso i ricordi delle mie esperienze con i militari. All'inizio la sola idea di aggregarmi a loro per svolgere il mio lavoro mi mandava in crisi, non solo per la difficoltà da giornalista di restare imparziale e indipendente, ma perché temevo di essere escluso per motivi fisici da quel mondo ipertestosteronico dove la perfezione fisica è un valore primario. Invece non ho mai avuto problemi grazie alla mentalità militare del «Dobbiamo farlo accadere, qualunque siano le condizioni». Una volta nel cortile di una base di un'unità d'élite dell'Esercito italiano, ho assistito alla scena di un soldato che accennava al suo sergente delle difficoltà e della mancanza di mezzi per svolgere una missione. Accennava, appunto, ma la risposta fu secca: «Si organizzi». Più ti allontani dal «centro», dalle stanze delle stellette, più i militari non pensano alle carte, vogliono ottenere il risultato, è quello per cui sono addestrati.

È una questione di mentalità ma anche di stima personale. Solo ora capisco che in quel mondo, nel quale ero un estraneo, un «civile», per giunta messo male, mi rispettavano perché senza paura ero andato a condividere sacrifici e pericolo, pur di fare il mio lavoro.

Mentre mi piovono addosso raffiche di parole, penso a Gino Strada. La mia prima sera a Goderich, periferia di Freetown, nel pieno dell'epidemia di Ebola, durante la cena stavamo discutendo di quello che avrei potuto filmare. Ero arrivato al dunque, alla presenza del «grande capo», dopo aver superato una barriera di uffici stampa, logisti, responsabili sanitari. Era il momento della verità in un contesto assolutamente inedito per tutti, quello di un'epidemia letale. «Gino, la zona rossa?» gli chiedo facendo scivolare le parole tra il secondo e la frutta. «Ci vai! Ti mettiamo vicino Jacob che se c'è bisogno ti acchiappa.»

In quel momento la zona rossa era l'area più contaminata al mondo da uno dei virus più letali del pianeta, era il reparto dove venivano ricoverati i pazienti «attivi», quelli contagiati dall'Ebola e nelle condizioni peggiori. Per entrarci era necessario indossare una tenuta stagna capace di farti perdere – alle temperature della Sierra Leone – fino a tre chili di peso in un'ora. La tuta veniva completata da un paio di, per me devastanti, stivali in gomma. Calzature che rendevano difficile camminare alle persone normali, figurarsi a me. La soluzione di Gino per aiutarmi e per non intaccare la mia dignità di persona era stata quella di assegnarmi Jacob come spalla, uno degli operatori più svegli, un gigante sierraleonese (che poi finirà sul manifesto del mio documentario) pronto a darmi una mano.

«Quando sei venuto laggiù, ti abbiamo considerato un esempio per tutti noi» si lascerà scappare un medico che incontrerò qualche anno dopo, una di quelle frasi che avresti davvero bisogno di sentire quando arrivi alla fine di una missione carica di difficoltà e che per riservatezza e rispetto spesso però nessuno pronuncia.

Su questa nave sta succedendo l'esatto opposto, mi ritrovo a essere un problema, non un giornalista venuto a condividere la durezza delle operazioni di ricerca e soccorso, e a tentare di raccontare al mondo quello che accade in un Mediterraneo trasformato nel più grande cimitero liquido esistente.

Le cose stavano andando davvero male ma non potevo accettare la sconfitta. Quei due ricordi avrebbero potuto farmi imbestialire, invece mi avevano convinto a usare un altro approccio. Che poi, «convinto» non rende nemmeno bene l'idea, non stavo prendendo decisioni razionali. Era un flusso di pensieri che si stava per trasformare in parole, in totale dissociazione dai miei sentimenti che erano invece di rabbia e indignazione.

«Non ho una malattia, ho una disabilità e ce l'ho da sempre. Mi ha accompagnato in tutto quello che ho fatto. Sono nato così, morirò così, e qualsiasi cosa abbia fatto, l'ho sempre fatta così come sono.» Le parole mi escono in automatico, dal centro del torace. «Da questa cazzo di nave non scendo, buttatemi fuori» si sarebbe letto nei sottotitoli se solo ci fossero stati, eppure parlo più seraficamente del Dalai Lama. Un'attività per me difficile quando non sono arrabbiato, figurarsi ora. Un vero miracolo.

Continuo: «Non è questa barca a ballare. Per me balla sempre tutto, la terra ferma va in rollio. Ci sono abituato».

La Sarco non si ferma, ora sta tirando in ballo le certificazioni mediche per lavorare su una barca. Le spiego che io faccio una continua valutazione dei rischi, che ho già calcolato i miei tempi per le principali distanze della nave, che buona parte del mio tempo lo spendo a definire strategie per fare quello che a voi normali viene istintivo, che dove non arrivo con le gambe uso le braccia. L'obiettivo delle mie parole non è risponderle, semplicemente la ignoro, sto giocando la mia partita a prescindere dall'avversario e dal suo schieramento in campo.

Ho una sola richiesta: avere il maggior preavviso possibile quando sta per succedere qualcosa, sono più lento e non voglio rischiare affrettandomi. La Sarco continua a controbattere mentre le due persone dello staff che la accompagnano stanno sprofondando; probabilmente si rendono conto che si stanno accumulando le condizioni per uno «scandalo» puzzolente. Forse si immaginano già i titoli della stampa di destra italiana e francese: «Aiutano i neri ma discriminano i disabili italiani». "Ma io la soddisfazione di andarmene non te la do" penso "perché io sono qui per completare il mio documentario e lo farò."

La interrompo: «Facciamo una cosa. Domani c'è un'esercitazione, giusto? Fammi salire su uno dei Rhib e mettimi alla prova. Vediamo cosa ne viene fuori. Okay? Se non va bene, prendo la mia roba e me ne vado. Senza problemi». Cala il silenzio. Sono riuscito a tacitarla. Non a convincerla, ma almeno il suo mitra di chiacchiere si è inceppato.

Rhib sta per Rigid Hull Inflatable Boat, in pratica gommoni a chiglia rigida. Sono mezzi speciali di concezione militare, non roba che puoi comprare per fare il bagno la domenica, sono attrezzati con doppio fuori-bordo, supporti per il personale durante gli abbordaggi, chiglia a gradino per navigare in ogni mare, equipaggiamento di recupero naufraghi e via dicendo.

Ci salgo a bordo il giorno dopo: siamo ancora nella baia di Siracusa dove stiamo aspettando un pezzo di carta dalle autorità di sanità marittima sulla qualità dell'acqua nei nostri serbatoi. È una certificazione indispensabile a prendere il largo nonostante a bordo ci siano dozzine di casse d'acqua potabile. Mentre restiamo fermi, in mare c'è chi annega ed è come se ci fosse un'ambulanza in meno nelle strade di una città dove si verificano incidenti stradali a ripetizione. L'impressione è che per le autorità italiane i migranti non possono prendersi la cacarella dovessero mai essere salvati e portati a bordo, ma possono tranquillamente annegare in mezzo al Mediterraneo mentre viene tenuta ferma una barca di soccorso. Insomma, priorità.

Uscendo dall'imbarazzante riunione del giorno prima, il capo delle operazioni di soccorso – un omone francese con un sorriso da bambino – mi aveva sussurrato a mezza bocca: «Non ti preoccupare, andrà tutto bene sui gommoni».

Lui fa parte della squadra del mio gommone, il numero uno. Comanda il mio mezzo e gli altri due quando sono in mare. L'esercitazione comincia con una tirata a quaranta nodi, cinque in meno della velocità massima di questo mostro marino color arancione. Il mare non è agitato ma è «formato», direbbe un marinaio. Quando pieghiamo, a volte quasi a quarantacinque gradi, arrivano secchiate d'acqua. Stiamo simulando l'arrivo d'emergenza verso un'imbarcazione in *distress*, termine gentile per dire che sta affondando. Poi simuliamo tutto il ciclo di soccorso: dalla distribuzione dei giubbotti di salvataggio al recupero di Mob (Man Over Board), persone in mare. Io intanto studio tutto l'ambiente: come passare in sicurezza da un punto all'altro del gommone; come fare la transizione dalla mia camera primaria a quella secondaria senza rischiare che né l'una né l'altra finiscano in mare; il mio rapporto con l'equipaggiamento obbligatorio; l'accessibilità del mio gilet tattico, che indosso sopra la tuta impermeabile ma sotto il giubbotto di salvataggio, quindi in una posizione un po' complessa; come estrarre la sacca stagna dalla tasca posteriore del gilet per mettere la camera primaria in sicurezza nel caso di meteo avverso; come usare la camera secondaria a pelo d'acqua e via dicendo.

Quando abbiamo quasi finito l'esercitazione il team leader mi guarda e dice: «Tutto okay, Nico?». Gli rispondo dicendo che sì, certo, ma insomma si poteva fare di più... «Un altro giro a tutta velocità?» Ridiamo. Partiamo, questa volta l'acqua arriva da ogni lato, se dovessi finire in mare sarebbe la fine ma me la godo tutta. Il mare è casa mia, lo è sempre stato, l'unico posto sul pianeta dove l'equilibrio conta poco o nulla. Simuliamo un intervento di massima emergenza.

Applausi al pilota, arriviamo sottobordo dove il gommone deve essere recuperato da un argano e tirato in secca sulla nave-madre. «Preferisco salire sul ponte con la scala che fate usare alle persone salvate. Sai, nel caso dovessi fare riprese dall'alto di loro che vengono a bordo.» È una balla, è molto più comodo salire con l'argano e quella scala è odiosa. Esattamente come per la navigazione a tutta velocità, sto solo cercando un'altra «prova» per dimostrare loro che posso lavorare in ogni situazione.

Secondo la Sarco non sarei mai potuto salire lungo quella scala per via dell'instabilità. Quando il gommone ci si avvicina, il «piano» di prua dal quale salire sulla scala oscilla, più è forte il mare più balla, sbatte e rischia di schiacciarti. Tutto vero, ma non è un problema per me.

Mi ci attacco, arrivo sopra senza difficoltà e trovo il responsabile del recupero naufraghi offeso. Mi rimprovera: «Ti ho offerto la mano come faccio con tutti, non l'hai presa. Non era solo per te! È una procedura standard di sicurezza».

Test stracciato. Ho superato la prova alla quale ho aggiunto anche delle difficoltà extra; sono felice anche se mi resta una domanda: perché per fare cose normali devo dare dimostrazioni straordinarie? È un gran paradosso ma non posso farci molto, le cose vanno così. Per modificare il corso della corrente devi prima assecondarla.

Perché ho accettato tutto questo, dopo una conversazione umiliante? Forse perché non volevo dargliela vinta, forse perché mi piace vincere contro tutto e tutti, forse perché ho il dovere di «portare a casa il pezzo», come diciamo noi giornalisti televisivi, cioè completare il lavoro. Forse tutte queste cose insieme, forse. In realtà credo che il motivo principale sia un altro: conosco bene il mondo degli (operatori) «umanitari», è fatto di persone speciali che si dedicano agli altri ma non per questo sono diverse dagli altri, tra di loro trovi l'imbecille fanatico come la brava persona. Sono esseri umani prima che «umanitari».

Inoltre per quanto l'equipaggio sia organizzato «militarmente» quando si tratta di scendere in acqua e lavorare a bordo, sono tutti prigionieri di norme di sicurezza che sulle navi diventano parossistiche e soffocanti. Nei giorni successivi, per esempio, saremo obbligati a vedere un video appena arrivato dall'autorità marittima del Paese nordico sotto la cui bandiera è stata registrata la nave: un simpatico cartone animato con marinai che scivolano sulle scale, cadono mentre tengono pacchi in mano, sbattono sulla tolda. Tutto questo per ricordare che, secondo le statistiche, la stragrande maggioranza degli incidenti a bordo accadono per banali cadute dalle conseguenze che banali non sono.

In realtà nel reagire a questa vicenda assurda, mi sono anche chiesto un'altra cosa: ne vale la pena? È giusto sollevare un caso intorno a una missione dallo straordinario valore morale e politico per via del comportamento di una persona magari solo schiacciata dall'ansia di una situazione inedita per lei?

La risposta che mi sono dato è: caricati il peso delle difficoltà delle altre persone sulle tue spalle. E lo sento addosso tutto, chilo dopo chilo, mentre corro contro il tempo per indossare la maglia in microfibra, la tuta impermeabile, le scarpe antiscivolo, il gilet catarifrangente, il mio gilet tattico, il giubbotto salvagente, l'elmetto, i guanti, mentre afferro il cavalletto e la camera che – me l'ha chiesto la Sarco – deve essere vincolata al mio corpo in modo da lasciarmi le mani libere mentre cammino a bordo. Sento il peso, che è poi quello del giudizio degli altri, mentre arranco nel corridoio verso la stazione di imbarco dei Rhib. Ci arrivo per primo tra tutti i membri della mia squadra, almeno questa volta non sono stato un intralcio.

Siamo in pieno Mediterraneo, abbiamo lasciato Siracusa e passato Malta, ormai non torno più indietro, non posso più essere cacciato, ce l'ho fatta ma c'è una nuova esercitazione e il mare è grosso. Non è obbligatoria per me ma potrei mai rinunciarci? Potrei mai sottrarmi a un altro esame, per giunta in condizioni ancora più difficili? La risposta – anche stavolta – la conoscete.

«Sei la persona più felice che abbia mai visto su questo gommone» mi grida il capo-soccorso quando torniamo sottobordo e dalla nave calano l'argano per tirare in secca il gommone. Ridiamo. Siamo una squadra.

La verità è che la cosa più difficile per me è portare la tazza di tè dalla mensa alla mia cabina. Le condizioni meteo sono peggiorate, stiamo navigando con mare forza sette, onde notevoli persino per questa nave pensata per il ben più burrascoso Mare del Nord.

Va bene, lo ammetto: è stato difficile anche riempire i piatti dal buffet e metterli a tavola, e una volta finito portarli in cucina, svuotarli, buttare gli avanzi nei secchi e poi lavarli. Non solo perché la nave ballava ma perché ero sotto osservazione. Tutto questo dovevo farlo con addosso lo sguardo (tra il preoccupato e il pronto al soccorso) di mezzo equipaggio. Una mia caduta o un piatto rotto avrebbero aggravato il giudizio generale sulla mia capacità/abilità di stare a bordo.

Poco contava che in una delle missioni passate qualcuno, durante una gara di tuffi, si era buttato in mare dal ponte con la rincorsa senza accorgersi che sotto, in acqua, ci fosse un altro membro dell'equipaggio, finendogli addosso e rompendogli una gamba. Gli incidenti capitano a tutti, ma non sono uguali per tutti.

Se ero sicuro che avrei fatto bene il mio lavoro in ambito operativo (cioè durante le operazione di soccorso), ero spaventato dall'idea di farmi male in cucina o mentre piegavo il bucato appena uscito dall'asciugatrice, il mare con le sue condizioni davvero difficili mi stava sottoponendo a un'altra prova, probabilmente per regalarmi un altro ostacolo da superare. L'ennesimo strano dono della mia vita.

«Il giornalista che è venuto nel pattugliamento precedente era grosso, piazzato. Quando è salito sul gommone è andato in panico, si è rannicchiato sotto la consolle e continuava a ripetere quella brutta parola in italiano, quella con la c...» mi dice ridendo il responsabile della logistica di bordo, un simpaticone di origini giordane. «Una volta, di ritorno da un soccorso, quando è sceso era talmente bianco che sembrava avesse in faccia della crema solare spalmata male ma era solo paura! Purtroppo noi umani giudichiamo dalle apparenze ed è sbagliato.» Ridiamo.

Dopo varie rotte per aggirare la perturbazione, questa non fa che crescere. C'è troppa energia nel Mediterraneo meridionale perché torni presto il bel tempo, ricomincino le partenze e quindi ci sia necessità dei nostri soccorsi: torniamo in porto a Siracusa.

Il coro dei saluti mi conferma che sono riuscito a superare pregiudizi e paure. Sono uno dell'equipaggio, ormai, ed è un bene anche perché – in termini di produzione – non ho quello che mi serviva: le immagini dei soccorsi indispensabili per il mio documentario.

Tornerò a bordo di quella nave mesi dopo, accolto come un fratello, un membro della squadra, persino l'equipaggio marittimo (che è separato da quello internazionale di soccorso, composto da marinai filippini e da un meccanico russo, tutti dipendenti dell'armatore non dell'Ong) mi saluterà dicendomi che sono contenti di rivedermi. Al comando troverò un'altra Sarco, di conseguenza un clima completamente diverso non solo per me ma per tutto l'equipaggio.

Insieme ci tufferemo nel buio totale della notte cercando barche invisibili e allagate, rincorreremo in pieno giorno barche instabili tentando di arrivare prima della sedicente e criminale «guardia costiera» libica. Insieme metteremo da parte l'istinto di conservazione dell'essere umano pur di portare altri nostri simili al sicuro, persone a cui è stata negata la dignità e che sono solo numeri. Alla fine, insieme, salveremo 128 persone con due soccorsi notturni e uno in pieno giorno, ma non poco complesso. Trascorreremo del tempo con i sopravvissuti sul ponte, trattati da amici e da salvatori, con sguardi e sorrisi indimenticabili che ripagano di ogni rischio e fatica.

Il mio obiettivo di produzione era stato raggiunto, avevo materiale a sufficienza. Ormai a bordo ero invisibile, l'equipaggio Sar si era talmente abituato a me da «dimenticarmi», la condizione ideale per chi deve fare delle riprese o scattare foto in ambienti operativi perché così tutto scorre in maniera naturale, come se non ci fosse una camera a riprendere. È una condizione difficile da raggiungere per vari motivi, caratteriali e comportamentali, ma soprattutto pratici. Diceva Robert Capa che se una fotografia non è buona è perché non eri abbastanza vicino. Un operatore vuole stare «in mezzo» all'azione e questo può portarlo a essere d'intralcio, quindi malvisto e di conseguenza, spesso, relegato in un angolo. Stare «vicino» ma riuscire a non intralciare chi lavora (soprattutto se fa lavori dove si rischia l'incolumità delle persone) costa uno sforzo enorme, tanto mentale quanto fisico. Quando mi riesce ne sono orgoglioso.

«Purtroppo noi umani giudichiamo dalle apparenze ed è sbagliato.» Ripenso a quelle parole spesso. È così ma è anche vero che gli esseri umani alla fine si abituano a tutto e riescono persino a superare le loro paure, quelle del diverso da un lato, quelle del fallimento dall'altro.

A volte riuscirci è davvero complicato e faticoso ma se arrivi alla fine è bellissimo.

Acque nere

Chissà com'è arrivata sin qui, questa che chiaramente non è la sedia di un bar o di un lido ma di una scuola. La sua forma è ancora riconoscibilissima nonostante il mare e la profondità l'abbiano ricoperta di concrezioni; sopra c'è cresciuto anche un bellissimo spirografo. Molti credono sia un'alga, in realtà è una creatura marina che esce dal suo fodero tubolare e di fronte al fascio luminoso della torcia si ritrae. Si comporta in modo opposto rispetto al calamaro che è appena comparso di fronte ai miei occhi, veloce e sinuoso. Il decapode è attirato dalla luce, la sfrutta per pescare prima di ritrarsi e andar via, come un disco volante, lasciandosi dietro una scia di inchiostro nero.

L'orologio mi segnala che è arrivato il momento di risalire dai trenta metri di profondità, la quota a cui sono dovuto scendere per visitare la sedia misteriosa e i suoi «abitanti». Sì, misteriosa perché può capitare che la sedia di un lido venga trascinata via dal mare, ma quella di una scuola?

Appena comincio a risalire, compio un gesto istintivo ma incompatibile con la sicurezza: spengo la torcia. Lo posso fare perché conosco a memoria questa insenatura della costiera amalfitana ma in realtà è altro che mi spinge a farlo.

Spenta la torcia, il mare diventa improvvisamente inchiostro, il nero è totale salvo per le striature di bioluminescenza che a questa profondità restano però fioche.

Non è una pratica consigliabile: in immersione gli spostamenti sono tridimensionali, è come volare, ti può capitare di illuderti di salire ma al buio ti muovi in realtà di lato senza accorgertene, finendo magari in una grotta. È una condizione di massimo rischio a cui però mi è impossibile rinunciare.

Quando un banco di alici mi sbatte addosso, picchiettandomi sulla muta, capisco di cosa si tratta per via delle piccole rifrazioni di luce che la livrea argentea di questi pesci riflette quando in banco si agitano allarmati: temono di esser finiti in una rete. Non immaginano di aver sbattuto contro un sub, che per giunta lì non dovrebbe nemmeno esserci, tantomeno al buio.

Arrivato in superficie non mi avvicino alla sponda, resto in mezzo alla baia: mi sdraio sul Gav (giubbotto ad assetto variabile) pieno d'aria, e galleggio guardando l'arco di luce arancione, lì in alto sulla roccia. È la strada, che piega in una curva tanto difficile per gli autobus quanto panoramica, bella da entrarci in moto in quarta scalando di colpo in seconda e tirando giù fino a sentire le pedane fare scintille sull'asfalto.

Aspetto prima di uscire, sono così rilassato che posso riflettere con onestà sul perché mi piaccia tanto nuotare nell'inchiostro, sul perché mi senta così a mio agio in quel liquido tanto buio che ti toglie ogni speranza di vedere.

La risposta è difficile da tirare fuori, si strozza in gola, ma non lascia spazio a dubbi, è l'unica possibile.

Sono nato nelle acque nere, ci ho passato mesi, abbastanza tempo per trovarmici a mio agio per il resto della mia vita. Immagino che le immersioni notturne mi abbiano fatto riscoprire quella sensazione ancestrale, qualche decennio dopo.

Per quello che se ne sa, il liquido amniotico – normalmente trasparente – diventa nero per via del meconio, un precursore delle feci che viene espulso dal feto.

Quando al parto, rotta la placenta, viene fuori un secchio di inchiostro, per prima cosa i dottori cercano di tranquillizzare le neo-madri. Sui libri di medicina c'è scritto che non sempre le acque nere sono sintomo di problemi grossi: magari il neonato ha cominciato a esercitarsi nell'uso dell'intestino oppure ha sofferto durante il travaglio stretto nel canale, verso l'uscita, verso la vita. «State tranquilla, signora. Non vi spaventate.»

C'è però il caso in cui il meconio, la sostanza chimica che colora il liquido in cui galleggia la bimba o il bimbo, venga espulso perché c'è qualcosa di molto serio che non va.

Le acque nere sono il primo sipario che cala sulla vita di qualcuno che pure ha visto la luce del palcoscenico solo da pochi secondi. Non gli viene concesso nemmeno il tempo di ricevere il primo applauso del pubblico o di mettersi alla prova nello spettacolo della vita.

La rottura del sacco amniotico, i fiotti di liquido che

escono impetuosi, il pianto, la preoccupazione dell'ostetrica e del medico, il bip dei macchinari in sottofondo, le luci abbaglianti puntate addosso.

Le acque nere spazzano via la gioia del parto, diventano onde dell'incertezza, spingono sulle rotte della ricerca di una diagnosi, di una cura che quasi mai esiste e a cui difficilmente un viaggio della speranza potrà mai condurre.

Quando si prende una botta forte, magari cadendo, si usa una frase ricorrente: «Ho visto le stelle». Pare che sia nata durante i frequenti terremoti del Sud Italia, quando l'onda sismica apriva i tetti e rendeva le stelle visibili a chi stava a letto, dormendo prima di essere svegliato dal terrore della Terra in tumulto.

L'unità spinale è un tempio all'impotenza della medicina, un monumento alla malattia cronica: reparti ipertecnologici dove non si riesce a curar nulla, si lavora per far rassegnare le persone alla loro nuova vita in sedia a rotelle. L'obiettivo non è curare ma far adattate i medullolesi. Diversi pazienti che ho incontrato in quelle corsie mi hanno raccontato del loro incidente: investiti sulle strisce, caduti dall'impalcatura di un cantiere, travolti in moto da un auto in retromarcia, una testata al volante per un tamponamento, una coltellata presa per sbaglio tentando di sedare una rissa. Lo chiamano «l'incidente», ha l'articolo determinativo perché non è una cosa come le altre, è la fine di una vita e l'inizio di un'altra, ben peggiore di quella precedente. Raccontandomi quello che era accaduto, non mi hanno mai parlato di stelle, non le hanno mai viste. Mi hanno sempre riferito invece del buio che, al momento dell'impatto, ha impregnato la loro vista, avvolgendoli come in un mare d'inchiostro.

Sentendoli mi è venuto da pensare che le acque nere li avessero inghiottiti come naufraghi in mezzo alla tempesta; come se quel nero liquido fosse il varco d'accesso, il pozzo attraverso cui passare per entrare nel mondo della disabilità, dove si smette di vivere a colori e tutto diventa grigio a cominciare dallo sguardo.

«L'incidente» io non lo racconto mai, anche se tutti vorrebbero sentirmene parlare, capita che me lo chiedano tutti quelli che cominciano a conoscermi.

«L'incidente» semplicemente non esiste: le acque sono diventate nere perché a un certo punto della gravidanza la mia colonna vertebrale non è riuscita a chiudere un paio di anelli ossei, le vertebre, e il midollo è uscito fuori. Si chiama spina bifida e nessuno sa esattamente perché succeda, pare per colpa o meglio per mancanza degli spinaci e delle verdure a foglia in genere, quelle che contengono acido folico. Durante la gravidanza, questa sostanza andrebbe assunta massicciamente ma l'abbiamo capito solo da pochi anni, con la conseguente prescrizione di vitamina B9 soprattutto nei primi mesi della gestazione.

Non riesco a uscire dall'acqua in piedi, con le pinne sottobraccio, il Gav e la bombola addosso. Le mie gambe non reggerebbero e soprattutto non riuscirebbero a gestire il fondo instabile, i ciottoli di questa spiaggia. La mia strategia è svestirmi in acqua, chiudere il Gav su se stesso, attaccargli una cimetta e lanciarla verso la spiaggia, come ho appena fatto con le pinne. Nell'insenatura si sente ancora l'eco dello schiaffo che hanno dato alle pietre cadendoci sopra. Esco dal mare, come un granchio, spingendo con le gambe e aiutandomi con le braccia fino a raggiungere una zona più in piano da dove recuperare la cimetta, tirando così su tutta l'attrezzatura. Guardo le luci lontane del golfo di Salerno a sud, poi quelle vicine dell'eterno presepe della costiera. È notte fonda ma il cielo è carico di aloni colorati, nella società occidentale ormai il buio sta solo nelle profondità del mare. Il mondo è ormai perennemente a colori e questo rende ancora più difficile per un disabile viverci dentro.

Se il buio non ti risucchia e riesci a uscirne, il mondo ti considera fuori dalla sua palette di colori ma – grazie alla sua generosità – è pronto a concederti il superpotere dell'invisibilità.

Questo superpotere ti è concesso perché serve agli altri, ai normodotati. Li libera dal peso di doversi confrontare con la complessità del reale e con la diversità, li libera dal fare i conti con la loro stessa ignoranza, con i propri pregiudizi.

Se te ne stai buono al tuo posto, la gente smette di notarti e così ti ha già fatto un gran regalo, donandoti un po' di pace dagli sguardi di pena («Poverino, quanto soffre») e di giudizio («Ma perché non se la prende un po' più comoda, si farà male così»).

Per questo al disabile resta da percorrere una sola strada, quella che va in senso opposto. Non è facile ma se trova la forza dentro di sé e se intorno gli vengono offerte delle condizioni materiali minime, può rimandare al mittente il pacco contenente l'invisibilità, smettere di concentrarsi sui suoi limiti – qualunque nome scientifico abbiano – dedicarsi invece alle strategie per superarli, per conviverci, per non esserne vittima, affinché non siano un ostacolo tra se stesso e le cose che ha da fare.

Anche quando devi camminare come un granchio per attraversare una spiaggia piena di ciottoli che ti franano tra le mani.

Tre semafori

Le mattonelle con l'angolo sporgente, i punti dove l'asfalto è gibboso, la crepa longitudinale nel cemento che è diventata un piccolo gradino seminascosto, l'avvallamento nella rampa che si trasforma in una pozzanghera o in un cumulo di ghiaccio, il passaggio davanti all'elefantino dorato del ristorante indiano dove il marciapiede è pericolosamente inclinato verso la strada.

Il percorso sarà lungo meno di cinquecento metri ma ne conosco praticamente ogni punto rischioso. Una mappa mentale la mia che è aggiornata con tutte le principali condizioni meteo: neve a terra, pioggia e vento, fondo asciutto. Perché quando cambia il tempo, cambiano anche i punti pericolosi.

Ho memorizzato ogni passo della strada che separa l'albergo, dove vivo quando sono a Mosca, dall'ufficio di corrispondenza della Rai, un vecchio edificio costruito, si dice, dai prigionieri tedeschi della Seconda guerra mondiale, dentro il «terzo anello» (viario). Per le infinite distanze della capitale russa significa che si trova ancora in centro anche se per arrivare sulla piazza Rossa – il centro del centro – ci vogliono quaranta minuti in auto.

Insomma ne conosco ogni passo ma con i suoi tre semafori, la frequentazione diventa quasi una storia d'amore.

Il primo che incontro lasciando l'albergo, su Suschevsky Val, ha una logica anomala: quando il timer del rosso pedonale arriva a metà del tempo previsto, si accende anche il rosso per le auto nella corsia più a destra, quella vicina al marciapiede dal quale dovrebbe cominciare il mio attraversamento. Mentre quelle sulle altre due continuano a marciare, le auto sulla terza corsia si fermano. All'inizio pensavo fosse un'ottima occasione per avviarsi, per guadagnare un po' dell'attraversamento, poi dopo molta osservazione ho scoperto che a circa venti secondi dalla fine del rosso pedonale, riprende il verde per le auto della corsia di destra per poi fermarsi a cinque secondi dal verde pedonale. Insomma un rompicapo, la cui unica soluzione è: restare fermi aspettando un bel verde pedonale.

Ora voi vi chiederete perché è così importante tutto questo? Alla fine sarà solo il frutto della logica di qualche ingegnere dell'Ufficio traffico o magari di qualche vecchia regolamentazione sovietica della circolazione. Perché interrogarsi sulle auto che, sulle tre corsie, si fermano in tempi diversi? In realtà non si tratta solo di una curiosità: questo semaforo su Ulitsa Giliarovskogo resta con il verde pedonale attivo per soli quindici secondi. Se è abbastanza per la russa o il russo medio, capaci di avanzare a passo svelto in ogni condizione meteo, per me è davvero poco. Quasi sempre mi ritrovo ancora metà dell'ultima corsia (su tre) da percorrere quando scatta il rosso pedonale e le macchine ripartono, prima che io possa arrivare al sicuro sul marciapiede. Ogni volta, quindi, rischio di finire travolto dalle auto.

Va anche peggio quando nevica perché sul versante delle strisce da cui parto, sullo scivolo disabili si accumula il ghiaccio, devo quindi rallentare ulteriormente per evitare di scivolarci sopra. Così mi metto al sicuro dalle cadute ma aumento il rischio di essere investito perché ho ancora meno tempo a disposizione per attraversare.

Per questo ho dedicato giorni, a studiare quella bizzarra taratura del semaforo. E ogni volta che ci torno devo verificare che non sia cambiata. «*Cracking the code*» si direbbe in inglese, è come trovare la combinazione di una cassaforte. E con una certa soddisfazione ci sono riuscito. La formula è scendere dalla rampa quando mancano cinque secondi alla fine del rosso per le auto nella corsia di destra, quindi partire cinque secondi prima che scatti il verde pedonale. Sono cinque secondi cruciali per me perché mi danno il tempo di scendere sull'asfalto, fare un passo sulla corsia e avviare l'inerzia dell'attraversamento concludendolo con l'ultimo secondo del verde sul semaforo pedonale.

Dopo questo attraversamento c'è uno stretto marciapiede che passa davanti ad alcuni negozietti (non ho mai capito cosa vendano) e davanti all'ingresso di un misterioso ristorante indiano (l'inquietante varco si apre su una scala che porta nei sotterranei del palazzo), da qui si arriva all'incrocio tra la grande Prospekt Mira («prospettiva della pace») e Trifonovskaya Ulitsa. Un altro semaforo da studiare: è breve e ha un meccanismo di scorrimento delle tre corsie modello rompicapo, cioè simile a quello del semaforo precedente. A complicare le cose però ci sono gli scivoli dei marciapiedi che sono più lunghi di quelli dell'incrocio precedente, lasciano cioè più spazio per l'accumulo di pioggia e di neve. Attraversando questo incrocio le auto vanno più veloci – arrivano da un bel rettilineo – perciò i pedoni, per evitare di esser colpiti dagli schiaffi d'acqua o ghiaccio sollevati dalle ruote, devono posizionarsi ad almeno un paio di metri dal margine del marciapiede, nell'attesa che il semaforo diventi verde. Per me questo significa avere una distanza maggiore da attraversare e quindi meno tempo a disposizione rispetto al conto alla rovescia del verde pedonale.

«Ci basta recuperare anche solo poche fibre.» A parlare è una fisioterapista, minuta e determinata. E quella frase che ripeteva quasi ogni volta non l'ho mai dimenticata.

Quante più fibre si riescono a riattivare di un fascio nervoso o muscolare che giace addormentato nel tuo corpo, tante più possibilità ci sono di ricominciare o cominciare a camminare, scrivere, tagliare, orientarsi nello spazio.

«Recuperare fibre» significa muoversi dentro i limiti, non cercare la completa guarigione che spesso – quando si tratta di disabilità – può essere impossibile. «Tornare come prima» è il sogno irraggiungibile di molti; come prima dell'incidente. Per altri invece il «prima» non esiste, sono nati così e c'è poco da fare se questi sono i mezzi a disposizione.

«Recuperare fibre» è un progetto di vita. Non ti lascia mai, nemmeno per un minuto, giorno dopo giorno, perché non è fatto solo di esercizi. Devi studiare ogni tuo movimento, ogni situazione in cui ti trovi, le sfide che l'ambiente ti sottopone senza preavviso. Studiare per imparare e quindi ottimizzare quello che fai, massimizzando l'efficienza (quasi sempre la fatica) e minimizzando i rischi (per esempio quello di cadute).

È un processo di riflessione continua, difficile di per sé, ancora più difficile perché coincide con la vita di tutti i giorni che non puoi fermare e quindi aggiunge variabili all'equazione. Quando attraverso quei tre semafori, come se stessi unendo i tre punti di un tracciato cifrato, in testa non ho solo il trasferimento di carico da una gamba all'altra, la posizione delle spalle, l'appoggio del piede, le mattonelle sporgenti nelle quali potrei inciampare o la neve che nasconde lame di ghiaccio. In testa ho le ultime notizie sulla Russia lette mentre divoravo la colazione, la prima diretta che comincia tra pochi minuti, il pezzo che mi è già stato commissionato per l'edizione successiva, gli accrediti da chiedere per la conferenza stampa di domani; mi ripeto che non devo dimenticare di fare gli auguri a mia figlia e di mandare un messaggio per la consegna della spesa al mercato per aiutare la mia famiglia a Roma.

Questo continuo processo di riflessione e di studio, che attraversa i marosi della quotidianità, ha finito per farmi sviluppare una mentalità che non riesco a non definire tattica. È un'altra fibra – non nervosa, né muscolare ma di pensiero – da recuperare ogni minuto, associandola alle altre per tenere la macchina del corpo in marcia.

È così che impari, per esempio, a restare due o tre metri più indietro rispetto al margine della banchina della metropolitana. All'apparenza è uno svantaggio perché devi percorrere più metri fino all'ingresso delle vetture; invece conquisti l'equivalente dell'elevazione di quota in battaglia, riesci ad avere una visione completa della carrozza di fronte a te, dove si è fermata e quindi dove sono le porte; mentre la folla conta sulla velocità delle sue gambe agitandosi da destra a sinistra tra passeggeri che escono e tentativi di entrare dai lati dei varchi porta. Stando in posizione arretrata riesci invece a scegliere meglio l'obiettivo, a puntarlo con la traiettoria giusta e a raggiungerlo in sicurezza e in tempo utile.

Impari, per esempio, a cercare nei luoghi affollati una linea invisibile che ti porti lontano dagli ostacoli (i tavoli d'appoggio di un buffet) e vicino ai ripari (una parete) per evitare l'ingorgo di piedi e di braccia che diventa non attraversabile o che rischia di renderti vulnerabile.

Impari, per esempio, a posizionarti su una rampa di scale dal lato della balaustra: in troppi casi non sono simmetriche, cioè non c'è l'appoggio per le mani su entrambi i versanti. Più frequente l'ipotesi in cui i corrimano mancano del tutto e allora devi cercare una parete o comunque un appoggio.

Impari, per esempio, ad analizzare a distanza il luogo dove ti stai dirigendo perché nel caso di un edificio, se c'è una scalinata all'ingresso – di quelle «decorative», quindi senza possibilità di appoggi laterali – devi cercare con gli occhi una via d'accesso alternativa come la rampa per disabili (o il carico merci), l'ingresso secondario o quello posteriore.

Impari, per esempio, a equipaggiarti con le dotazioni migliori, per te. Ci sono trasferte in cui io non lascio mai a casa un trolley, un bagaglio da cabina con le ruote e la maniglia estraibile, anche quando il suo ruolo nel trasferimento – il viaggio vero e proprio – non è cruciale. Allora perché? Se ti capitano dirette molto lunghe, avercelo davanti, pur invisibile alla telecamera, significa potersi appoggiare, liberando la mente da un problema secondario – quello della stabilità – che però finisce con l'interferire con le parole e il pensiero. Una delle regole non scritte del giornalismo televisivo è che al telespettatore tu non debba trasmettere le tue ansie e i tuoi problemi, né spiegare perché il tuo servizio o la tua diretta siano venuti «così così». Al telespettatore devi portare notizie e confezionarle nel modo migliore, il tuo compito non è quello di fargli sapere del traffico che hai affrontato per arrivare sul luogo dei fatti. O del poco tempo per girare delle buone immagini; del caporedattore che ha cambiato idea dieci volte mutando traiettoria come una pallina da ping-pong; dell'idiota di passaggio dietro la postazione della diretta che fa casino; del maltempo e via dicendo. Sono cose che fanno parte del lavoro, nel mio caso a queste si aggiunge dell'altro: il problema di resistere alla fatica dello stare in piedi, quasi sempre senza sapere per quanto tempo ci dovrai restare (a decidere la tua permanenza in diretta è un conduttore o la regia), spesso in mezzo al nulla, su terreno sconnesso, tra acqua e vento, o nel caos.

Impari, per esempio, a entrare al ristorante e a scegliere un tavolo che ti dia visibilità sull'ingresso, analizzi le vie di fuga, tieni sempre monitorato l'ambiente proprio come hai valutato il percorso per arrivare sin lì, preparandoti un itinerario alternativo in caso di pericoli o blocchi su quello prioritario.

No, be'. Tutto questo non lo impari con la disabilità, lo impari quando lavori in aree di crisi. Anche se ammetto di non sapere dove cominci la causa e dove finisca l'effetto. Non so se mi sono approcciato in questo modo «tattico» alla disabilità per via delle mie contemporanee esperienze in ambiente di crisi o se in quanto disabile avevo la mentalità giusta per operare in quei contesti dove il rischio non puoi mai azzerarlo, ma hai bisogno di metodo e costanza per cercare di mitigarlo.

Del resto il giornalista, l'operatore delle forze speciali e il disabile hanno qualcosa in comune. Sono sempre in missione, non hanno la possibilità di timbrare il cartellino, spegnere la testa, assumere un'altra mentalità e pensare a una vita diversa.

Outside the wire, inside the loop

«L'avevi detto che ci saresti andato. Alla fine ci sei riuscito.» Il Natale del 2006 è appena passato e io sono su un regionale che da un'insolitamente semideserta stazione di Napoli mi porta verso un paesaggio fatto di lasagne, gamberi e calamari fritti, cassatine e altre prelibatezze domestiche; un pranzo di Natale ritardato ma pur sempre capace di fiaccare l'istinto di sopravvivenza di un essere umano facendolo scivolare verso le valli oscure del colesterolo. Meno di dodici ore prima ero in Afghanistan. La differenza tra la mensa della base di Herat, che eravamo andati a inaugurare con il ministro alla Difesa, e la tavola imbandita della casa dei miei genitori a Salerno sarebbe stata una delle prime, tante, allucinazioni che avrei vissuto nella mia carriera da inviato. Allucinazione da «contrasto», le differenze tra mondi che pure si trovavano sullo stesso pianeta.

Quando, nel 2001, le forze armate americane hanno invaso l'Afghanistan, lavoravo per una testata online.

Facevo un'opera detta di «cucina», perché consiste nel lavorare su fonti secondarie, sostanzialmente agenzie stampa e video, senza andare in giro a verificare di persona. Il giornalista non si sposta dalla sua scrivania. Enfaticamente, nelle redazioni lo chiamano lavoro di *desk* cercando di nobilitare la noia che lo accompagna.

«Ci sei riuscito» ripete una voce sorridente. Dall'altra parte del telefono, c'è una collega che con me aveva condiviso quell'esperienza quasi agli albori dell'informazione online in Italia (intanto io mi ero spostato al Tg3) ed era felice di vedere che alla fine ero riuscito ad arrivarci in quell'Afghanistan di cui, cinque anni prima, osservavamo le vicende da lontano, con frustrazione mista a totale trasporto.

Ci ero riuscito, nonostante all'epoca sembrasse un desiderio impossibile.

La verità era un po' meno gloriosa: era stata una di quelle trasferte che si mollano all'ultimo arrivato (il quale, felice, ringrazia convinto) perché era la visita ufficiale di un ministro alla Difesa. I colleghi più esperti non la ritenevano giornalisticamente interessante e, per giunta, ti portava via Natale, la Vigilia e Santo Stefano in un colpo solo.

La lezione fondamentale che mi sono portato a casa da quell'esperienza è che le caserme, persino più degli ospedali, sono uguali in tutto il mondo. Oltre la recinzione antibomba di Camp Arena a Herat avrebbe potuto esserci Viterbo e nessuno se ne sarebbe accorto. C'ero stato, sì, in Afghanistan, ma non avevo visto quel Paese che tanto mi affascinava.

Dovevo tornarci per davvero: il «mal d'Afghanistan»

mi aveva già preso con sintomi molto chiari. Capii di lì a poco che fa sembrare il «mal d'Africa» come un raffreddore al cospetto di una polmonite.

Da giornalista la cosa che mi colpiva era il totale oblio in cui erano finite le vicende afghane, un conflitto cruciale, un Paese strategico, il cimitero degli imperi, crocevia di una storia che si ripete circolarmente. Eppure tutti guardavano all'Iraq, l'attenzione mediatica come quella politica era concentrata sulla seconda (in ordine cronologico) guerra post-11 settembre, non sulla prima che veniva data come «pratica risolta» quando, in realtà, tutti i sintomi dell'imminente collasso erano in bella vista.

Per questo motivo, sul regionale diretto a Salerno non riuscivo a smettere di pensare a Kabul e a come tornarci al di là delle recinzioni: «*Outside the wire, inside the loop*», che suona all'incirca come «al di là delle recinzioni, dove succedono le cose», battuta che si faceva tra militari stranieri troppo spesso rinchiusi nelle loro basi.

«Sei davvero sicuro di volerci andare?» Pochi mesi dopo stavo trasformando in realtà il desiderio di un mio secondo viaggio in Afghanistan ma il mio direttore, solitamente cordiale con me, stava conducendo quel colloquio «finale» con un tono grave. Me lo aspettavo? Non così, ma ero comunque pronto ad affrontare una conversazione del genere.

Quando cerca di vivere come gli altri, quando cerca di fare il suo lavoro, di realizzare i suoi sogni, un disabile non affronta solo gli ostacoli che toccano ai normodotati. Deve invece fare i conti con la madre di tutte le barriere. Non sa bene quando la incontrerà ma a un certo punto se la troverà sulla sua strada.

«È pericoloso» mi dice il mio interlocutore. La frase pesa anche a lui, si vede. È la conferma che, in realtà, voleva dire: «È pericoloso per te».

Dietro una frase del genere ci possono essere due tipi di persone: quelle che si preoccupano per te, sinceramente, perché sanno che avrai delle difficoltà in più nel percorso che vuoi intraprendere (che si tratti di lavoro, di un'escursione in montagna, di una festa in discoteca o di un'immersione subacquea); e poi ci sono tutti gli altri, cioè quelli che si preoccupano per se stessi. Nella loro testa riecheggia la frase: «Se succede qualcosa, il guaio lo passo io...». È il peso delle responsabilità che ha un capo, in quanto firmatario, approvatore ultimo, responsabile del procedimento e ogni ruolo più o meno burocratico tra quelli che nessuno sa nemmeno esistano fino a che non accade un incidente.

L'assenza di uno «statuto della disabilità» in Italia rende tutto più difficile e complesso: per tutti, non solo per i disabili. In un Paese civile, un disabile dovrebbe essere aiutato a superare le difficoltà extra che deve affrontare nel tentativo di integrarsi. Sei un geometra, fatichi a muoverti soprattutto sui terreni sconnessi, ma vuoi coprire tutto il ciclo del tuo lavoro? Vuoi quindi visitare anche i cantieri? Un'azienda, un'istituzione, un ente dovrebbero fornire un aiuto al disabile per realizzarsi completamente come professionista, come lavoratore, ma anche per svolgere appieno il suo compito, quello per cui è pagato. Nel nostro esempio, un accompagnatore? Uno scooter elettrico?

Quasi sempre la soluzione è opposta: un divieto, tacito o espresso; una professionalità dimezzata, risorse perse per l'azienda, frustrazioni e umiliazioni per il singolo.

In un sistema iper-regolamentato come quello italiano sarebbe opportuno avere uno «statuto» (un po' come quello dei lavoratori, pur ormai in buona parte «rottamato»), cioè un insieme di norme che possano indicare dei principi e delle regole chiare da seguire per l'integrazione. Purtroppo non c'è; al suo posto invece si trova un vuoto normativo, di buone pratiche, di cultura della diversità. Nell'assenza totale di una «sana» opera di lobby da parte dei disabili, ogni questione che vagamente esca dai «limiti» (che sono quelli del conformismo segregazionista) va a scontrarsi con la burocrazia e i potenziali rischi a cui espone i responsabili, i committenti, i capi del lavoratore disabile.

In questo quadro sconsolante, dove chi offre una possibilità a un disabile non viene premiato dalle norme ma anzi esposto a pericoli, chi volesse uscire dal «recinto dei limiti» deve affidarsi a tanta caparbietà e a una «trattativa privata».

Cosa significa? È un misto di passi che variano a seconda delle occasioni. Ragioniamo a livello generale.

Il disabile che vuole esprimersi a pieno come lavoratore, per agevolare il suo percorso, è pronto a rinunciare ad agevolazioni e semplificazioni che un normodotato al posto suo otterrebbe facilmente. Non chiede, perché teme che ogni sua richiesta possa essere considerata una zavorra sull'esito del suo tentativo. Magari mandare qualche e-mail aiuta, soprattutto se spiegando quello che vuole fare circoscrive le responsabilità di altri in caso di problemi e le assume su se stesso. Insomma autocertifica preventivamente che «se l'è cercata», sgravando i superiori da un bel po' di responsabilità.

La trattativa «privata» (nel senso che non ha alcuna dignità pubblica, di tema di interesse generale, di bene comune) si svolge con un capo che fisiologicamente ha a cuore la propria carriera e quindi vuole stare alla larga da ogni possibile macchia sul suo curriculum. Che leva usare? Magari puntare sul fatto che un «no» potrebbe passare come discriminazione e avventurarsi in quella zona grigia dove il diniego non viene pronunciato, ma il «sì» non è mai chiaro.

Ovviamente devono esserci delle condizioni generali, non sempre presenti nelle aziende medio-piccole, dal rischio di una reazione del sindacato a una ricaduta sull'immagine pubblica aziendale.

Possiamo colpevolizzare il capo che si barcamena tra la Scilla della discriminazione e la Cariddi dell'autoconservazione? Lì dove vengono in superficie, proprio come in quella località sullo Stretto, i mostri abissali della mediocrità umana e dell'inumana burocrazia?

Personalizzare sarebbe un grave errore, perché la portata del problema è grande e generale.

In breve: assegnare un incarico del genere a un disabile quale vantaggio comporta per quel capo nel sistema italiano di valori pubblici e aziendali? Nessuno. Porta solo responsabilità extra e possibili polemiche. Non è nemmeno un vanto capitalizzabile a livello di pubbliche relazioni, come invece accade quando si sceglie una donna per un ruolo importante. Notate per esempio l'enfasi che la stampa dà alla componente femminile quando si nominano ministre o amministratrici delegate? Tanto di cappello al movimento femminista, ma la sua esperienza, viste le condizioni in Italia, non può essere generalizzata quando si tratta di valorizzare la diversità per colore della pelle, religione o per disabilità.

Mancando norme, incentivi e uno statuto della disabilità in Italia, l'unica strada che un disabile può seguire per arrivare dove vuole è quella dell'ambiguità.

È la strada che ho scelto io, l'unica possibile.

«Sei davvero sicuro di volerci andare?» Sapevo che questo momento sarebbe arrivato. Dopo un paio di schermaglie verbali tra me e il mio direttore, tiro fuori un frusciante rotolo di fogli A4: una sessantina, forse più, di e-mail che testimoniavano la meticolosità con cui avevo organizzato quella possibile trasferta in un Afghanistan che, tra l'altro, nel 2007 non era ancora l'inferno in Terra che sarebbe diventato di lì a qualche anno.

Il mio direttore, rinfrancato, mi dà fiducia: firma. Posso partire. Gliene sarò sempre grato pur sapendo che su di me pesano il doppio delle responsabilità rispetto a un altro inviato.

Devo fare di più e meglio, e utilizzare il doppio della prudenza (che non sempre è amica della qualità nel lavoro sul campo) perché so bene che ogni minimo incidente di percorso diventerebbe l'ultimo in termini di carriera e possibilità di futuri viaggi. Anche solo un banale ritardo al satellite per il riversamento video avrebbe potuto pesare: «Lui non riesce a correre, è ovvio che poi buca e non manda in tempo il suo pezzo». Frasi che mi spaventano e che immagino nella mia testa prim'ancora di partire. Sono di fronte alla più importante occasione professionale della mia vita, una strada in salita la cui pendenza è per me doppia. Prima di raccontarvi come andrà a finire quella trasferta, vi confesso un incidente.

Salendo su un Puma dell'esercito il mio piede sinistro resta brevemente bloccato in una piastra d'aggancio sul fondo del blindato. All'epoca non avevo il mio giubbotto antiproiettile personale, ne indossavo uno dei militari italiani, pesantissimo, che ti bloccava tutto il tronco ma per entrare nella botola di quel mezzo il corpo doveva compiere una rotazione da contorsionista. Sento il crac del ginocchio ma tiro fino a fine giornata quando, tornati dal pattugliamento a Camp Invicta, la base italiana alla periferia est di Kabul, un medico militare mi passa un tubetto di unguento anticontusioni. Ne ho dimenticato il nome ma ricordo le risate dei soldati abituati a vedersi propinare quella pomata per ogni malanno. E ora ridevamo insieme. Non ho mai «certificato» quell'infortunio. Sono rimasto a lavorare e col tempo la contusione (per fortuna non era nulla di più grave) è guarita. Non ne ho mai fatto parola con nessuno tranne che con il mio operatore e amico Mario Rossi, che era con me.

A questo punto, qualche lettore potrebbe obiettare che esiste, ed è forse più frequente, una situazione esattamente speculare ma opposta: lavoratori colpiti da una patologia invalidante (per esempio, infermieri con l'ernia cervicale o fisioterapisti con la sciatica) che non consente loro di svolgere certe mansioni. Eppure vengono comunque costretti a svolgerle dai loro datori di lavoro.

È vero, è un problema reale, frequente, e lo è maggiormente nel caso dei cosiddetti lavori usuranti, quando le patologie si sviluppano dopo anni e anni di sforzi fisici dati per scontati, anche se intanto l'età dei lavoratori è aumentata e il loro corpo si è indebolito.

Ma nel sollevare questa obiezione si dimentica un nodo fondamentale.

Se un lavoratore viene costretto a svolgere mansioni per cui non è idoneo fisicamente o mentalmente ha strumenti per tutelarsi: in primis i riconoscimenti di percentuali di invalidità, le certificazioni di inabilità a certe mansioni e infine i giudici del lavoro.

Gli unici strumenti previsti dal quadro normativo italiano sono pensati per sottrarre il/la disabile alle fatiche della vita (quindi per risparmiargli la normalità della stessa), non per aiutarlo/a ad affrontarle al fine di realizzarsi e vivere appieno.

È il decrepito approccio italiano alla disabilità: non esistono strumenti per integrare il lavoratore disabile, ma solo per metterlo in una bolla separata dalla realtà. Un successo d'avanguardia negli anni Settanta, un fallimento oggi.

Il foglio di carta ingiallito, prezioso come il timbro postale che ne certifica la data di ricezione sulla busta, mi ritorna in mano ogni volta che cerco qualche documento personale nel mio archivio. È come se bussasse alla mia coscienza e, in qualche modo, volesse ricordarmi quanto sono stupido.

È una certificazione della Asl di Salerno che mi riconosce i benefici della legge 104 (il principale corpo normativo per la tutela dei disabili in Italia) assegnandomeli, come di prassi, in prima istanza, con una scadenza a cinque anni. Non perché ci sia la possibilità che io guarisca – salvo eventi degni di Lourdes –, ma perché fissare una scadenza diluisce le responsabilità della scelta tra due commissioni diverse e quindi rende più tranquilla la burocrazia medica di fronte a possibili ricorsi di eventuali «bocciati» o inchieste anticorruzione delle Procure.

Alla visita di conferma, cinque anni dopo, non mi ero mai presentato lasciando così scadere il primo certificato, avevo troppa paura che la «104» diventasse per me un marchio d'infamia, che rendesse ancora più difficile il mio obiettivo di lavorare da giornalista come desideravo, ovvero sul campo.

Del resto la mia prima visita per l'attestazione d'invalidità l'avevo fatta solo a quasi trent'anni d'età, costretto da mia madre che l'aveva prenotata a mia insaputa, preparando di nascosto persino il relativo incartamento. Si illudeva che potesse aiutarmi a vivere meglio: «Darmi dei vantaggi».

Anche il «pezzo di carta» attestante la mia invalidità (che è una specie di modello base rispetto a quello della 104, che è invece full optional) l'avevo abbandonato in un cassetto, un po' per rimuoverlo, un po' perché avevo già capito che non sarebbe servito praticamente a nulla se non a crearmi problemi. Intuizione fondata, come capirò molti anni dopo al rinnovo della patente di guida.

«Scusami se te lo chiedo, per caso tu hai una certificazione d'invalidità?» Avevo appena superato la selezione per la mia assunzione in Rai quando, alla firma del contratto, una paciosa segretaria mi fa una domanda che mi toglie il sorriso. L'istinto di mentire, per un attimo, prende il sopravvento. Prendo la rincorsa per «negare tutto» ma la sincerità prevale: taccio, calando gli occhi verso il basso.

Di fronte al mio imbarazzo, la ragazza dall'altra parte della scrivania ha un sussulto di sincera preoccupazione: «Guarda, è solo perché ci farebbe comodo, noi per legge dobbiamo assumere delle categorie protette e con te rientriamo nei parametri. Non te l'ho chiesta mica per altri motivi!».

In un pugno di parole, una lezione magistrale sui limiti della legislazione italiana per la disabilità e l'integrazione sul posto di lavoro.

Provvedimenti nati con le migliori intenzioni ma che si sono trasformati in un obbligo di riempire caselle nella pianta organica (per le grandi aziende, fino al 7 per cento della forza lavoro). Provvedimenti figli di altre epoche nelle quali inserire i disabili nel mondo del lavoro era un risultato epocale, ma che sono invecchiati male, perché non contemplavano il passo successivo: la vera, piena, integrazione e realizzazione lavorativa dell'assunto.

È stato rivoluzionario favorire l'assunzione di un soggetto prono a periodi di malattia e presumibilmente meno produttivo. Purtroppo quelle leggi non sono state mai aggiornate rispetto al mondo che intanto cambiava, e quindi si sono trasformate in una sorta di «patto opaco» tra il legislatore e le aziende.

Stato: «Tu te li carichi a bordo così noi spendiamo meno di assistenza».

Impresa: «Va bene, ma cosa vuoi che me ne faccia di uno/a così?».

Stato: «Gli avete già fatto il favore di assumerlo, cosa potrà mai volere di più?».

Ci sarà da correre, a Kabul

I neon gelidi di Saxa Rubra, capaci di far impallidire pareti già tristemente marroncine, illuminano il mio rotolo di e-mail che intanto continua a crescere. La firma sulla mia trasferta afghana è stata apposta, quindi si farà: è ufficiale. Ora però mi divora l'ansia, la paura di non sfruttare questa occasione, di non essere all'altezza, di non fare bene come dovrei. Pensieri che giocano a ping-pong nella mia testa mentre continuo a scrivere e-mail, a cercare contatti, a pianificare incontri, con il viso quasi inghiottito dallo schermo del computer.

Di quel momento ricordo solo il fruscio, il passaggio di qualcuno alle mie spalle nell'incastro tra le scrivanie di uno stanzone sovraffollato di postazioni, come capita in una bella redazione, ma a quell'ora incredibilmente vacante. Dopo quella lieve corrente d'aria una voce attraversa la stanza. Proviene da un viso che guarda altrove mentre vedo una persona di spalle in movimento verso l'uscita: «Preparati Nico... Ci sarà da correre, a Kabul...».

L'avvenente (un tempo) collega, enfaticamente barricadera anche nei suoi difficili rapporti con l'italiano, sgancia la bomba e se ne va. Vedo il caporedattore inchiodarsi in un angolo, basito; un omone dai modi gentili e dalla lunga esperienza professionale. Letteralmente senza parole, come mai l'avevo visto prima.

Quella frase non la dimenticherò mai e non solo perché non sono riuscito a proferire la risposta che pur mi ballava sulla lingua: «Correre? Perché, a Kabul si fanno le Olimpiadi?».

È stato il primo atto di aperto, palese, dichiarato razzismo che io abbia mai subito in vita mia, tolte le cattiverie in cui bambini e ragazzi, spesso inconsapevolmente, si esercitano. Ed era un gesto di razzismo particolarmente odioso perché accadeva non allo stadio o in un mercato ma in una redazione giornalistica e, per giunta, del servizio pubblico. E perché usava la mia disabilità per mettere in dubbio la mia professionalità.

Quella trasferta afghana sarà un successo: mi ritroverò a raccontare una notizia importante (pur tragica, sia chiaro) come il sequestro di Daniele Mastrogiacomo, inviato della «Repubblica». Riuscirò a confermare la cittadinanza italiana del sequestrato per primo, dopo le iniziali vaghe notizie (perché il collega aveva più passaporti), a smentire la Reuters che ne aveva annunciato la liberazione, a ottenere il video dei sequestratori che ne provava l'«esistenza in vita».

Nella loro presunzione, evidentemente parte dello statuto professionale, i giornalisti sono di solito convinti di esser loro a scegliere le notizie da seguire. È una grande balla, accade esattamente il contrario: le notizie si scelgono chi dovrà raccontarle. La bussola del mio destino si era chiaramente orientata verso l'Afghanistan, verso i conflitti, le crisi e verso gli ultimi della Terra. È la strada che da allora in poi seguirò perché mi fa sentire utile. Una strada faticosa di per sé, ancor di più per me.

Per percorrerla dovrò accettare di restare nel limbo del mio «status», tra il non detto e il negato. Dovrò dare fondo a tutto il mio acume tattico per condurre incursioni nella zona grigia del timore gerarchico. I capi hanno paura di «passare un guaio, se succede qualcosa» ma anche quella di discriminare.

Per uno dei paradossi del mio carattere, anni dopo arriverò persino a chiederne di meno, per fare di più. Volevo avere pieno controllo del prodotto, volevo superare il meccanismo farraginoso del ricorso a operatori esterni (detti «d'appalto») decidendo di girare e montare da solo – quando il tipo di notizia lo consente – il materiale dei miei reportage. Era anche un modo per sentirmi più libero dal dover coordinare i miei limiti «pratici», a volte piccole cose banali, con qualcuno che mai avevo visto prima. Ormai gli operatori non erano più compagni di redazione come in passato, persone che conoscevi e ti conoscevano. Sempre più si ricorre a personale preso a rotazione, con il quale magari lavori una volta e poi non vedi più, con il peso di dover ricominciare ogni volta daccapo a impostare il lavoro, con l'aggravante nel mio caso di altre accortezze pratiche che magari non hai voglia di condividere con un estraneo.

Sull'*embed form* ci sono alcune precise condizioni da rispettare. I militari americani sono molto flessibili con i giornalisti – sarà che sono abituati ad avere a che fare con la stampa, sarà che si sentono dalla parte della ragione e quindi non pensano di avere nulla da temere o da dover nascondere. Eppure sono divorato dalla preoccupazione. Ho paura che sia troppo per il mio fisico, un *embed* con le truppe statunitensi nel cuore infernale della guerra afghana, la provincia di Kunar. La chiamano la zona più cinetica di tutta la missione, in quel linguaggio militare che punta a sterilizzare sistematicamente la paura e che quindi non può dire apertamente che «cinetico» significa che è il luogo dove ci sono più caduti americani.

La provincia di Kunar è uno dei posti più belli del mondo. In quegli anni, senza essere scortato – dagli americani o dai talebani –, avresti goduto di un tempo di sopravvivenza stimato in trenta minuti, una missione *kill or capture* al contrario, cioè finivi ucciso o rapito in una mezz'ora.

Ma non mi preoccupa questo, mi preoccupa la mia tenuta fisica. È un pensiero che mi brucia dentro. Quando arriva l'ora di firmare gli *embed form* a Bagram, ho l'ultimo sussulto. La dichiarazione di perfetta forma fisica e capacità di correre mi precipita in un panico che non posso dare a vedere. Respiro, sospiro, rifletto. È una bugia talmente palese che mi può mettere nei guai, però se dovessi essere ferito o morire la mia firma sotto questa falsa dichiarazione metterebbe le forze armate americane al sicuro da qualsiasi causa della mia famiglia. E le cause sono la principale ossessione Usa: superata questa, le hai superate tutte.

«Ma non ti preoccupare, una volta qui è venuto un ricercatore universitario totalmente obeso... È andato quasi in asfissia per via dell'altitudine. E ti preoccupi tu?» Alla fine avevo confessato la mia preoccupazione al Pio (Public Information Officer, in pratica uno degli addetti stampa) con il quale ero entrato in maggior confidenza nei lunghi giorni di attesa di un passaggio da Bagram verso il fronte.

In Afghanistan non c'erano mai elicotteri a sufficienza e una volta lasciata Baf (la base aerea di Bagram) adesso stavamo aspettando a Jalalabad. Chiacchierando con gli uomini del Medevac, guardavo i militari fare jogging sulla pista, incuranti delle loro caviglie, ossessionati dall'esercizio aerobico anche su quella striscia di ghiaia.

«Fai quello che puoi fare.» Il ranger dell'esercito, temporaneamente addetto alla «pubblica informazione», mi era spuntato alle spalle e mi aveva consegnato quel messaggio in bottiglia. Non so se fosse perché aveva trovato qualche nota nella scheda che sicuramente l'esercito aveva sul mio conto o se seduto in terra la parte lombare della mia schiena fosse stata lasciata scoperta dalla maglietta rivelando le mie vulnerabilità.

«Fai quello che puoi fare.» Quelli che avrebbero, potenzialmente, voluto liberarsi di me in quanto giornalista critico sulla guerra, erano stati più umani e pratici di quelli che «Ci sarà da correre, a Kabul».

Da quella velenosa frase in poi, mi sarà – e mi è ancora – chiaro che per difendermi potevo solo usare una cosa: la qualità e la profondità del mio lavoro. Per la mia azienda – in quanto azienda italiana, non diversa dalle altre aziende del nostro Paese –, un inviato disabile non era un primato, un arricchimento, un'apertura all'inclusione e alla diversità. Insomma non era qualcosa di cui vantarsi, ma un potenziale problema. Sentivo di dover restare nel «non detto».

Il tutto aggravato dall'assenza di una normativa specifica per i disabili e dal moltiplicarsi di cavilli e commi che sottopongono l'azienda del servizio pubblico radiotelevisivo alle stesse complicazioni dell'Ufficio anagrafe di un piccolo Comune di trecento abitanti.

Se quella di «Ci sarà da correre, a Kabul» è stata la prima volta, purtroppo non è stato il mio ultimo incontro con il razzismo.

«Nico vuole fare l'inviato di guerra. Ma se non si regge nemmeno in piedi... Certo che sono pretese queste, eh!» La collega della Segreteria di redazione non sapeva che io fossi dietro di lei al bar di Saxa Rubra. Entrambi al bancone, di fronte a noi il mosaico con le bandiere in ceramica di Italia '90.

Mi ritiro appena in tempo per non farmi vedere, allontanandomi. Una frase odiosa, non solo perché esprimeva quel minestrone di pochezza, di paura e di ignoranza dei cosiddetti normali verso la disabilità; non solo perché riduceva le abilità di un giornalista e di un inviato (un mestiere di una complessità inimmaginabile) a un paio di gambe, ma perché arrivava in un momento molto difficile della mia carriera, quando ero stato messo da parte da un nuovo direttore (ingiustamente, dirà poi un giudice). Erano «parole del branco», che giustifica sempre e comunque le scelte di chi comanda.

Anche quando non le senti «fisicamente», con le tue orecchie, le frasi di giudizio riesci a vederle negli occhi dell'interlocutore, le vedi materializzarsi nell'aria, ti rimbalzano dentro la testa come se ti arrivassero telepaticamente. Quando ti allontani, le leggi in un immaginario labiale.

Non sono necessariamente parole cattive, solitamente vanno da «Ma perché non se la prende più comoda?» a «Come fa, in quelle condizioni?».

Altre volte invocano un isolamento bonario, protettivo, «per lui», «per lei». Parole che spingono per l'esclusione del diverso, del disabile.

«Per il suo bene.» No, guardate, al mio bene ci penso io, non ho bisogno che voi commissariate la mia volontà.

Nessuno che dica mai: «Come posso fare ad aiutarti? Come possiamo alleviare un po' le tue fatiche extra? Cosa possiamo fare affinché tu possa competere con i tuoi colleghi, cominciando dalla stessa linea di partenza e non con mezzo chilometro di ritardo?».

Il disabile va «tumulato» in una nicchia che lo protegga, che lo tenga al riparo da quel mondo dove invece tutti gli altri hanno e reclamano il diritto a muoversi liberamente. Nel migliore dei casi il disabile diventa una decorazione aziendale, un soprammobile, come un trofeo vinto per la cortesia o l'attestato di una certificazione Iso sulla logistica interna.

Un disabile impegnato nel mondo del lavoro in Italia può ottenere, al massimo, una forma di agibilità professionale, quella in cui viene avvolto dal silenzio. Per anni, le forze armate statunitensi hanno mantenuto in vigore una policy sull'orientamento sessuale dei propri militari: «*Don't ask, don't tell*». Noi non te lo chiediamo, tu non ce lo dici. È la massima aspirazione di un disabile nel mondo del lavoro italiano.

Sarai stato accettato per quello che sei nel momento in cui la tua azienda, il tuo capo, il tuo interlocutore non ti rivolgeranno raccomandazioni extra, non cincischieranno con le carte in mano tra l'imbarazzo e la paura, non ci gireranno intorno, quando non ci sarà bisogno che tu li incalzi facendo emergere le contraddizioni dei loro timori tanto da metterli all'angolo e spingerli a darti il via libera. Sarai stato accettato quando il tuo capo farà finta di non sapere nulla di te, quando potranno dire di non essere stati informati, lasciando a te solo il carico di ogni problema extra.

Sono grato alla mia azienda e ai miei direttori (quasi tutti) per avermi dato sempre grandi occasioni professionali girandosi dall'altra parte, lasciando tutto nel «non detto». Nell'Italia di oggi si sono dimostrati illuminati e capaci di dare fiducia al diverso.

Ma questo non può essere un punto d'arrivo, è solo uno scalino naturale che trovi nella roccia e ti aiuta ad appoggiare un piede quando ti stai arrampicando su una parete piatta diretto verso la cima.

Non è un caso di integrazione di successo, è solo una «trattativa privata» andata bene ma il cui carico crolla tutto sulle spalle del disabile.

Lei, lui vengono lasciati soli a fare i conti con le difficoltà intrinseche di un certo lavoro, di un certo incarico, di un certo compito. Sono difficoltà uguali per tutti, disabili e normodotati, ma alle quali si vanno ad aggiungere le specifiche difficoltà della patologia, della lesione: lentezza, difficoltà nei movimenti, impossibilità di superare scale, dover mangiare in un certo modo, necessità di medicazioni ricorrenti, difficoltà a usare un bagno come gli altri e via dicendo.

Quando il disabile riesce a giocarsi bene la sua occasione, riesce a superare le difficoltà del lavoro associate a quelle sue personali, di fatto si «compra» il diritto ad altre occasioni, ad altre opportunità pur sapendo che sarà sempre sottoposto a un giudizio diverso da quello degli altri.

Messa così è tutto talmente difficile che non può andare bene a ogni disabile. Alcuni, forse molti, di quelli che proveranno a giocarsi la loro carta – quella ottenuta con grande fatica – alla fine non porteranno a casa il risultato, in assenza di un supporto specifico. Il loro fallimento sarà senza appello, chiuderà ogni possibilità futura. Per i normodotati ci sono seconde occasioni, per i disabili no. Per loro ogni volta è una prima occasione, si ricomincia da zero.

Certo, il disabile potrebbe chiedere degli aiuti specifici, ma difficilmente lo fa. Nella mia azienda, dove manca qualsiasi politica di sostegno e di integrazione alla disabilità, non ho mai osato fare una cosa per me dannatamente necessaria: chiedere di fare viaggi aerei lunghi in classi superiori alla economy. Il mix di immobilità e di bassa pressurizzazione compromette per giorni la mia mobilità e, quando viaggi per lavoro, sceso dalla scaletta non c'è riposo: c'è subito la produzione.

Perché non l'ho mai fatto? Perché così costerei di più all'azienda. Temo che se spendessi di più per i viaggi aerei, la cosa mi penalizzerebbe.

Non dimenticherò mai la scena a cui ho assistito durante la riunione di un organismo sindacale che si confrontava con l'azienda su casi specifici di colleghi. Uno di loro aveva chiesto di non usare più la Betacam (9 chilogrammi di peso senza accessori) a favore di una telecamera più leggera che però non era a disposizione del reparto in cui prestava servizio. Quando il sindacato fece presente che il collega aveva problemi di schiena e di ernie, l'azienda cortesemente suggerì che non presentasse («nel suo interesse») alcuna certificazione medica. La preoccupazione – si intuiva – era quella che l'azienda fosse costretta, per automatismo burocratico, ad avviare una procedura di ricollocazione a nuove mansioni, «previa visita del medico del lavoro», a fronte di un autodichiarato problema fisico. Il collega chiedeva solo una camera più leggera per continuare a fare il suo lavoro, voleva solo essere messo in condizione di lavorare.

Rifletto che la mia azienda – una delle principali del nostro Paese – non ha una vera politica non solo sulla disabilità, ma nemmeno sulla diversità. «Ci vuole una donna» si legge sui giornali quando i politici parlano di nomine in Rai. Negli anni Novanta e primi Duemila c'erano più volti di colore sugli schermi tv di quanti ce ne siano oggi. Differenza religiosa, differenza etnica, differenza di abilità, nemmeno a parlarne. E il discorso è facilmente estendibile a tutti i media italiani.

«Scusami se te lo chiedo, per caso tu hai una certificazione d'invalidità?» Dopo quella richiesta imbarazzata di una segretaria, delle mie «certificazioni» non se n'è parlato più. Io, l'azienda e la burocrazia ci siamo ignorati a vicenda, con «reciproca soddisfazione».

Nel 2020, durante la pandemia di Covid, ho però dovuto tirare fuori il faldone dei miei documenti sanitari. Avendo un'invalidità per patologie vascolari e neurologiche rientravo nella mai ben delimitata categoria dei «fragili», avevo diritto a una priorità per i vaccini. All'epoca in Italia si brigava per vaccinarsi, per saltare la coda. Insomma volevo il vaccino ma non volevo finire in uno scandalo come quelli che, in quelle settimane, rimbalzavano in tv. Di lì a poco si sarebbe invece cominciato a fare l'opposto, imbrogliare per evitare la «modifica genetica»!

Purtroppo in Italia non esiste un'anagrafe dei fragili, gli archivi sono divisi tra le Asl, che si occupano dei codici di esenzione, e l'Inps, che invece ha i registri delle «104» e dell'invalidità civile. Per questo la mia Regione ha usato come parametro per l'accesso al «Portale fragili» il combinato disposto dei codici di esenzione e del codice fiscale.

Io però di codice d'esenzione ne avevo uno omnibus, non legato a una specifica patologia, e per questo mai preso in considerazione dal «Portale fragili», esso stesso più fragile dei fragili di cui voleva prendersi cura.

Nelle mie diverse telefonate a improbabili uffici sanitari e congestionati call center capisco che solo la legge 104, da esibire in un centro vaccinale, mi avrebbe aiutato a uscire dallo stallo. Dedico così due mesi a preparare, con un medico legale, la pratica per l'Inps, una collezione di documenti da far impallidire la Library of Congress a Washington. Mi avvalgo della facoltà di una «visita» documentale da remoto, alla luce delle restrizioni sanitarie dovute alla pandemia. Invio tutto in formato elettronico. Mi rispondono in tre giorni e ottengo la «104», mi sento in Svizzera! Poi purtroppo riprecipito in Italia: «Guardi, noi non sappiamo cosa farcene di questa certificazione». L'impiegata allo sportello è impantanata in un misto di imbarazzo e di stupore. «Noi non abbiamo alcun registro delle 104 in Asl.» Insomma non c'era nemmeno un «campo» dove inserire il nuovo *status* nella mia scheda personale. Sarei rimasto quindi a litigare con il «Portale fragili» della Regione Lazio, che stava lavorando alla grande sui vaccini e sui test covid, ma dei disabili e dei malati cronici si stava occupando come di un problema, se non residuale, sicuramente sconosciuto.

Sfrutto un accordo fatto dalla Regione con le associazioni dei medici di base e convinco il mio che ha tecnicamente il diritto a farsi dare delle fiale, proprio alla luce dell'intesa di cui lui non era a conoscenza. Si batte come un leone e alla fine arriva la telefonata: «Ho sei dosi per i miei sei fragili ma devo iniettarle subito dopo averle prese dal centro di distribuzione». Riesco a spostare di due giorni una trasferta in Danimarca, a ricevere il vaccino alle tre del pomeriggio, a svegliarmi alle tre di notte per partire, a quasi svenire nel pomeriggio davanti allo stadio di Copenaghen dove la polizia si meraviglia che non sia ubriaco. «No, è solo il vaccino!»

«Sei destinato all'irrilevanza.» Non credo dimenticherò mai le parole di Roberto, all'epoca vicedirettore, poi diventato un mio caro amico e prezioso dispensatore di consigli. Eravamo davanti a una fantastica pizza napoletana nel cuore della capitale, una roba quasi esotica per i primi anni del Duemila. Quella frase rendeva però tutto ancora più surreale. «Il nostro è un mestiere con troppi lupi, e la televisione genera solo invidia.» Roberto mi stava mettendo in guardia, del resto era la prima volta che il mio percorso professionale mi portava in una grande redazione televisiva. Alla fine è andata diversamente, forse anche per la mia caparbietà. Non ho fatto carriera ma non sono precipitato nel pozzo dell'irrilevanza.

Quello che però non mi sarei mai aspettato, almeno fino a quell'infausta frase sulle corse afghane, è l'uso della mia disabilità per colpire la mia voglia di fare il giornalista e di farlo bene. È capitato poche altre volte, in una precisa stagione per fortuna terminata, ma ripensandoci continua a farmi male.

«Non te la prendere, ma la direzione non ti manda a coprire la primavera araba in Tunisia [la prima fiammata di quella stagione] perché tu non puoi correre.» Non me lo dice, me lo sibila come se fossimo in chiesa durante un funerale, il collega, un fratello nella notte, dopo tante notti passate insieme in luoghi assurdi.

Non ho mai capito e mai ho voluto scoprire se quelle parole fossero l'iniziativa di una persona che mi voleva bene per cercare di dare una «razionalità» a un'esclusione altrimenti inspiegabile, un modo per consolarmi, o qualcosa di cui avevano davvero parlato i «vertici».

«Non puoi correre.» E pensare che quelli erano gli anni in cui i soldati occidentali in Afghanistan e Iraq, iperaddestrarti, ultrarmati, superproteinizzati morivano seduti. Fermi, immobili, mentre viaggiavano nei loro veicoli antiproiettile ma non blindati a sufficienza per resistere alla stagione delle Ied, gli ordigni improvvisati che segneranno l'epoca delle guerre di guerriglia post-11 settembre. Loro morivano seduti ma il problema ero io che non potevo correre. Posso definire anche quello un dono? Forse sì, perché ha rafforzato la mia convinzione che un giornalista è come un medico, non smette di fare il suo lavoro quando esce dalla redazione. «Tu sei la talpa, spunti da un buco nel giardino e provano a ucciderti a bastonate» ama ripetere mia moglie Elizabeth, con un'ironia poco tipica dello spirito statunitense. «Pensano di esserci riusciti ma tu ti sei solo nascosto sotto terra per scavare un altro tunnel e spuntare da un altro buco.» È così che, in quel periodo di difficoltà in redazione, ho rimesso in primo piano la mia idea del lavoro del giornalista come produttore di contenuti multimediali e multipiattaforma, che coltivavo dagli anni Novanta occupandomi di nuovi media e che avevo messo in pausa per dedicarmi con passione alla tv. Per cui ho cominciato a espandere il mio lavoro al di là dello schermo, quindi fuori dalla Rai, tra autoproduzioni, libri, social e tanti incontri in giro per l'Italia. Potevo continuare ad essere utile, a fare il mio lavoro, ad esistere anche se qualcuno aveva provato a fermarmi.

Vi chiederete: era quella una preoccupazione sincera? No. In un mestiere ipergerarchizzato come quello del giornalista dove il direttore/a è il sovrano del regno redazionale, capitano stagioni in cui «non piaci» o «non sei in linea» con chi comanda. La «condizione» cioè la salute o se preferite la disabilità (la malattia è altro) può essere una valida scusa per dare legittimità (e consenso nel piccolo mondo redazionale) a scelte altrimenti ingiustificabili. Contro i normodotati solitamente si ricorre ad altri strumenti e altre etichette: rompicoglioni, inaffidabile, polemico. Che fosse una scusa del resto sarebbe stato chiaro qualche mese dopo quando le primavere arabe sarebbero arrivate in Libia e mi sarei trovato in mezzo a centinaia di migliaia di profughi al valico di Ras Jedir in Tunisia e poi nel primo lembo di Libia occidentale liberata. Quando i focolai si moltiplicano, servono tutti i pompieri della caserma, anche quelli che consideri non allineati (e che non corrono).

Che la salute sia un'ottima scusa lo avevo già capito qualche anno prima, in un piccolo bar su via Boncompagni, poco distante da via Veneto a Roma. Uno degli addetti stampa dell'ambasciata Usa a Roma mi aveva dato appuntamento lì, proprio di fronte alla sede diplomatica per evitarmi (è una prassi) le lunghe procedure di sicurezza all'ingresso. Avevo chiesto di poter effettuare uno dei «viaggi» sponsorizzati dal Dipartimento di Stato per esplorare il funzionamento della macchina istituzionale degli Stati Uniti, il mio obiettivo era visitare il comando centrale a Tampa, il Pentagono e le agenzie di intelligence a Washington e dintorni, insomma capire meglio il complesso industrial-militare statunitense. «Mi sembra impossibile tu possa partecipare perché sai sono visite di gruppo e tu cammini lento, quindi resteresti indietro» mi dice l'anziana impiegata, italiana. Anche in quel caso non ebbi la forza né di rispondere né di sollevare un caso perché – a tutt'oggi – trovo incredibile che si possa utilizzare argomenti tanto miserabili per far fuori qualcuno che evidentemente consideri politicamente «sgradito», non in linea con i tuoi «schemi». Sarebbe bastato dirmi: per questo tipo di esperienze scegliamo altre figure professionali. Certo sarebbe stato difficile vista la mole di colleghi a cui è stato concesso un viaggio del genere.

A proposito, ma l'ormai inutile documentazione della 104? L'ho lasciata in un cassetto. Il mio avvocato concorda con la mia scelta: non farla avere all'azienda. «Evitiamo che qualche burocrate la usi contro di lei.»

Sto rinunciando a tutta una serie di benefici, a cominciare da alcuni permessi retribuiti, per ottenere i quali (in particolare quelli parentali destinati al parente normodotato e in salute) in Italia si portano madri anziane e parenti infermi in processione davanti a commissioni mediche. Non mi pesa; io voglio lavorare, mica starmene a casa. Il mio è il lavoro più bello del mondo.

Afghanistan, un Paese normale

Con i padiglioni di mattoni rossi e tetti spioventi di tegole ha conservato il suo aspetto da caserma ottocentesca di cavalleria, due piani per ogni edificio: le camerate sopra, le stalle sotto. È un panorama talmente pittoresco quello dello Statens Serum Institut di Copenaghen che l'occhio quasi non vede il nuovo complesso appena costruito a poche decine di metri di distanza dalla parte storica. Nonostante il contrasto tra le linee antiche e le sue forme in stile minimalista, che hanno reso celebre il design danese, il nuovo padiglione è quasi invisibile. Sopra la capitale oggi c'è un cielo stranamente azzurro nonostante le nuvole, in una gara di velocità, tentino di coprirlo e di oscurare il pur minimo sprazzo di sole che la primavera nordeuropea tenta di offrire.

La responsabile dell'enorme macchina dei test anti-Covid, ospitata in questi nuovi «cubi» di fianco ai vecchi cantonamenti della cavalleria, è una dottoressa di mezza età che arriva appoggiandosi a delle «canadesi», stampelle. È una vittima del lockdown: chiusa in casa, forse in preda all'iperattività, è scivolata rompendosi la rotula.

La intervisto nel mezzo del viale pedonale che separa i padiglioni storici da quelli nuovi, la dottoressa chiede di rimanere in piedi nonostante la fatica delle stampelle. Quando mi vede spostare il cavalletto della camera per inquadrarla meglio, capisce che ho un problema di mobilità: la domanda è talmente spontanea che le viene fuori in danese. Il mio *producer* (in gergo vengono chiamati così quei giornalisti locali che ti aiutano all'estero) le risponde rapido, usa una parola inequivocabile anche per me che non parlo la lingua locale. Riesco così a ricostruire il senso della risposta: «Si è fatto male in Afghanistan».

A volte mi viene da ridere perché ho speso anni per cercare di dare un senso al mio mestiere di giornalista, per fare in modo che servisse davvero alle persone anche in questa dannata epoca dell'iperinformazione, in cui i giornalisti sono ormai quasi diventati superflui.

Quel senso l'ho trovato in una missione: il tentativo di dare voce a chi non ha voce provando a raccontare crisi e conflitti dimenticati, in primis quello afghano.

Quando sento ripetere la storia che mi sono fatto male laggiù non mi fa piacere, mi sale un po' di nausea. Ho cominciato ad andare in Afghanistan subito dopo aver affrontato le prove peggiori a cui mi ha sottoposto la mia Mav, uno strano abbraccio tra vene e arterie che ha aggravato i danni già visti alla nascita. Avevo appena toccato il punto più basso della mia vita. Volevo risalire dal fondo della piscina.

L'Afghanistan non è stato il luogo dove mi sono fatto male, è stato l'inizio della mia redenzione come per il capitano Willard di *Apocalypse Now* («Volevo solo una missione per espiare i miei peccati»), ma senza whisky, che a me fa venire bruciore di stomaco.

Ho una parte di responsabilità in queste interpretazioni fantasiose: la mia riservatezza. Parlo della mia situazione apertamente, per la prima volta in vita mia, nelle pagine di questo libro. Non l'ho mai fatto. Da giovane non volevo la pietà degli altri, da adulto non volevo che i miei problemi venissero usati contro di me al lavoro, o peggio che finissero a dopare il giudizio sul mio prodotto.

Mi rendo conto che il vuoto di spiegazioni viene colmato dalla fantasia degli osservatori. Quello che mi colpisce, però, è l'automatismo nell'attribuire la disabilità dell'altro a un incidente, a un'eventualità sfortunata della vita, a un caso tutto sommato fortuito, mai alla malattia, ai disastri della genetica o ai troppi pochi spinaci. Questo automatismo è ancora più spiccato quando il disabile è attivo e prova a vivere una vita normale.

Credo che la gente – sulla base dei pregiudizi ben custoditi nelle nostre menti – sia portata a pensare che una persona che ha avuto un incidente sia in qualche modo meno disabile, diciamo un «acquisito», uno che alla fine la normalità nella sua vita l'ha vissuta. Chi nasce malato – temo sia convinzione diffusa –, visto che nella sua vita mai ha avuto una dimensione di normalità, non può di certo costruirsene una da zero.

Fuori ci sono quasi quaranta gradi ma noi siamo seduti intorno a una teiera bollente, tè nero e qualche chicco di cardamomo per dare più aroma a queste foglie di terza scelta. Il tè in Afghanistan è una necessità oltre che una tradizione, si rimedia alla mancanza di acqua non contaminata bollendola. Non è solo una bevanda, il tè, è anche il luogo dell'incontro e il momento della condivisione. Su questo tappeto, un foglio di scadente moquette sintetica – un'offesa all'antica tradizione della tessitura afghana, cancellata dalla guerra – con me ci sono Shafiqe, il mio *producer*, e alcuni amici.

Durante una conversazione dove si intrecciano inglese e dhari, una delle lingue locali, d'un tratto Shafiqe sbotta rispondendo alla frase di uno degli amici che io non avevo colto.

«Nico è caduto da un aereo, per questo cammina così!» Shafiqe vuole aver ragione, per lui è un punto d'onore: per questo ha alzato la voce. Non ho ancora capito quale fosse l'interpretazione degli altri che lui sta contestando, del resto Shafiqe dà sempre spiegazioni drammatiche quando si tratta della disabilità di un occidentale. Di un collega a cui, dalla nascita, mancava un padiglione auricolare, continuava a dire che gli era stato portato via con un colpo di scimitarra.

Due luoghi lontanissimi, Danimarca e Afghanistan, sono uniti dalla stessa convinzione: «Si è fatto male, per questo cammina male»? Il pensiero automatico è lo stesso? Solo all'apparenza.

In un Paese per oltre quarant'anni in guerra come l'Afghanistan l'accesso alla sanità è una cosa complessa, difficile, rocambolesca. Lì fino a metà del primo decennio del Duemila, trovare un antibiotico era pressoché impossibile, se non negli ospedali delle Ong straniere prima, e in quelli militari poi. Per questo la maggioranza degli afghani è convinta che in Occidente si possa curare qualsiasi malattia. Di conseguenza, un occidentale con una qualsiasi forma di disabilità non può aver avuto una patologia, ma deve per forza essere vittima di un incidente che in Afghanistan significa un'esplosione, una sparatoria, una battaglia o appunto il salto da un aereo magari in atterraggio d'emergenza.

Le chiacchiere corrono come le nostre mani che frugano dentro i vassoietti al centro del tappeto, pieni di pistacchi di Badghis, come da tradizione. Per fortuna, il padrone di casa non ci ha offerto quelle «moderne» caramelle di zucchero fatte in Pakistan, con i loro chiassosi incarti, che ormai sono dappertutto. I miei pensieri vanno altrove, spinti dallo scambio di poco fa sulle cause delle mie difficoltà motorie.

Mangiando ipnoticamente pistacchi e sorseggiando ritmicamente tè, la conversazione tra gli ospiti si trasforma in un rumore di fondo, smetto di ascoltarla e penso alla vita da disabile in Afghanistan.

Come si fa a campare senza un braccio? A camminare con le stampelle? O senza la vista, in un Paese privo di strutture sanitarie? Un Paese dove le barriere architettoniche sono scritte in un paesaggio aspro quanto bellissimo? Dove la forza è spesso l'unica legge e l'unico modo per portare a casa un dollaro al giorno e far così sopravvivere la famiglia?

In Afghanistan i pur diffusi matrimoni tra consanguinei, i parti ripetuti e ravvicinati, l'assenza di qualsiasi medicina preventiva per le gestanti sono solo una goccia nel mare delle cause della disabilità. Le onde di risacca della guerra si sono lasciate dietro centinaia di migliaia di amputati, spesso di pluriamputati, di paraplegici, di ciechi, di sordi. Senza parlare delle ferite psichiatriche quasi mai diagnosticate, troppo spesso coperte dall'eroina e dalle droghe sintetiche che hanno quasi soppiantato il tradizionale oppio.

Ogni volta che torno in questo Paese bellissimo e maledetto c'è un luogo dove non riesco a non andare: è l'ambulatorio della Croce rossa internazionale. Assomiglia a un balcone, senza balaustre, affacciato sull'abisso della guerra. Qui è possibile capire quante ferite le mine, le autobombe e i proiettili abbiano lasciato nella carne di questo popolo. Ma non c'è solo dolore: riconcilia con l'umanità vedere pazienti che ricominciano a camminare o bimbi che sorridono perché gli hanno appena montato sulla spalla un braccio di plastica. L'italiano Alberto Cairo ha dedicato più di trent'anni della sua vita a costruire questo luogo dove disabili producono protesi (liberando questo poverissimo Paese dalla necessità di importarle dall'estero) e dove fisioterapisti e medici specializzati le «registrano» sui moncherini dei pazienti, mettendoli in condizioni di riprendere una vita quasi normale per rivederli dopo circa un anno, quando ci sarà bisogno di un nuovo arto artificiale. Ma Alberto non si è limitato a questo, la «sua» Croce rossa internazionale ha creato squadre di disabili che giocano a pallacanestro (in una bella palestra costruita a pochi metri dagli ambulatori) e organizzato squadre di operatori che vanno in giro a cercare di adattare le case di quelle persone chiamate a passare il resto della loro vita in compagnia del loro «incidente».

Tra le cose che amo di questo luoghi ci sono i custodi, anche loro disabili. Ogni volta che mi fanno entrare mi dispensano quella che io chiamo la «prescrizione». «Nico, ma per questa caviglia perché non usi una molla (di Codivilla), te la facciamo noi, chiedi al dottor Alberto!»

Quando aprono il cancello per farmi uscire dal centro, sono sempre ugualmente affettuosi. Di solito è ormai ora di pranzo ma fuori c'è ancora una folla di uomini delle province, bambini e donne in burqa che si accalcano aspettando che i loro parenti escano. Farmi largo tra di loro è sempre una sfida per la mia stabilità, per i cambi di traiettoria, per il fondo sconnesso e le auto che sfrecciano. A quest'ora, a Kabul, la luce del sole si ingentilisce e io non mi sento triste nonostante abbia trascorso tutta la mattinata in quel mare di dolore. Sono stato per lo più a terra nell'ambulatorio, un angolo perfetto per riprendere dei dimenticati che sorridono a un pezzo di plastica, al nuovo pezzo di loro stessi. Un angolo perfetto per riprendere delle belle immagini, perfetto per rispettare la loro dignità, cosa che per esempio dimenticano tutti i «normali» quando si fanno fotografare con qualcuno in sedia a rotelle senza inginocchiarsi, mettendosi paritariamente al suo livello. Penso, per esempio, al tenente colonnello Gianfranco Paglia – sopravvissuto della battaglia del «checkpoint pasta», 2 luglio 1993 in Somalia –, amatissimo dai suoi commilitoni e dalle persone che gli ho visto incontrare. Spesso gli chiedono una foto ricordo senza fare quasi mai lo sforzo di sistemarsi per bene. Non è una questione di cattiveria, ne sono sicuro. Solo di ignoranza, frutto del vuoto di educazione al rispetto della differenza nel nostro Paese.

Nessuno fa caso alla mia disabilità quando giro con la mia camera in questo ambulatorio. In altri contesti, nel resto del mondo, è più difficile. Quando ho deciso di cominciare a realizzare le immagini dei miei lavori, da solo, sapevo che mi sarei complicato tremendamente la vita ma ero furioso per quello che stava accadendo in Sierra Leone e in Africa occidentale, luoghi sconvolti da un'epidemia di Ebola che il mondo ignorava e i giornalisti dimenticavano. L'unico modo di raccontarla per me era quello di mettermi in ferie, partire e autoprodurre quello che sarebbe poi stato il mio primo documentario di lungo formato, *Killa Dizez, vita e morte al tempo di Ebola*. Quando scelsi la mia prima attrezzatura personale, non ne valutai solo le caratteristiche tecniche (definizione, megapixel, velocità di messa a fuoco, ecc. ecc.), insomma la qualità, ma anche la portabilità, il peso, le dimensioni, la possibilità (in termini di carico) di tenere sempre la camera agganciata a un cavalletto che potesse funzionare anche come un bastone ma che soprattutto offrisse quella stabilità che altrimenti le mie gambe non avrebbero garantito in caso di immagini «a mano libera». Dovevo rendere compatibile quel kit con i miei limiti di equilibrio e di stabilità. Dovevo rendere compatibile quel kit con i miei limiti di equilibrio e di stabilità. Con questo obiettivo, dopo quella prima esperienza, ho scoperto ed esplorato negli Stati Uniti la *phoneography* – all'epoca un genere agli albori – poi la sua versione europea, il *mobile journalism*, che si sviluppava tra i giornalisti in Irlanda e Regno Unito. Così ho portato in Italia il *mojo* – cioè l'uso degli smartphone per girare e montare immagini in maniera professionale. Un'esperienza bellissima che non mi ha solo aiutato a testimoniare meglio (con più discrezione e meno fatica) alcune delle storie di cui mi sono occupato ma mi ha consentito di incontrare centinaia di entusiasti colleghi e videomaker nei corsi di formazione, in giro per l'Italia, e al festival che riuscirò a organizzare a Roma con la collaborazione di alcuni di loro, per diversi anni. Da allora di camere (compresi gli smartphone) ne ho usate diverse ma sempre seguendo i miei ricordi di motociclista. Non dimenticherò mai i piloti della Parigi-Dakar negli anni Ottanta impazzire, a volte per decine e decine di minuti, tentando con la pedivella di riavviare bicilindrici dall'enorme cubatura, spentisi in mezzo al deserto. Una batteria e un motorino di avviamento elettrico avrebbero semplificato la vita a tutti ma quel chilo, forse due in più, avrebbero penalizzato i mezzi in una gara tra campioni giocata su distacchi di pochi minuti.

Una camera più leggera delle altre, un cavalletto che ti fa risparmiare anche solo duecento grammi possono conservare le tue forze per due ore in più di lavoro al giorno, prima che arrivi la sera e che tu possa precipitarti a letto, esausto per lo sforzo mentale della composizione delle immagini e per la fatica fisica (girare significa spesso camminare tanto e per brevi, precisi, tratti, in spazi limitati cioè la cosa più difficile per me).

La difficoltà è però anche un'altra. Quando sei in una location per girare, anche se non lo vuoi, finisci con l'essere al centro dell'attenzione. Immaginatevi, banalmente, la sala dove si svolge un convegno. Tutto il pubblico guarda il palco dei relatori. Un operatore deve essere invisibile per evitare di distrarre la platea e disturbare l'evento. Non è solo questione di buona educazione ma di preservazione della «naturalità» della scena. La necessità di non alterare gli eventi con la propria presenza diventa cruciale quando si raccontano le storie degli ultimi, dei vulnerabili, cioè quelle di cui solitamente mi occupo io.

Con il mio modo buffo di camminare, spesso rumoroso, è evidente che non passo inosservato. È una cosa che mi pesa tanto, mi carica di giudizi esterni e di responsabilità personali nel giro di pochi secondi. Mi fa sentire di troppo, inadeguato. È una sfida da vincere, ogni volta. Non mi pesa se riesco a tenere a mente che ogni sfida è un'occasione. All'inizio sento il peso dell'inadeguatezza ma poi monta la voglia di raccontare, di documentare, l'idea forte per cui tu non sei lì per te stesso, tu sei lì per essere gli occhi degli altri, del tuo pubblico, di quelli che lì non ci sono e non possono esserci. E a quel punto tutto comincia a scorrere, anche se cammini male e fai rumore, giri e segui il flusso del tuo lavoro, la necessità di cambiare posizione, modificare l'inquadratura, cambiare ottica, chiedere ai protagonisti di rifare un certo movimento, di spostarsi. È un flusso straordinario nel quale ti perdi, sei sotto pressione a ogni secondo ma ti rende felice: senti che stai compiendo il tuo dovere di cronista. È un flusso che scorre e che ti porta via, ti fa correre lontano. Una scena chiama l'altra, il passaggio da un «piano» all'altro, da un «campo» all'altro, è una catena che ti assorbe completamente e a quel punto non c'è più imbarazzo, ingombro, fastidio, disabilità. E le persone intorno lo sentono e si dimenticano delle tue gambe, si dimenticano di te, diventi parte della scena e si ripristina la naturalezza.

All'ambulatorio della Croce rossa a Kabul, questo problema io non ce l'ho mai. Non si meraviglia nessuno, siamo tutti uguali dall'inizio alla fine. È la perfetta sintesi di come io mi senta in Afghanistan.

«No, ti prego, non toglierti le scarpe» mi dice il padrone di casa, il rispettatissimo anziano dalla barba bianca intorno al quale si riuniscono tutti gli uomini della famiglia di cui noi siamo ospiti. Sono arrivato alla «Signora della Luna», il villaggio di Ai Khanum dedicato a una misteriosa principessa uzbeka, nell'estremo Nordest afghano. Un viaggio complicato, a tratti rocambolesco, indimenticabile, per arrivare nel punto di massima penetrazione orientale di Alessandro Magno durante la sua corsa verso i confini del mondo. Un rischio enorme per essere felice: camminare tra le rovine greche di Alessandria Oxiana, la colonia sul fiume Osso dove si consumò l'unione tra due culture, tra Oriente e Occidente.

Siamo ospiti d'onore di questo capo tribale che ha imbandito per noi una colazione sontuosa su un vecchio tappeto nella sua nuova casa appena costruita.

Quando si entra in una residenza afghana è necessario togliersi le scarpe, lasciarsi dietro la polvere e lo sporco delle strade, a maggior ragione quando ci si siede intorno a un tappeto imbandito, e la distanza tra piedi e cibo è minima.

Eppure il padrone di casa mi ha autorizzato a non farlo, un'eccezione notevole. Non mi dice il perché ma è chiaro: vista la mia andatura, avrà pensato che ho una protesi a una gamba e non vuole costringermi a sfilarmela in pubblico. Per fortuna, l'arto artificiale non ce l'ho e per questo le scarpe riesco a togliermele lo stesso, certo non come gli afghani – scalatori e acrobati nati – che ci riescono in piedi, io invece devo sedermi.

L'attenzione dimostratami in pubblico dall'anziano è esemplare dell'atteggiamento afghano non solo verso l'ospite ma verso il disabile.

L'abitudine a vedere mutilati, feriti che nessuno potrà mai guarire, ha reso la società afghana profondamente accogliente verso i disabili. Dove non ci sono infrastrutture e ausili intervengono le persone, per esempio quando qualcuno su una sedia a rotelle incontra una scalinata.

La disabilità è un'evenienza talmente diffusa che non fa più paura, un po' come la morte, alla quale qui si è dato del tu ogni giorno durante i quasi quarantadue anni di conflitto. La disabilità non viene rimossa ma gestita. Tutti sanno che prima o poi potrebbe toccare a loro e fanno pace con la paura.

Un Paese in guerra che mi appare come un Paese normale, quella stessa normalità che dovrebbe esserci anche da noi ma manca.

In Afghanistan il comandante della guerriglia, il «capo di tutti i fedeli», il fondatore dell'emirato, il Mullah Omar è fuggito da Kandahar a bordo di una moto inseguito dai missili americani nel 2001 ma riuscirà a morire (almeno) dieci anni dopo nel letto di casa sua. Il Mullah Omar era guercio, aveva perso un occhio durante il conflitto antisovietico negli anni Ottanta.

L'Afghanistan è il Paese dove uno dei più potenti e feroci comandanti militari dei talebani, il Mullah Dadullah Akhund, aveva bisogno di una protesi per camminare dopo aver perso una gamba su una mina. L'arto artificiale – si racconta – gli è stato sottratto durante il blitz nel quale l'hanno ucciso, unico modo che i commando britannici e afghani trovarono per fermarlo.

Un guercio e uno zoppo a comandare l'esercito che ha costretto gli occidentali alla fuga. Una forma di integrazione certo tragica ma con pochi precedenti al mondo.

Un guercio e uno zoppo hanno smesso di essere «deboli» nonostante la loro disabilità. Sono stati talmente forti da poter essere capi di decine di migliaia di combattenti spietati e pronti a morire per la jihad.

L'Afghanistan non è un Paese né aperto né moderno, basti pensare alla segregazione delle donne, allo stigma che grava sui tossicodipendenti vittime dell'eroina, al disprezzo per gli omosessuali dichiarati (nonostante la diffusione fortissima del sesso tra uomini in una società solo maschile). Eppure ha cancellato i pregiudizi sulla disabilità. Se ci sono riusciti in un luogo dove per giunta esiste un culto diffuso della forza fisica, eletta a misura delle capacità di una persona, «forse» questo traguardo è raggiungibile anche in Paesi come i nostri, dove invece resistono preconcetti arcaici verso i diversamente abili.

«Che hai fatto alla gamba? Perché cammini così?» L'uomo dall'altra parte della grande scrivania ha un sorriso buono e una voce gentile, paterna. La stanza al settimo piano di viale Mazzini è foderata di un legno dal colore caldo come la luce del sole pomeridiano, tagliata in fettucce dorate dalle tende verticali. Sono appena entrato e di fronte a me ho il direttore editoriale della Rai, Carlo Verdelli, l'uomo chiamato a riformare l'azienda, compito che non realizzerà mai non perché non avesse le qualità per farlo ma per l'ostilità della stessa politica che gli aveva affidato quel mandato.

Di solito a domande del genere rispondo con un sorriso e tagliando corto: «È una lunga storia»; «Roba vecchia»; «È passato tanto tempo che me lo sono dimenticato».

Non è solo una questione di riservatezza, voglio evitare che una conversazione – qualsiasi sia la sua natura – venga bloccata, deviata, condizionata da questioni personali e non attinenti. Un atteggiamento, il mio, che diventa ancora più tagliente quando sono in un ambiente di lavoro, a volte fino a scivolare nella scortesia.

«Che è successo? Ti sei fatto male?» Sto scendendo le scale di un edificio ancora in parziale costruzione nella piazza Wazir Akbar Khan nel quartiere diplomatico di Kabul, vado il più veloce possibile, nelle mani sto stringendo un nastro, i miei anfibi slittano sopra la pietra liscia dei gradini mettendomi non poco in difficoltà – anche perché le scale non hanno balaustra – ma le suole «carro armato» saranno perfette nel giro di pochi secondi quando dovrò attraversare il fango colloso del cortile.

«Che è successo? Ti sei fatto male?» La voce che mi arriva dalle spalle è quella di Toni Capuozzo, lo storico inviato di Mediaset, seminascosto sotto l'ultima rampa di scale per difendersi dalla pioggia incessante.

Di fronte a noi c'è il cortile da attraversare fino alla jeep, che ha ormai perso la capacità di muoversi, tra ruote sgonfie e un motore guasto chissà da quanto. Sopra al veicolo c'è l'antenna satellitare, indispensabile per spedire un pezzo in Italia, un'operazione che va fatta tempestivamente perché la «finestra» con Roma resta aperta solo per dieci, velocissimi, minuti.

«Che è successo? Ti sei fatto male?» È la seconda, terza volta che sento quella domanda, ma è solo un'illusione acustica.

«No, ci so' nato.» Gli rispondo di botto senza nemmeno fermarmi, imbarazzandolo gratuitamente. Un po' per la mia fretta nel cercare di usare i pochi minuti di «finestra» satellitare, un po' per l'arroganza del giovane cronista che si fa largo tra i mostri sacri. Anni dopo mi pesa ancora quel gesto di scortesia. Non che la frase fosse sbagliata, anzi era parte del mio consolidato copione, ma avrei dovuto fermarmi, guardarlo in faccia e sorridere.

Non ci sono riuscito. Nella stanza di viale Mazzini rispondo però diversamente. Non ho gli anfibi, non c'è fango e soprattutto non c'è una finestra satellitare da rispettare. O forse sono solo cresciuto.

«Sai, direttore» dico a Verdelli «è un problema che ho dalla nascita e col tempo si è aggravato ma io, onestamente, ho imparato a considerarlo un dono più che un limite. Uno strano dono.»

A distanza di anni, ancora non riesco a capacitarmi di come sia riuscito a essere tanto sincero, l'unica spiegazione che riesco a darmi è lo spessore umano della persona che avevo di fronte, della quale poi, non a caso, sarei diventato amico.

Quella frase la considero un'illuminazione, non era un pensiero già maturato in precedenza, mi è uscita di getto pur con sintesi e solidità, come fosse il frutto di una lunga riflessione. L'affioro di un fiume carsico vecchio di chissà quanti secoli.

Un dono? Strano!

Come possono essere una malattia e i suoi effetti un regalo? Per provare a spiegarvelo devo riavvolgere il nastro, guardare alla mappa e tirare fuori un po' di ricordi.

Quello di Balukhali è il più grande campo profughi del mondo, ci vivono oltre 600.000 rohingya, una minoranza etnica mussulmana messa in fuga dalla maggioranza buddista in Myanmar. Costretta da una violenta pulizia etnica a rifugiarsi qui nel confinante Bangladesh. Questo campo è quattro volte più popolato del posto in cui sono nato, una media città della provincia italiana. Quando in meno di due mesi un fiume di disperati è arrivato oltre confine, le basse colline della zona sono state spogliate come in un assalto di cavallette: famiglie, con bimbi e anziani, che hanno divelto arbusti e alberi per farne ripari di fortuna. Dall'agosto del 2017 il paesaggio si è trasformato in una teoria di saliscendi brulli e di baracche che saturano l'orizzonte circolare. Tutt'intorno un brulicare di anime perse, in cammino verso i centri di distribuzione degli aiuti o di ritorno carichi come muli, sotto un sole cocente o nel fango dei monsoni.

Moria è un piccolo villaggio a pochi chilometri da Mitilene, sull'isola di Lesbos.

Gli olivi sono la pianta intorno a cui sono cresciute le civiltà del Mediterraneo ma di civiltà in questo oliveto non è rimasta traccia, cancellata come ogni residuo d'umanità. Nelle giornate senza foschia, con gli occhi da qui si possono sfiorare le coste turche, quelle da dove arrivano i migranti, su zattere di fortuna dopo un lungo viaggio dalla Siria o dall'Afghanistan. Raggiunta l'isola finiscono per accamparsi su queste colline tra il fango gelido dell'inverno e la polvere rovente dell'estate. Vivono in condizioni orribili in questo che è il primo lembo d'Europa e, per loro, avrebbe dovuto essere l'inizio di una vita nuova.

Continuano ad arrivare senza sosta. Li aspettano una teoria di barelle bianche, temporaneamente candide prima che il sangue, le feci, il vomito ne cambino il colore. Le auto si fermano di colpo davanti all'ingresso dell'ospedale e scaricano feriti, più spesso brandelli di corpi che è faticoso persino guardare figurarsi sperare di rimetterli insieme. C'è poi qualche pulmino chiamato con grande fantasia e ottimismo «ambulanza», che viene fatto entrare nel cortile per lasciar uscire una piccola folla di feriti. Scendono dal pianale come un carico di frutta.

Dal pronto soccorso dell'ospedale di Emergency a Kabul, la vista sul conflitto afghano è in un'altra prospettiva. Il punto di vista delle vittime, dei civili spinti verso l'abisso della morte e di quelli che l'hanno evitato, non morti ma feriti; feriti che nessuno potrà mai guarire. Feriti per sempre: senza braccia, gambe, privi della vista e di una possibilità di vita normale.

Nella valle del fiume Pech, provincia di Kunar, dove il conflitto afghano si è manifestato in tutta la sua ferocia; alla periferia di Calais dove l'isola britannica è più vicina all'Europa continentale e, nei momenti di massimo affollamento, la «giungla» ha ospitato fino a diecimila disperati; tra le case dei contadini georgiani, affamati e isolati perché le loro fattorie si sono ritrovate sulla linea del fronte dopo l'intervento russo in Ossezia del Sud; alla periferia di Freetown, nella «zona rossa» dove si provava a salvare i malati di Ebola; negli slum della Sierra Leone messi in quarantena per il diffondersi del virus killer; tra le macerie di case sgretolate dal terremoto nelle Marche come in Croazia; nella neve tagliente della radura di Bihać dove si aggirano fantasmi di ghiaccio con i sandali ai piedi; nella terapia intensiva anti-Covid costruita d'emergenza dentro i padiglioni della Fiera di Bergamo, riempiti di letti e svuotati di stand dove prima si esponevano formaggi e allestimenti per matrimoni.

Sono luoghi in cui ho voluto testardamente andare, per poi tornarci. Essere testimone di queste sofferenze dell'umanità, non è cosa facile. È un compito che ti pesa sulle spalle e sulla coscienza perché è sempre più grande di te e perché nelle tue mani hai le storie, le vite delle persone, che sono cose fragili da maneggiare e facili a rompersi.

Per raccontare le storie dei dannati della terra bisogna provare a condividerne il destino: l'odore dei liquami che assediano le loro baracche; l'acqua bollita e mascherata da tè per evitare di prendersi la dissenteria; il riso ingrassato dagli scarti di montone mangiato in una ciotola dove tutti affondano le mani sporche; il rischio di esplodere a un posto di blocco; la latrina dove arrivi a fatica nel buio della notte e dove l'urina solleva i vapori tossici della creolina, gettata senza risparmio per frenare la puzza di feci; il pericolo del contagio che si nasconde in mezzo alla folla di un mercato dove nessuno ha i soldi per comprare nemmeno quel poco che si vende.

La guerra, le epidemie, le catastrofi naturali non fermano mai il bisogno degli esseri umani di comprare cibo, di stare insieme, di guadagnare qualcosa e persino di cercare di divertirsi. È la ricerca dell'illusione di una vita normale ed è il comune denominatore di tutte le crisi, qualunque ne sia la causa.

Per raccontare quelle persone devi condividere la loro illusione di vivere, far finta che si possa sopravvivere, prenderti quindi gli stessi rischi, quelli della gente comune, in mezzo alla quale devi stare per raccontare davvero quello che accade.

Sinora non ho mai smesso di provare a dare voce a chi non ha voce, non sempre mi riesce ma non ho ancora smesso di provarci.

Anni di tentativi mi hanno però insegnato che l'empatia non puoi comprarla al supermercato. Certo ci sono reporter dalla grande forza di volontà e dall'enorme desiderio di far carriera che pur in uno stato di totale anaffettività riescono ad attraversare questi luoghi, raccontandoli come farebbero di una mostra o di una partita di calcio.

Ci sono poi quei colleghi che invece di sentimenti ne hanno fin troppi. Finiscono con l'aiutare in prima persona, sul posto, trascurando il racconto che però è a suo modo una forma d'aiuto. Il racconto richiama l'intervento di organizzazioni specializzate e istituzioni varie, denuncia, scuote le coscienze. Quando un giornalista «diventa» un volontario, non avendo specifiche competenze per esempio da medico, è esattamente uno come tanti altri. Rinuncia a quello che solo lui o lei in certe circostanze hanno la competenza e i mezzi per fare: il racconto. Compromette, inoltre, il suo ruolo di testimone neutrale e spesso crolla sotto il peso delle emozioni, che riesci a gestire molto meglio quando sei «gli occhi di chi sta a casa», meno bene quando ti improvvisi cooperante.

Empatia è riuscire a comprendere le ragioni di chi hai vicino anche se la traiettoria del suo destino è lontanissima da te che hai la fortuna, di sera, di tornare a dormire in un letto, magari in una cantina ma pur sempre un letto. Tu che comunque sai di poter contare su una patria sicura dove riprendere la tua vita normale a missione finita.

L'empatia è quell'ingrediente segreto, quasi alchemico, che ti consente di entrare in contatto (mettendoti sul loro stesso piano) con persone che tutti gli altri considerano trascurabili, inutili, senza valore. Sono quelle stesse persone che ho sentito gridarmi: «Piantatela di riprenderci, non siamo scimmie allo zoo», per poi consentirmi di stare con loro, trattandomi come uno di loro.

Non ne ho certezza scientifica né mai potrò averne una controprova ma, dentro di me, sono convinto che l'empatia che esercito in mezzo ai dannati della Terra venga dalla sofferenza, dalle discriminazioni, dalle incertezze sul domani, dalla voglia di sopravvivere legate alla mia disabilità.

Ci sono doni di cui vorresti fare a meno. Spesso sono molto faticosi da conservare e da usare, ma sono tanto preziosi da cambiarti la vita.

Dietro lo schermo

Dalla piattaforma posteriore di un vagone passeggeri, il candidato alla presidenza sorride alla folla dell'Illinois con sua moglie al fianco. È il 1932 e l'uomo in piedi è destinato a guidare gli Stati Uniti fuori dalla povertà della Grande depressione e verso la vittoria del secondo conflitto mondiale, ma non può permettersi di dire tutta la verità su se stesso né di mostrarla.

La foto di quello scorcio di campagna elettorale, quasi un secolo dopo, testimonia di uno dei tanti espedienti utilizzati da Franklin Delano Roosevelt per nascondere la sua disabilità motoria. In quel caso aveva una mano sulla balaustra e una sul braccio della moglie Eleanor perché altrimenti in piedi non sarebbe riuscito a starci.

L'immagine pubblica dell'unico presidente della storia degli Usa a governare oltre i due mandati costituzionali previsti è diventata realistica e sincera solo nel 2001 quando a Washington è stata inaugurata la statua di FDR sulla sedia a rotelle; un monumento collocato nello stesso luogo, il suo memoriale, dove cinque anni prima si era scelto di rappresentare il presidente, sempre in bronzo, ma seduto. Le sue gambe coperte da una mantella come se la sua patologia fosse qualcosa di cui vergognarsi, non qualcosa che rendesse ancora più straordinario quell'essere umano.

Franklin Delano Roosevelt era diventato paraplegico nel 1921, a trentanove anni, pare per una poliomielite (secondo studi recenti, per la sindrome di Guillain-Barré). Nel giro di una notte si era ritrovato paralizzato dalla vita in giù.

Rimasto fuori dalla vita politica, decise di utilizzare quell'autoesilio per cercare di riconquistare un po' di autonomia (soprattutto mentale, scommetterei). Quando ci riuscì rientrando sulla scena pubblica, lo fece cancellando l'immagine della sua disabilità, i segni della sua malattia: ai fotografi venne chiesto di non ritrarlo mai in sedia a rotelle. I servizi segreti si occupavano di distruggere i negativi di chi non si allineava agli ordini.

Era il tentativo – perfettamente riuscito – di mostrarsi forte, di nascondere la propria disabilità intesa come una debolezza. Per questo a tutt'oggi – decenni dopo – si fatica a raccontare, quasi ad ammettere, che ai vertici degli Usa c'è stato anche un presidente disabile. E questo atteggiamento spiega bene quel monumento con la mantella sulle gambe.

Un'occasione persa per dimostrare come sia possibile l'integrazione sociale delle persone con disabilità; per dimostrare che anche loro possono assumere ruoli di grande responsabilità persino in tempi difficilissimi.

Se guardiamo alle campagne elettorali più «rivoluzionarie» della storia della presidenza degli Stati Uniti, quelle del 2008 e del 2016, notiamo l'enfasi posta sul candidato di colore (Obama) e sul candidato donna (Hillary Clinton). Era il segno che la società americana stava diventando finalmente più inclusiva superando le pesanti ipoteche della sua storia.

Il tema della diversità, e quindi dell'arricchimento della rappresentanza politica come specchio della società, è ormai perennemente presente nel dibattito di quel Paese. Eppure nessun commentatore o quasi rivendica l'unicità degli Stati Uniti nell'anticipare i tempi con un presidente disabile; doppiamente strano in un Paese dove la finale di ogni campionato sportivo nazionale viene definita «mondiale» e dove si cerca di individuare primati ovunque, anche per gli hot dog più lunghi.

Nella sua costante rimozione dalla memoria collettiva, il caso FDR non è solo un'occasione persa per dare «cittadinanza» alla disabilità. È un caso utile anche a capire come l'immagine del mondo che ci viene raccontata e a cui siamo costantemente abituati sia quella di un posto perfetto dove tutti vedono, tutti corrono, tutti sentono, tutti parlano. La narrazione televisiva e cinematografica ammette al massimo qualche malattia, un problema di salute, ma sempre visti come una tragica deviazione dalla normalità, raramente come qualcosa che può essere a suo modo ordinario, quotidiano.

Ho dovuto consultare diverse fonti per integrare la mia scarsa cultura cinematografica, ma mi sembra di ricordare pochissimi film – e tutti concentrati negli ultimi trent'anni – dove ci sia come protagonista un disabile. Penso alla paraplegia del veterano di *Nato il quattro luglio*, alla cecità di *Ray*, al rapporto disabilità-normalità di *Quasi amici*, alla balbuzie (che è poi stata anche la sfida di Joe Biden) di Giorgio VI nel *Discorso del Re*, passando per l'autismo di *Rain Man* e quello, lasciato intuire ma non dichiarato, di *Forrest Gump*. È la regola del mondo perfetto, alla quale non si sottrae nemmeno il piccolo schermo. A parte *Ironside*, la serie televisiva americana del 1967, protagonista un criminologo costretto da un attentato sulla sedia a rotelle, non mi sembra di ricordare altri telefilm che raccontassero la realtà per quella che è e non nella sua versione «idealizzata» e «normalizzata».

Quella della tv è una colpa più grave di quella del cinema, perché il piccolo schermo non racconta solo storie di fantasia o romanzate, ma anzi più spesso porta la realtà nelle case della gente e lo fa senza servirsi delle complesse ricostruzioni artificiali del cinema. Si tratti di un telegiornale o di un gioco a premi, la tv utilizza il racconto del reale per l'informazione come per lo show, servendosi di persone come gli altri, non di attori-star, personaggi inarrivabili nella loro torre eburnea, dove vivono tra maggiordomi e consulenti d'immagine.

A memoria ricordo un solo giornalista andare in onda sorretto da un deambulatore, uno di quei «carrellini» che si possono vedere spesso in giro usati dagli anziani come appoggio per camminare con meno fatica. Si tratta di Frank Gardner, inviato della Bbc vittima di un attentato in Arabia Saudita che costò la vita al suo cameraman e a lui la rinuncia a quasi metà del corpo.

Parlando di giornalisti devo ammettere le mie colpe, così come ho cercato di mantenere nell'invisibilità i miei problemi all'interno della mia redazione, ho fatto lo stesso all'esterno ovvero nella proiezione pubblica della mia immagine. Per esempio, nei miei lavori, non mi sono mai mostrato in movimento, con quelle «camminate» che spesso servono a descrivere una scena o un luogo. Altre volte i reporter si fanno vedere mentre interagiscono con i protagonisti della storia, a testimoniare che loro sono sul luogo dei fatti che stanno raccontando e quindi hanno notizie di prima mano.

Io ho sempre evitato di farlo, mi sono sempre mostrato in posizioni statiche e sempre in «piano americano» o a «mezzobusto» alias con un'inquadratura che taglia fuori le gambe, per non mostrare la mia postura irregolare. Ci sono state solo due volte in cui ho mostrato sul piccolo schermo i miei limiti, due volte in cui nonostante il mio approccio tattico non ero riuscito ad avere tutto sotto controllo. Nel 2009, durante la cerimonia di consegna del premio Luchetta, assegnatomi per un mio reportage dalla Sierra Leone, ho dovuto attraversare il palco per raggiungere il conduttore che mi avrebbe dato il trofeo leggendo la motivazione. Per evitare di salire le scalette tra la platea e il palco, quindi sotto gli sguardi di tutto il pubblico, mi ero fatto trovare direttamente dietro la scena al momento della chiamata. Non ero però riuscito a convincere la regia a inquadrare il pubblico mentre io raggiungevo il conduttore da dietro le quinte, in maniera più discreta. Così mi ritrovai, la sera dopo, in un montaggio di *Blob*, assieme alle immagini della prima camminata sulla Luna.

Un'altra volta, invece, finii su *Striscia la notizia* perché durante una diretta da Calais, sulla costa atlantica francese, una raffica di vento mi aveva fatto perdere l'equilibrio sul terreno sconnesso della «giungla» (l'orribile baraccopoli dei migranti) facendomi oscillare all'indietro, per fortuna senza cadere.

Mi sono sempre nascosto non perché ritenessi la mia disabilità un segno di debolezza da occultare – del resto non sono un presidente alla FDR – ma perché non volevo che da parte del pubblico scattasse un giudizio «ponderato» del mio lavoro, cioè che considerassero, in virtù della disabilità, il mio «prodotto» migliore di quello che è per davvero. Inoltre ero (e sono) preoccupato che ai miei problemi si desse troppa visibilità con il rischio di attirare attenzioni indesiderate all'interno della mia azienda. Preferivo che la cosa restasse dentro la mia testata. L'evidenza visiva – il modo in cui cammino – è tale che tutti sanno delle mie difficoltà. L'essere umano si abitua a tutto, e l'abitudine aiuta a raggiungere un equilibrio: compatitemi, parlatemi alle spalle, calunniatemi nei corridoi, magari ridete di me (parlo solo dei casi peggiori che non rappresentano però il tutto delle interazioni) ma non mettetevi di mezzo. Unica strada per evitare che tra vicende di giornalisti (brutta categoria ma almeno basata sulla praticità del fare) non si immischiasse qualche zelante burocrate, con la scrivania molto lontana dalla produzione, fenomeno difficile da capire per chi non vi partecipa e non va in onda.

La disabilità è totalmente assente dal dibattito pubblico in Italia, non è un tema di discussione sui valori e sui diritti, al massimo è una questione tecnica (il ticket, gli importi delle pensioni, gli sconti) quasi «da sportello». Mancano in Italia figure che parlino di disabilità. Le altre minoranze – pur nelle difficoltà del nostro Paese – hanno dei loro «portavoce», delle firme simbolo. Mancano anche giornalisti che si occupino stabilmente di disabilità, esperti che possano divulgare il tema dell'integrazione sociale. Non riesco a spiegarmi se tutto ciò accade perché occuparsi di questi temi è un «investimento» sbagliato, visto lo spazio minimo offerto al parlare di disabilità da parte di giornali e tv, oppure se la mancanza di queste figure lascia comodi i media che di disabilità non parlano. Forse è una combinazione di entrambi i fattori.

Il problema non è solo il giornalismo ma anche la televisione, i social, le piattaforme. Quando si tratta di disabilità, non c'è alcuna proporzione tra la carne, il corpo vivo della nostra società, e il suo riflesso mediatico. Quanti concorrenti sordi ricordate in un quiz? Quanti partecipanti al *Grande Fratello* amputati avete visto?

I media non sono fedeli alla realtà e non rispettano criteri di proporzionalità rispetto alla composizione sociale del Paese. Paradossalmente se si limitassero a essere solo una fotografia sfocata e mossa della società ci sarebbe anche da accontentarsi. Al contrario, i media lanciano messaggi discriminatori, e lo fanno in maniera talmente frequente e tanto grave che li hanno eletti a normalità, tollerata da tutti. È un razzismo silente, che non fa scandalo e non si nota. Qualcuno lo definisce «abilismo» un termine che io non prediligo perché – ma è davvero una questione soggettiva – mi suona troppo gentile, come se si volesse imbellettare quella che è pura e semplice discriminazione.

Prendete un reality, anzi, per la precisione un talent show di grande successo come *MasterChef*. Come sapete si tratta di una gara di cucina tra persone che non hanno un trascorso professionale o una formazione specifica nel mondo della ristorazione. Hanno età, provenienza ed estrazione sociale diverse e nel corso delle puntate non solo «crescono» nell'esprimere il proprio talento ma si mostrano anche come persone prima che cuochi, fino a diventare personaggi. È la chiave del format, che mescola cucina, competizione e personalità.

Da questo punto di vista il programma è un modello perfetto di come si possa dare spazio alla diversità ma in maniera comoda, senza dare fastidio a nessuno, e anzi traendone dei vantaggi narrativi. Per esempio, è chiara la mano sapiente degli autori nel mescolare le diverse provenienze etniche e regionali: il ragazzo di origini marocchine, l'attempato intellettuale statunitense, la signora cinese, ma anche il lombardo precisissimo come la calabrese esuberante e un po' furba. Il portato etnico, nazionale, regionale dei singoli concorrenti corrisponde a tradizioni culinarie diverse, quindi è funzionale allo show: etnie diverse, piatti diversi. È una forma furba di inclusione, purtroppo condivisa da tutti i reality, i talent, i programmi dell'entertainment.

A *MasterChef*, all'inizio di ogni sessione di gara, una volta assegnato il compito della serata ai concorrenti, questi devono correre in dispensa per procurarsi gli ingredienti e gli utensili del caso. Evidentemente un concorrente che percorresse la distanza dispensa-tavolo di lavoro non in pochi secondi ma in qualche minuto ne risulterebbe pesantemente penalizzato perché le prove di cucina sono a tempo e il cronometro scatta non quando si è al banco di lavoro ma, appunto, quando bisogna recarsi in dispensa. Nello show si assegnano fino a quaranta minuti ai concorrenti per realizzare il proprio piatto. Per un disabile motorio (con i suoi tempi di «percorrenza» ben più lenti degli altri), quei quaranta minuti si trasformerebbero in quanto? Trenta minuti effettivi? Di meno?

In termini culinari la corsa in dispensa non serve a nulla, è solo un espediente per dare un tocco di adrenalina alla puntata e quindi al pubblico a casa. È un artificio coreografico purtroppo non innocuo. Lancia un messaggio al pubblico per cui la corsa è un valore anche in cucina. Non sul campo da calcio, bensì in mezzo ai fornelli. Una velenosa e subdola bugia.

«Ho quarant'anni e non mi vergogno a dire che sto indossando le calze elastiche come una donna!» È lunedì 5 febbraio 2007 e nonostante il quarantunesimo Super Bowl si sia giocato il giorno prima nello stadio dei Dolphins, a Miami c'è ancora gente che vuole far festa. È un weekend infinito quello in cui si consuma lo scontro tra i gladiatori della National Football League, la scusa per qualche giorno di vacanza al sole della Florida per i fortunati possessori dei biglietti e per chi vuole vivere comunque l'atmosfera della finale. L'uomo con il quale sto chiacchierando viene dalla mia stessa città, Salerno, ed è ormai uno chef affermato in una catena di locali top degli Stati Uniti. Da qualche anno ha l'incarico di seguire questo ristorante affacciato sulla spiaggia di Miami Beach. È esausto dopo giorni in cui non ha mai smesso di lavorare, tanto che gli è venuta la flebite alle gambe. In una cucina non si corre ma si sta in piedi, al massimo ci si muove per tratti brevissimi, come quando si portano i piatti dalla «linea» alla buca d'uscita dove i camerieri li ritirano e consegnano le nuove «comande».

Se il cameriere è un po' maratoneta e un po' acrobata, lo chef è un essere umano che mette radici davanti alla sua postazione.

La sceneggiata del «Correte in dispensa» a *MasterChef* non ha alcun rapporto con la vita reale in cucina e con il lavoro dello chef, è solo un tocco di spettacolo a buon mercato.

Buoni, cattivi, paterni: in una galleria ben assortita dagli autori del format, gli chef stellati che fanno i giurati non possono non saperlo. Si piegano al meccanismo dello show, in un'altra forma di banalità del male. Non sto dicendo che gli autori di *MasterChef* discriminino deliberatamente i disabili motori. Dico qualcosa di persino peggiore: non si rendono conto della gravità di quello che fanno. Non è importante, prevale il bisogno di «dinamizzare» il format.

Nell'unità spinale di cui sono stato ospite (in realtà in tutti i reparti del genere) c'è una sala chiamata della «terapia occupazionale». È una definizione infelice, frutto di un'errata traduzione dall'inglese, perché dà l'impressione che lì si cerchi di tenere occupati i pazienti purché sia, per non farli scivolare nell'inedia e nella depressione.

Non è così. Lì dentro non si fa intrattenimento. Si cerca, invece, di ridare a un paziente, sia esso in sedia a rotelle, privo di un braccio o colpito da un altro tipo di disabilità, la capacità di lavorare a livello manuale e di svolgere compiti domestici, di vita quotidiana, come appunto cucinare. E con gli accorgimenti del caso è possibile farlo sia in sedia a rotelle che seduti su uno sgabello. Lo si può fare persino con una mano sola, come dimostra la storia di Giles Duley che ha perso in Afghanistan due gambe e un braccio. Oltre a continuare il suo lavoro di fotografo, Giles si è dedicato anche alla cucina e ha un suo cooking show!

Lo chef austriaco Peter Lammer, invece, dopo un drammatico incidente motociclistico ha inventato Standing Ovation una sorta di sedia sospesa e mobile che scarica il peso del corpo ma – al contrario delle stampelle o di un bastone – non tiene le mani impegnate. Così è riuscito a continuare a restare alla guida del suo ristorante a Salisburgo.

In un programma come *MasterChef*, che è un grande motore di promozione della passione per la cucina, è un orrore inserire la barriera della corsa come fosse un requisito indispensabile per fare lo chef professionista. È un potente messaggio che dissuade i disabili dal partecipare non solo a quel talent show ma al gioco della cucina in generale, cioè nel caso dell'Italia a un elemento spesso fondante della socialità e dell'identità relazionale di una persona.

Quando ho denunciato (fuor di polemica) questa stortura sui miei profili social tanti sono intervenuti nella discussione. Analizzare quanto emerge dai social è sempre difficile. I giornalisti fanno spesso l'errore di considerarli uno specchio fedele della società. Anche per questo motivo, «macchine» e «agenzie» di varia natura tentano di manipolare il dibattito, spesso riuscendoci. Il loro obiettivo è dare l'apparenza che l'opinione pubblica vada in una certa direzione per poi ottenere un'eco mediatica da quello che è in realtà solo un «falso movimento».

La risposta ai miei post sul tema *MasterChef* è stata per lo più a favore del «programma del cuore», tra giustificazioni sincere e sospette difese d'ufficio.

Buona fede o meno, questo «giustificazionismo» aveva in comune una cosa: il razzismo silenzioso e spesso inconsapevole.

La linea difensiva è più o meno riassumibile così: se non ci sono concorrenti disabili non è per via del meccanismo discriminatorio della trasmissione. Se non ci sono concorrenti disabili è perché nessun disabile è stato (o sarebbe?) capace di superare la selezione. Di conseguenza se un disabile si fosse presentato alla prima fase e fosse stato ammesso alla gara vera e propria – quella che vediamo in tv – le regole sarebbe state modificate per lui/lei. Evidentemente, se non c'erano disabili tra i selezionati era perché non ce n'era nessuno bravo abbastanza, giusto?

Tradotto: salvati i propri beniamini tv, la conseguenza logica e tacita vuole che l'esclusione dei disabili sia colpa di loro stessi.

Tornando al campione del mio esperimento social, campione che però mi pare rappresentativo di una mentalità dominante, nessuno tra i vari «commentatori» sembrava aver dedicato un singolo secondo a riflettere sull'effetto pedagogico della televisione e dei mass media in genere.

Trasformare una gara di cucina in una sorta di gara sportiva ha un forte effetto di dissuasione sui potenziali partecipanti. Quanti disabili si saranno detti: «Be', sono bravo in cucina ma non potrei affrontare quelle scale e quella corsa»? È una guerra preventiva alla disabilità.

C'è un'osservazione, in particolare, che mi ha disgustato: la teorizzazione dell'elemosina. In sintesi: «Se mai ci dovesse essere un disabile che superi le selezioni, la produzione troverebbe delle soluzioni». Il precedente che si cita è quello della concorrente non vedente, Christine Ha, che vincerà la terza edizione di *MasterChef Usa*. (Nel 2022 a *MasterChef Italia* parteciperà Christian Passeri, affetto dalla sindrome di Asperger , considerata parte dello spettro autistico.)

Fino a quando saremo disposti a tollerare una società che non è pronta «di base» ma che, eventualmente, si adatta? Fino a quando sopporteremo il mortificante intervento ad hoc? L'accomodamento per poter ospitare il diverso con il risultato di evidenziare ancora di più agli occhi del pubblico la sua diversità e le sue difficoltà?

Cosa direbbero i super chef della giuria per spiegare al pubblico che, be', è cambiato un po' tutto nel format? «Caro pubblico! In quest'edizione non corriamo in dispensa perché c'è uno zoppo tra noi!» Seguono applausi e magari le battute sullo slow food e la cucina lenta, come quella a bassa temperatura.

Meglio per *MasterChef* (e trasmissioni analoghe) scegliere l'inclusività di comodo, inserendo nel suo menù di cucina etnica l'aspirante chef cinese e il figlio di immigrati maghrebini.

Purtroppo poco cambia che MasterChef supporti le pur apprezzabili gare di cucina per disabili «AbilityChef» dell'associazione Argilla, che si svolgono però a riflettori e telecamere spente: un messaggio positivo che resta confinato a pochi e non arriva al grande pubblico tv.

Se *MasterChef* è un monumento al razzismo «sistemico» e inconsapevole dei media verso la disabilità, purtroppo non è un caso isolato. Che senso ha chiedere ai concorrenti di un talent show sulle costruzioni Lego, di correre a scegliere i pezzi per il loro progetto? Che senso ha farli correre, risparmiando pochi minuti, quando per il progetto loro assegnato (varia di puntata in puntata) hanno solitamente sei ore, a volte dodici, per completare la loro costruzione?

In nome di uno schizzo di adrenalina, aggiunto per rendere il cocktail televisivo più frizzante, nel falò della vanità mediatica si bruciano il rispetto della diversità e le speranze di inclusione. Nemmeno la cenere che si solleva nell'aria dà fastidio ai super chef e agli autori, né causa quel colpo di tosse che dovrebbe far pensare a cosa si stia respirando. Lo spettacolo deve andare avanti.

Senza specchio

«Bene, sposta il peso dal piede posteriore a quello anteriore...»

«Così, bravo... fai avanzare il bacino come se spostassi un piano invisibile che sta tutto di fronte a te, spingilo senza inclinarlo.»

Dalla finestra, la vista è su Roma, o meglio su quello che avrebbe potuto essere questa città. La collina è coperta di alberi, è un manto color verde scuro per quanto la boscaglia è fitta. L'unica tregua cromatica arriva dalla brina, il sole pigro delle 7.30 di febbraio non ha ancora la forza di cancellarne il bianco sulle foglie.

La città si intravede a malapena, che ci sia del costruito da qualche parte lo si intuisce dalla foschia sollevata dal traffico, in lontananza.

Penso alla foto scattata un secolo fa dall'osservatorio di Monte Mario, poco distante da dove io mi trovo ora. Il rione Prati cresceva: era da poco arrivata l'Unità d'Italia e c'erano speranze che la pianificazione urbanistica vincesse sull'arroganza della speculazione edilizia. Ha vinto invece il profitto e da allora non ha mai smesso di farlo allargando questa città senza fine.

«È il bacino che sposta il peso, non sono né i piedi né le gambe... Continuiamo, dài...»

Mi sto allenando ai microaggiustamenti di peso, ai trasferimenti di carico, a sentire il mio corpo e a cercare un continuamente instabile, variabile baricentro. Sono su due bilance, una sotto il piede destro l'altra sotto il sinistro. Mentre la voce del fisioterapista sussurra dei numeri, io devo farli visualizzare al display, la prova certa di quanto peso stia spostando da un piede all'altro.

La ripartizione del carico tra i due appoggi è un meccanismo naturale per tutti gli individui; in quelli che hanno problemi motori spesso è utile lavorare per trasformarlo in un meccanismo cosciente, razionale. Detta così sembra facile, in realtà è come se vi chiedessero di pensare a respirare, perché in assenza di volontà si fermerebbero i polmoni. Un processo necessario da ripetere molte volte al minuto.

Pensieri fuori tema come l'urbanistica, la crisi edilizia degli anni Sessanta e Settanta, la vista su Roma, potrebbero sembrare delle distrazioni rispetto al lavoro che sto facendo, faticoso quanto snervante, invece aiutano il processo ipnotico. Ti consentono di dimenticare quanto è difficile quello che stai facendo; di smettere di pensare a quanto è noioso svegliarsi alle sei e mezza e al fatto che uscirai da qui alle nove, già esausto prima che la giornata cominci.

«La tavola scivola, tienila ferma col piede ma non è

il piede a comandare è il peso che ci metti sopra, tutto parte sempre dal bacino e dalla postura...»

Il palazzo rivestito di travertino non ha l'austerità di certe opere del Ventennio, forse voleva avere la monumentalità dei palazzi la cui forma si intuisce guardando verso il basso, ai piedi della collina, la Farnesina e il complesso del Foro Italico. L'impressione è che i soldi degli emigranti italiani, donati all'opera pia nel dopoguerra, fossero sì molti ma non abbastanza da finanziare anche le aspirazioni estetiche dell'edificio. Un errore che oggi fa sembrare questo posto, visto da fuori, come vecchio e triste. Dentro, oltre a essere triste, non è solo vecchio ma anacronistico: le spalliere di legno alle pareti, le parallele scrostate e più volte riverniciate di bianco, gli esausti tappeti di gommapiuma ammassati a terra. In un mondo ormai ipertecnologico qui è tutto fermo agli anni Settanta-Ottanta, quelli del boom della fisioterapia. Da allora non è cambiato nulla, come se tentare di tenere in moto i corpi dei disabili fosse una causa disperata. «I soldi per rinnovare e innovare dal Sistema sanitario nazionale non arrivano mai e allora meglio lasciare tutto com'è» sembra di sentire negli stanzoni. Tutt'intorno ci sono persone purtroppo condannate a non avere una vita; pazienti che i terapisti provano a «tenere insieme» mentre qualche malattia inarrestabile li smonta un po' al giorno. Basterebbe guardarli per capire che la sanità pubblica ha fallito quando si tratta di pazienti con problemi cronici motori, neurologici e neuromotori.

Questo «fallimento» non risponde però al solito schema dove il privato fa profitti sulle redditizie «spalle rotte dalla moto», «ginocchia danneggiate dallo sci» o «mani bloccate da tunnel carpale causa tastiera», mentre al pubblico toccano casi gravi e costosissimi da trattare. Non è rimozione di colecisti al privato, infarti e ictus al pubblico; non è profitti ai privati e costi al pubblico. È tutto molto peggio.

Per via di anni di tagli e di lunghe liste d'attesa la fisioterapia pubblica (e quella convenzionata specializzata soprattutto degli istituti di matrice religiosa) non riesce più a occuparsi di quei malati cronici che hanno disperatamente bisogno di essere mantenuti in efficienza. Ormai c'è spazio solo per i casi disperati e più gravi. Si è persa una funzione cruciale perché serve una fetta di mercato assolutamente indigesta ai privati, che richiede troppo tempo, specializzazione e risorse per generare profitti. Molto meglio per i privati occuparsi dei traumi: trattamenti rapidi, spesso automatizzati, protocolli standard, nessun «caso» da studiare.

«Sono una Ducati degli anni Novanta, ogni cinque ore di autostrada ne passo una in officina!» dissi una volta ridendo a un collega che mi chiedeva perché impazzissi dietro agli orari della fisioterapia.

E di impazzire si tratta. Per entrare in un ciclo di fisioterapia per malati cronici è necessaria una visita specialistica presso una Asl, di solito ci vogliono mesi per averla. Nel caso della mia Asl non può essere prenotata al Cup regionale al telefono ma di persona, perché si tratta di una lista d'attesa separata che gestisce direttamente l'ufficio per l'unico (pazientissimo) medico addetto alle visite. Se per qualsiasi motivo salti il giorno fissato per la visita, devi ricominciare la lista d'attesa daccapo. Finita la visita, arriva una prescrizione sulla quale, solitamente, c'è una dicitura generica tipo «riabilitazione neuromotoria in paziente affetto da...». In pratica il passaggio con il medico non serve a guidare il percorso di cura anche se il tutto si chiama «piano riabilitativo» – di quello se ne occuperanno i fisioterapisti –, ma solo per evitare abusi. È un filtro: a volte penso sia una prima barriera che serve esclusivamente a scoraggiare i pazienti. Solo quelli in condizioni serie, sono pronti a sottoporsi a questa trafila, gli altri (con minori bisogni) mollano prima.

Con in mano il foglio di carta gialla, scritto a penna, pensi di aver risolto i tuoi problemi ma non è così: è solo l'inizio. Il sistema chiede al malato di essere «professionista», quello delle cure è un lavoro al quale si devono dedicare intere giornate. Ottenuta la prescrizione bisogna trovare – sì, uno se lo deve trovare da solo – un centro specializzato che abbia qualche posto libero. Di centri ce ne sono pochi, quindi sono strapieni, perciò quasi sempre si finisce in una lista d'attesa. Il quadro si complica nelle grandi città perché all'equazione, oltre alla variabile «posti disponibili», devi aggiungere «orari compatibili con il lavoro» e «distanza casa-lavoro».

«Abbiamo due turni liberi per lei, il lunedì alle 14 e il giovedì alle 11. Le vanno bene?» La chiamata finalmente arriva ma come previsto sono turni impossibili per chi lavora, per chi prova a vivere e non si rassegna al mestiere del «malato professionista». La risposta è un dilemma: se rifiuti perdi il posto e devi ricominciare la lista d'attesa, se accetti la tua vita diventa uno slalom tra lavoro, spostamento, fisioterapia, nuovo spostamento e lavoro.

Ottenuto il «posto», ci sono altri due ostacoli da superare. In primo luogo, quale fisioterapista ti viene assegnato. In un quadro di risorse tanto scarse è difficile che tu possa essere affidato a uno specialista che abbia esperienza dei tuoi problemi. Un fisioterapista non è mai uguale all'altro, è a metà tra un artigiano e uno scienziato. Se ti capita quello «non adatto» (cioè magari bravissimo ma senza competenze ed esperienze utili al tuo caso) quell'ora di terapia per la quale hai sudato tanto finisce con l'essere inutile. C'è poi un altro problema: le assenze. Dopo le prime tre (salvo per malattia) sei fuori dal percorso: avanti il prossimo. Rispettare queste rigidità è fattibile, se sei un malato «di professione», se spendi la tua vita solo per le cure. È difficile se hai una disabilità e una vita piena: lavoro, famiglia, impegni privati. Se sei un inviato e hai una valigia sempre pronta dietro la porta è pressoché impossibile.

In pratica bisogna trovare percorsi alternativi: se puoi permettertelo una soluzione è quella di pagare, per esempio per trattamenti domiciliari che sono costosissimi e anche limitati perché a casa non hai le attrezzature disponibili in una palestra fisioterapica.

C'è anche un'altra possibilità, ma nemmeno questa è facilmente praticabile. Nel mio caso quando, negli anni, tra rallentamenti e accelerazioni del mio lavoro, ho capito che non avrei avuto il tempo per aspettare la visita di «ammissione» alla Asl né quello per la lista d'attesa nel centro, e che quindi non avrei potuto rispettare la regola delle tre assenze, ho cercato di rientrare nell'austero fabbricato sulla collina che guarda Roma, da «solvente». Non è una qualità chimica del paziente, semplicemente significa che paghi tu. Ero riuscito a trovare una fisioterapista giusta, della scuola «perfettiana» (cioè che segue il metodo del luminare Carlo Perfetti, sviluppato negli anni Settanta e basato sulla neurocognizione) ma con la praticità delle donne di periferia, pronta a adattarsi alla mia situazione anomala senza rigidità «accademiche».

Daniela, io non volevo perderla.

Ma anche pagare è difficile. «Se esci dal programma e rientri da solvente, abbiamo problemi con la Asl. Possono pensare che ti abbiamo spinto a farlo per incassare soldi e ci ritroviamo nei guai» mi dice la coordinatrice che assegna i turni e inserisce i pazienti negli orari.

Risultato? Altro tempo perso, altri pensieri bruciati, altri sforzi, altre angosce e incertezze per cercare di rientrare al centro da solvente. Alla fine ci riesco, mi viene concesso il «favore» di pagare. È il ricatto della burocrazia che non ti offre quello che deve ma ti impedisce di ottenerlo al di fuori delle sue procedure.

Sono al millesimo giro di centrifuga in questa lavatrice dell'assurdo, non riesco però a prendermela con le persone che mi trovo di fronte: segretarie, coordinatrici, contabili, medici, fisioterapisti. Siamo tutti vittime di un sistema retto da regole assurde che servono solo a scaricare durante la corsa passeggeri di questo treno troppo affollato, buttati dai finestrini e dalle porte aperte al volo. Se l'avessero rinnovato ci sarebbero più sedili per i malati cronici e magari andrebbe più veloce, ma l'hanno lasciato com'era quarant'anni fa perché i disabili non hanno voce, non fanno lobby, non hanno un'immagine pubblica, un testimonial. Non contano nulla in Italia, quindi è facile scaricare su di loro tagli che in altri settori della sanità sarebbero più visibili e creerebbero più problemi alla politica.

Le istruzioni della fisioterapista non si fermano. La mente trasforma le parole in un suono: come in una preghiera, in un mantra, in un canto ancestrale dei vicoli di Napoli, è una forma di autodifesa. Non puoi prenderle alla lettera quelle parole, perché se lo facessi davvero prenderesti atto dell'impossibilità del compito. Dovresti solo fermarti, sederti, infilarti di nuovo le scarpe, salutare e andare via.

Facendole diventare un suono, smetti di pensarci. Puoi concentrarti sul corpo, sentirlo e imparare di nuovo a muoverlo in maniera se non decente quantomeno efficace.

«Ora usa il sinistro come un perno, fai avanzare il destro e ruota così da metterti davanti allo specchio.»

«Bene, ora cammina verso lo specchio e guardati.»

«Verso lo specchio.» «Guardati.» Queste sono le uniche parole di tutta l'ora che non tratto come un suono, forse di tutte le ore trascorse qui dentro, immerso in questo impasto mattutino di ombre e di luce dei neon che non c'è il tempo di spegnere nonostante fuori il sole sia salito oltre la linea degli alberi. Le ho sentite chiaramente e me le sto ripetendo in testa tentando di convincermene: sono le uniche istruzioni che però non voglio ascoltare. Cammino sulla striscia di linoleum macchiata e consunta, arrivo fin davanti allo specchio e torno indietro. A ogni giro provo a farlo meglio ma non deve mai essere una questione di foga, non sono sulla panca sollevando pesi o di fronte a un sacco da colpire con il cronometro che scorre e il numero di colpi che non sale abbastanza. Questo è un lavoro di smontaggio, di segmentazione. Man mano che risolvi un problema – per esempio l'appoggio – puoi passare a risolvere quello successivo – per esempio la posizione del braccio opposto alla gamba d'appoggio. Spesso sono problemi chiari dall'inizio, altri invece vengono svelati in sequenza, ne risolvi uno e quindi puoi finalmente vedere quello sottostante. Affrontarli tutti allo stesso stadio sarebbe solo una dannosa velleità. Come nella metafora della cipolla, bisogna procedere uno strato alla volta. Peccato che sia una cipolla ossessiva, autorigenerante, strato dopo strato al «nocciolo» non arrivi mai.

Per questo è fondamentale guardarsi allo specchio per imparare, per visualizzare gli errori e per limarli ma non me la sento. Non ci sono mai riuscito. Mai lo farò anche se ogni tanto, quando le difficoltà sono maggiori e sembrano sopraffarmi, sono tentato dal farlo come fosse l'ultima speranza.

Alla periferia di Firenze c'è una palestra, sarebbe grande abbastanza da ospitare un campo da pallacanestro ma è soffocata dal materiale sparso in giro: palle mediche, bastoni, cuscini di varie forme, tappetini. Le guardo e mi sembrano cose lasciate con rassegnazione, abbandonate come a volere ammettere che non c'è speranza, che la fisioterapia non potrà mai essere utile per davvero ai ricoverati del reparto confinante. Questa palestra sembra ancora più abbandonata e decrepita perché è nel vecchio corpo dell'ospedale. A qualche decina di metri di distanza, passato un corridoio, c'è il nuovo padiglione, dedicato solo a un reparto, l'Unità Spinale, costruito da pochi anni e che sembra quasi un'astronave atterrata sulla periferia fiorentina.

In questo negozio di speranze usate, gli oggetti più ingombranti di tutti sono gli specchi mobili, quelli montanti su ruote per essere spostati alla bisogna.

Il fisioterapista ne spinge uno fino a portarlo davanti alla ragazza dai capelli biondi, ormai pallidi come il suo viso emaciato. Appena il suo sguardo chino si alza fino a incrociare la superficie riflettente, la testa le crolla di nuovo in basso, puntando alle ginocchia. Raccoglie la forza nelle braccia e spinge via la sedia a rotelle sulla quale è costretta da poche settimane.

«Non ce la faccio.» Rimastica le parole, provando a non piangere.

Quello che non è chiaro agli altri – a quelli che non ce l'hanno – è che è difficile, se non impossibile, nascondere una disabilità. Per quanto ci si provi e – credetemi – ci si prova tanto.

In alcuni casi si riesce a bluffare per un po' come quando un sordomuto passeggia per strada da solo o quando qualcuno che cammina a fatica resta seduto al tavolo di un ristorante accogliendo senza alzarsi l'ospite che arriva dall'ingresso.

Ma prima o poi arriva il momento in cui devi svelare la tua differenza. Magari è banalmente la domanda di un passante su dove sia una strada alla quale non puoi che rispondere scrivendo o facendo gesti; magari è alla fine della cena, il momento di alzarti da tavola. A quel punto la sorpresa degli altri, tutt'intorno, è ancora maggiore. Sussurra qualcuno da un altro tavolo: «Cos'ha quel ragazzo? Sembrava normale...». A prescindere dalla loro età, i disabili sono tutti classificati come ragazzi (e ragazze). Chissà, forse perché questo li rende più gestibili da chi li chiama così.

L'evidenza visibile della disabilità non attira solo sguardi – magari sorpresi, altre volte pietosi, spesso terrorizzati – ma genera giudizi, in molti casi, totalizzanti. L'immagine che i «sani» hanno della disabilità è assoluta. Copre l'individuo come i lunghi cappotti dei soldati della Prima guerra mondiale, nelle trincee sporche di fango.

Quando la tua disabilità viene svelata smetti di essere un ragazzo trasandato o una cicciona sorridente. Non sei più uno studente assennato né un commesso competente, non sei più una donna elegante o un uomo che parla per strada al telefonino a voce troppo alta. Sei un amputato, uno zoppo, un cieco, un sordo, un autistico, un paraplegico e via dicendo. Smetti di essere una persona, sei la tua malattia o il tuo incidente.

In inglese c'è una bella espressione: «*Setting the tone of the conversation*»; racconta di quel meccanismo per cui il rapporto tra due persone viene incanalato in una direzione piuttosto che in un'altra, in oscillazione tra il polo della sintonia e quello della dissonanza. Spesso dipende dalla prima espressione che una delle parti pronuncia ma anche dal linguaggio non verbale, dalla «chimica» fatta di sguardi o sorrisi. Si tratti di un primo appuntamento tra due aspiranti fidanzati, di un colloquio per un'assunzione, di una trattativa commerciale.

Una volta che la sua disabilità è stata svelata, resa evidente, il rapporto tra il disabile e il resto del mondo è compromesso, spesso senza possibilità di riportarlo nell'alveo della normalità; per quanta normalità ci possa essere mediamente nelle relazioni tra esseri umani.

Questo accade perché la disabilità ipoteca la conversazione con l'interlocutore, a priori, senza bisogno di scambiarsi nemmeno una parola. Il «normale» smette di rapportarsi con l'impiegato dello sportello sulla base della sua competenza o della sua scortesia, comincia a relazionarsi con «quel poverino che è così lento perché è privo di una mano» o a dire cose come «Diamine, ma non potevano trovargli un ufficio dove non aveva rapporti con il pubblico?», «Qui siamo in fila ad aspettare e quello è lentissimo! Non è colpa sua, eh, ma di chi l'ha messo lì».

Ma è davvero così? No. Se la relazione è compromessa, quasi sempre è per via dell'interlocutore, del «normale», del «sano» che non riesce a rapportarsi al «malato», al «diverso», al «rotto».

Il presunto normale è prigioniero della paura, non vuole «finire ridotto così» né vuole fare i conti con il razzismo che si porta, comodamente accovacciato, dentro. Non riesce a rapportarsi con i propri limiti, con le proprie ansie. Di fronte a questi atteggiamenti, al disabile non resta che scegliere se rendere i «sani» invisibili o rendersi invisibile ai loro occhi.

La risposta a tutte queste difficoltà che i complessi, i pregiudizi e l'opportunismo dei normali scaricano sul disabile è sintetizzata dal rifiuto dello specchio: io non sono la mia immagine riflessa, quella che vedono gli altri. Io non sono la mia disabilità, io sono una persona che ha anche una disabilità.

Io non sono la mano che mi manca o il bastone che mi regge. Io sono le mie idee, la mia parola, il mio sguardo e il mio spirito, la mia forza o la mia debolezza d'animo. Io sono io, a prescindere da quello che vedete, dai limiti che pensate che io abbia senza conoscermi.

Per questo non voglio guardarmi allo specchio, non voglio memorizzare quell'immagine, perché finirebbe con il condizionarmi in tutto quello che faccio o che progetto di fare.

Decenni di frequentazione di disabili, di ospedali e di vittime in genere, mi hanno insegnato che questa è l'unica leva in possesso di un disabile per sovvertire il suo rapporto con gli altri, con la società, senza farsi inscatolare nel ruolo del «malato». È una leva individuale, una mossa che compie il singolo, perché non esiste una dimensione collettiva della disabilità, non è un tema all'ordine del giorno, non viene rappresentato da nessuno. Porterà pure male ma sfasciare uno specchio è un atto di resistenza, una libera scelta personale nel deserto della politica.

Pezzi di veterani

Siamo in sei, in compagnia di almeno quattro carabine e quattro pistole, tutte calibro 21, assieme a un numero non calcolato di munizioni. Quattro su sei di noi sono in sedia a rotelle. Stiamo discutendo animatamente sul terrazzo di un modesto albergo a tre stelle dalle parti di Faenza. Uno di quei posti dove servono ancora il vitello tonnato e le pennette alla vodka, con il diploma del Mercurio d'Oro appeso alle pareti. La discussione si accende sempre più, manca poco che si passi agli insulti: tutti vogliono dire la propria, tutti hanno un'opinione, ognuno pensa che la sua proposta sia l'unica soluzione possibile. Stiamo scivolando verso la rissa ma alla fine vince la stanchezza. Sul terrazzino vista parcheggio, la riunione si conclude perché è ora di andare a dormire. Nessuno ha messo mano alle armi, nessuno si è fatto male. È una buona notizia.

«Be', che colore di magliette abbiamo scelto poi?» mi chiede uno degli accompagnatori, rimasto silente e atterrito durante la lunga disfida. «Non abbiamo deciso nulla» rispondo io. «E quindi alla prossima gara con quale divisa ci presentiamo?» «Tranquillo» chioso con sarcasmo «deciderà chi va a fare l'ordine alla serigrafia e dopo ci lamenteremo che non ci piace.»

Perfetto esercizio della democrazia all'italiana.

Qualunque colore avrà, ci rassegneremo. Sarà quella la divisa della nostra società sportiva di tiro a segno, riconosciuta dal Cip, il Comitato paralimpico italiano. Sulla maglia, all'altezza del cuore, ci sarà il simbolo della squadra: una figura stilizzata in sedia a rotelle che punta una pistola.

Tra paraplegia, amputazioni e lesioni nervose varie i requisiti medici ce li abbiamo tutti, ora dobbiamo solo giocarcela con i bersagli per raggiungere le Olimpiadi di Pechino.

Mi ritrovo in questa gara dopo essere stato abbordato, come in una discoteca a notte fonda, al poligono. Appena lasciata la mia linea, un signore – che poi ho scoperto essere l'allenatore – mi aveva avvicinato cominciando a farmi strane domande sul perché camminassi male. Solo dopo ho capito che sperava che il mio problema non fosse temporaneo.

I giochi paralimpici sono nati grazie a un medico tedesco, Ludwig Guttmann (poi fuggito in Inghilterra), che curava i feriti di guerra con danni neurologici anche con lo sport. Hanno cominciato a essere quello che sono oggi grazie a un altro medico, Antonio Maglio, un italiano, che ebbe l'idea di aprire a tutti gli atleti le Olimpiadi di Roma del 1960, senza distinzioni tra «sani» e «malati».

Da quel momento in poi i giochi paralimpici sono

cresciuti nello spazio mediatico fino a sdoganare la disabilità agli occhi dell'opinione pubblica: da malattia eterna a «condizione», da condanna a possibilità.

Negli ultimi decenni la guerra è profondamente cambiata, da tanti punti di vista. L'invasione dell'Afghanistan e quella dell'Iraq hanno visto all'opera eserciti iperaddestrati, superequipaggiati e ultraproteinizzati, schierati contro una guerriglia dotata di armi essenziali, spesso rudimentali, agile e pronta a trasformarsi in un fantasma dopo aver colpito. Una guerriglia che ben sapeva di non poter reggere lo scontro in campo aperto contro il gigante nemico e, quindi, come obiettivo si era posta quello di infliggere all'«invasore» il più alto numero possibile di perdite, per indebolire il supporto dell'opinione pubblica nemica alle operazioni militari in terre tanto lontane e per diffondere il terrore tra la popolazione locale.

Se si guarda all'intensità degli scontri in Afghanistan e in Iraq, il numero delle perdite straniere è stato assolutamente contenuto. Non fraintendetemi, un morto è sempre uno di troppo; quello che sto provando a sottolineare è che di fronte al cambiare delle tattiche del nemico, sono stati sviluppati nuovi sistemi di *force protection*. Basti pensare ai blindati di nuova generazione, capaci di resistere alle esplosioni degli ordigni improvvisati. È stata sviluppata come mai prima la medicina tattica: l'inserimento nelle unità sul campo di soldati formati per la prima assistenza ai feriti, l'utilizzo di elicotteri per il Medevac, la creazione di una rete di ospedali militari nelle basi più grandi, sofisticati e attrezzati.

Ma abbassandosi il numero dei morti si è alzato quello dei feriti destinati a restare disabili per sempre: paraplegici, amputati, pluriamputati. Quei disabili sono l'eredità delle guerre post-11 settembre.

Per i reduci feriti è stata creata una competizione ad hoc, una sorta di paralimpiade per soli veterani: si chiamano Invictus Games. Celebrano l'invincibilità o, come ha detto il suo patron – il principe Harry –, dimostrano che esiste una via oltre la disabilità.

In realtà, sono il simbolo di come una grande occasione per educare il mondo alla disabilità sia stata incenerita in un braciere rituale.

La disabilità viene perennemente associata alla fragilità: sono deboli quelli che stanno su una sedia a rotelle, quelli che si orientano con un bastone e un cane, quelli che parlano a gesti.

Le storie dei soldati «menomati» descrivono invece una verità assoluta e opposta a questa vulgata: disabile ci può diventare chiunque, tanto per un incidente quanto per l'avanzare dell'età. Chiunque, anche un eroe di guerra, un invincibile per definizione.

Perché l'approccio modello Invictus è stata un'occasione persa? Partiamo dalla guerra del Vietnam, i reduci di quel conflitto sono spesso diventati portavoce del pacifismo, i veterani paraplegici e ridotti a rifiuti umani, di cui racconta il film *Nato il quattro luglio* altro non erano che un manifesto vivente all'assurdità della guerra.

Questa volta il trattamento dei reduci resi disabili dal conflitto iracheno e afghano è stato ben diverso, non sono stati esclusi dalla società in quanto «colpevoli» di guerre sbagliate ma, al contrario, sono stati ufficialmente celebrati.

Il numero impressionante di veterani di guerra suicidatisi negli Stati Uniti o ridottisi a vivere in strada, senza fissa dimora, svela però il vero senso di questa che è stato solo un'operazione mediatica del Pub, il Pensiero unico bellicista.

I veterani vengono dimenticati, spesso con il loro carico di malattie che si manifestano anni dopo le missioni, soprattutto per contaminazioni chimiche e radiologiche, ma se ne deificano alcuni. Sono i veterani feriti a vita che però continuano a «combattere», anche solo su un campo da tennis, in un poligono o su una panca per il sollevamento pesi.

Questa operazione non ha costruito un mondo più inclusivo per la disabilità, è invece servita solo a salvare la guerra, a renderla meno indigesta all'opinione pubblica anche quando si tratta delle sue conseguenze più tragiche: giovani uomini privati di gambe o braccia. Quegli uomini e quelle donne mandati a combattere in conflitti sbagliati e fallimentari sono stati trasformati nella bandiera dell'invincibilità, sono coloro i quali sopravvivono a ogni prova. È una narrazione questa che toglie dal tavolo ogni possibile riflessione sulla follia dei conflitti. Quei veterani feriti sono solo il frutto malato della guerra che macina la carne e terremota l'anima.

Per salvare la guerra si è persa la pace, sprecando una straordinaria occasione per risvegliare le coscienze, per cambiare l'approccio dei «normodotati» verso i «disabili», per costruire una società più aperta e meno discriminatoria.

Eppure i giochi per veterani Invictus prendono il nome dall'omonima poesia scritta da William Ernest Henley, che non aveva perso una gamba su un campo di battaglia ma per colpa della tubercolosi. Henley, nella sua sfida alla disabilità, era diventato un modello ante litteram ma con nulla di epico, salvo – appunto – la sua stupenda e struggente poesia che si conclude con: «Non importa quanto stretto sia il passaggio, quanto piena di castighi la vita. Io sono il padrone del mio destino, io sono il capitano della mia anima».

Oggi invece mettiamo da un lato i malati e i casi congeniti assieme alle vittime di un incidente stradale o sul lavoro, e dall'altro gli eroi capaci di uscire da un blindato in fiamme senza le gambe e cominciare a correre con le protesi di carbonio.

La disabilità non è solo roba da deboli né una colpa, ma solo il frutto dell'insondabile destino, della vulnerabilità del corpo umano, dell'inarrestabilità del tempo. Questo era il messaggio rivoluzionario che poteva essere diffuso attraverso i veterani. Un'occasione storica persa.

Ne sono convinto da anni, ma me ne sono persuaso ancora di più nella primavera del 2024, quando sono stato invitato a un evento di padel in carrozzina, con la partecipazione dei campioni del mondo della disciplina. Tra i discorsi introduttivi, sotto un cielo che prometteva male in un circolo tennis ad Ozzano Emilia poco distante da Bologna, mi ha colpito quello di un militare, ritrovatosi in sedia a rotelle durante una missione in Libano e diventato poi molto bravo con la racchetta. «Lo sport mi ha consentito di riprendere a parlare con il mio corpo» spiega «all'inizio chiedevo al mio corpo cose che non poteva più fare e non avevo risposte.» La dura realtà della disabilità raccontata senza retorica, con semplicità, negli stessi giorni in cui un candidato al Parlamento europeo con le stellette proponeva classi differenziate per i disabili, di fatto offendendo i suoi stessi commilitoni feriti, o forse pensava di non offenderli perché il modello Invictus ha appunto generato l'idea che i disabili in divisa altro non sono che disabili speciali, di una categoria a parte.

Sono in una località sulla Cassia Veientana, a nord di Roma, dove in un sequela di edifici tutti uguali senza dare troppo nell'occhio, tra una pasticceria e un caseificio, ha sede un'azienda di forniture militari. Ci vado quando devo risolvere problemi, perché lì hanno la pazienza di aiutarmi a mettere insieme un equipaggiamento per le mie trasferte che risponda alle mie esigenze tecniche ma tenga conto anche dei miei limiti. Scelte a volte lunghe e complesse; oggi si è fatta ora di pranzo e così finiamo a tavola in un vicino ristorante.

«Ma che in tre c'abbiamo tre protesi?» Sono con Massimo, uno dei principali fornitori di equipaggiamento non letale per le forze speciali italiane, e con E., incursore della Marina in congedo a cui un ordigno in Iraq ha staccato una gamba durante una missione anti-Isis. Io e Massimo abbiamo una protesi all'anca, in titanio, E. una gamba di carbonio. E del fatto che, su tre persone a tavola, tre abbiano una protesi, non riusciamo a smettere di ridere. I militari feriti hanno tanto da insegnare: lo spirito nell'affrontare la disabilità, il metodo nel seguire i programmi di riabilitazione, la dedizione, la costanza, il ripetere un esercizio fino a che ci si riesce perché «se mi hanno detto che è possibile, allora ci posso riuscire». Purtroppo però lo spirito di Invictus li separa dagli altri disabili, li mette in una categoria a parte che serve agli scopi della macchina della guerra ma non aiuta tutti gli altri, creando così fatue barriere, categorie e sottocategorie tra persone che invece avrebbero tanto in comune.

A proposito, ma poi con le Olimpiadi di Pechino com'è andata a finire? Purtroppo lo sport per disabili è il minore tra gli sport minori, non ci sono mai fondi a sufficienza per l'equipaggiamento, le trasferte, le gare e strada facendo si perde l'entusiasmo e ci si allontana. Purtroppo non si riesce a coinvolgere nuovi atleti raggiungendo una massa critica tale da rendere più interessanti (aumentando il numero di partecipanti) le gare e i campionati. Inoltre per alcune discipline sono necessari impianti adattati, come per la pallacanestro, in altri casi si potrebbero usare le stesse palestre o gli stessi campi, se solo non ci si scontrasse – molto più di quello che si pensa – con titolari di strutture che rifiutano, disincentivano utenti disabili perché «spaventano» e «disturbano» (con la loro immagine) gli altri clienti. Un gran peccato per svariati motivi, tra questi il fatto che – lo provano studi clinici – lo sport favorisce il reinserimento nella società, il ritorno al lavoro oltre che la salute generale del disabile. E aiuterebbe anche i normodotati ad aprirsi al mondo, superando i propri razzismi.

Occasioni perse, per tutti.

Superabile

È come un lungo nastro di colore arancione srotolato lungo l'argine del fiume, un terrapieno alto cinque metri che dovrebbe fermare le esondazioni. Per un gioco di umidità, ombra e vento, è finito col diventare un confine cromatico che taglia la sponda destra del Tevere. Sul lato più vicino al fiume, ci sono tanti alberi. Il limo del corso d'acqua ne rigenera ciclicamente il verde. Oltre il terrapieno ci sono campi sempre asciutti dove si alterna il giallo delle fioriture di colza e il verde dell'erba spontanea, almeno fino a quando non arriva il sole d'estate a sbiancare tutto.

È su questo lato che le pecore cercano chine l'erba migliore, spostando con il muso le spighe di grano selvatico ormai pallide e troppo croccanti da mangiare senza pungersi. Le guida un pastore di cui non ho mai capito la nazionalità, credo albanese o forse romeno, comunque dell'Europa dell'Est. Avrebbe meritato un posto in *Sacro Gra*, il documentario di Gianfranco Rosi sulle vite nascoste dal grande anello d'asfalto che circonda Roma e le tiene al riparo dalla vista della metropoli.

Sto pedalando su questo nastro color arancione, la pista ciclabile che dal centro della capitale arriva fino a Saxa Rubra. Nei giorni feriali è una pedalata quasi solitaria che ti fa attraversare un pezzo di Agro Romano completamente invisibile a chi si sposta in auto. Ogni volta ti strappa un sospiro di meraviglia. Nonostante il suo abbandono, tra colonnine Sos risalenti all'epoca pre-telefoni cellulari, un puzzolente depuratore, le crepe sull'asfalto e la vegetazione che invade la pista da entrambi i lati, fino a ridurla a una singola corsia.

Sabato e domenica il nastro arancione è da evitare perché è talmente affollato di bici, pattinatori e persino sciatori di fondo «a rotelle» che rischia di diventare più pericolosa della parallela Flaminia, strada a scorrimento veloce ingolfata di auto e camion.

Mentre rifletto sul paesaggio di questo lembo di Agro Romano, ragiono su come questa pista sia forse l'impianto sportivo più frequentato di Roma e allo stesso tempo sia un monumento a quanto sciatta sia la gestione degli spazi pubblici in Italia. In realtà mi viene in mente anche un'altra cosa: sono superabile. Il più superabile.

Non smetto mai di interrogarmi sul perché mi sorpassino sempre tutti. I peggiori sono i ciclisti anziani, categoria ipercompetitiva che si divide in due classi: quelli convinti che il tempo non sia mai passato, oscenamente a petto nudo su biciclette che quarant'anni fa saranno costate una fortuna; quelli innamorati della modernità che esibiscono occhiali curvi e iridescenti, il casco fluo, la bici ultraleggera in fibra composita e ogni giorno cambiano divisa, che si tratti di quella di una squadra del Tour o del Giro conta poco.

Dell'una o dell'altra classe, i ciclisti anziani sono quelli che godono di più nel superare gli altri e dopo averlo fatto, mimando apparente scioltezza, si affannano sui pedali per allungare la distanza e, a quel punto, finalmente tirare il fiato rallentando prima del rischio collasso come in un fumetto.

Nella classifica dei sorpassi irritanti i vecchi sono in vetta, perché lo fanno con godimento, per la soddisfazione di andare più veloci di un giovane. Ma ci sono eventi ben più umilianti come il sorpasso a opera della casalinga. Uscita con la bici, sulla ruota anteriore il cestino per la spesa, indosso una tuta larga di acetato che si impiglia tra sellino e pedali. Eppure va più veloce di me!

A consolarti c'è solo il sorpasso del muratore, senza permesso di soggiorno, che sta tornando nella sua baracca lungo il fiume con una bici «dell'Ottocento» – più ruggine che metallo – e sei bottiglie d'acqua sul portapacchi posteriore. Almeno lui spinge una bici «cancello» da almeno trenta chili, dopo una giornata a spostar calcinacci, e dimostra di essere un fuoriclasse da cui un passaggio in volata puoi subirlo e accettarlo.

Non sono un super abile, sono semplicemente un superabile. Nonostante io sappia bene perché mi sorpassino – hanno gambe normali, non come le mie –, non riesco mai a sottrarmi al flusso dei pensieri su quelli più veloci di me. Sono persino arrivato a calcolare mentalmente la differenza di cadenza (il numero di pedalate al minuto) tra me e loro, che è poi il fattore fondamentale per la velocità in bici. Altre volte trovo giustificazioni alla loro maggiore velocità in differenze tecniche tra la mia bici e la loro, come i pollici di diametro della ruota o le coperture montate.

È faticoso tutto quello che accade nella mia testa perché mi distrae dalla cosa fondamentale, che non è la velocità. Ritrovo la concentrazione per tornare a guardare il mio Gps, che monitora anche la frequenza cardiaca. Non potendo spingere sui pedali, non potendo aumentare il numero di pedalate e nemmeno i watt prodotti (quindi la potenza espressa), per rendere «allenante» il trasferimento da casa al lavoro, e viceversa, devo cercare di tenere il numero di battiti al minuto superiore a quota centotrenta. Non è facile perché sono ben allenato e poi perché salite, su questa pista, non ce ne sono. Con un allenatore ho sviluppato un sistema che continuo a usare e che funziona: spingere per due minuti con un rapporto «duro» e riposarmi per un altro minuto con un rapporto «agile». Per ottenere lo stesso «sbalzo» di frequenza cardiaca, posso usare uno schema simile «lavoro-riposo» ma pedalando con una singola gamba, prima l'una poi l'altra con il rapporto più pesante.

È un impegno mentale quasi più faticoso del pedalare quello di tenere la frequenza alta ma serve a evitare che il trasferimento in bici si riduca a una passeggiata.

In questa fase, per restare concentrato sul piccolo schermo pieno di numeri del Gps e di riflessi del sole, devo ricordare a me stesso che in un'eventuale gara io non competerò mai nella stessa categoria di quelli che ora mi sorpassano. Avrei invece degli avversari con i miei stessi limiti.

Lo sport paralimpico è nato come forma di cura, come strada verso la guarigione se non dalla propria disabilità (un amputato o un paraplegico non guariscono mai), dai suoi effetti psicologici e sociali, dall'esclusione e dalla depressione. Sono poi diventati una grande vetrina per storie di resistenza e di redenzione, sono diventati la principale piattaforma di lancio per il messaggio secondo cui una persona non va giudicata per la sua disabilità ma per quello che riesce a fare, a raggiungere, non per com'è ma per quello che fa.

È stata una svolta essenziale per dare ai disabili un'immagine pubblica, per superarne la rimozione collettiva, per fare in modo che nella geografia sociale creata dai normodotati spuntasse uno spazio anche per i disabili, altrimenti relegati negli angoli bui delle loro stanze in ospedali, istituti e case dei genitori. Dopo un po' però quella scintilla ha smesso di incendiare la società.

Scritto nella nostra memoria ancestrale, c'è un pregiudizio che vuole i fragili come un peso per la famiglia, la tribù, la società, incapaci a produrre nei campi o a cacciare; buoni solo a rallentare la fuga del gruppo dagli attacchi degli animali selvatici e delle calamità. E quel pregiudizio vince sempre come una goccia d'acqua che silente scava la roccia.

È così che le gare per disabili sono diventate una gabbia rassicurante; i malati, i rotti, i danneggiati possono competere solo con gente «come loro»: disabili contro disabili.

Qualcuno starà obiettando che quel «recinto» (il fatto che un disabile possa competere solo contro un soggetto con pari limitazioni) serva a tutelare, per esempio, un cieco che mai potrebbe competere in bici contro un atleta senza danni alla vista. È vero ragionando solo sulla base dei regolamenti.

Gli sport paralimpici sono una gabbia, come quella dell'Mma, le arti marziali miste, dentro alla quale si consumano i destini solitari dell'uno che combatte con l'altro. Quando nella gabbia ci sono i disabili, dall'esterno i «normodotati» guardano, gioiscono, applaudono, appoggiando il viso sul vetro di un acquario dove fa evoluzioni un delfino.

Si godono lo spettacolo, sapendo di essere ben protetti da una spessa superficie che gli impedisce di bagnarsi. Quella barriera trasparente è profondamente rassicurante perché i mammiferi terrestri che guardano lo spettacolo hanno la certezza che i mammiferi acquatici, dall'altra parte del vetro, mai potranno metterli in pericolo.

Ricordate Pistorius? Il coro di approvazione intorno alle sue gesta sportive si è cominciato a incrinare già prima che si rivelasse un piccolo uomo, un criminale capace di ammazzare la sua donna. Il polverone risale al momento in cui l'atleta sudafricano decise di competere con i normodotati. Si parlò di effetto doping che avrebbero ingenerato le lame in carbonio, quelle che sostituivano la parte terminale delle sue gambe, persa alla nascita. Si ipotizzò un vantaggio sleale. Si ebbe il coraggio di sindacare sulla spinta delle protesi senza considerare minimamente il fatto che all'atleta mancava la propriocezione, cioè quella «sensibilità» (definizione ipersemplificata) cruciale nel rapporto tra il corpo e il suolo; e i limiti di equilibrio e di coordinamento indotti dall'assenza di una parte delle gambe che invece i concorrenti normodotati avevano.

In quel momento Pistorius era uscito dalla gabbia, si era trasformato quindi in una minaccia per i «normali», aveva perso l'immunità, la sua aureola in carbonio era volata via. Arrivò il cronometro a certificare che si trattava di una paura irrazionale e ancestrale assolutamente infondata: il sogno olimpico (non paralimpico) dell'atleta sudafricano finì nelle semifinali dei 400 metri di Londra 2012, quando arrivò ottavo su otto concorrenti.

Pistorius era stato immediatamente trasformato in un pazzo, in un arrogante, in uno di quelli che «Cosa si sarà mai messo in testa di fare?».

L'acquario dello sport paralimpico finisce per ben rappresentare la condizione attuale dei disabili nella società contemporanea.

Sono usciti dal buio, non vengono più rimossi dall'opinione pubblica, vengono persino celebrati (nei luoghi e tempi loro concessi), hanno persino una funzione catartica (facendo sentire i normodotati meno razzisti di quello che in realtà, tutti, ancestralmente sono) ma non possono uscire dall'acquario, perché oltre il vetro non hanno ancora piena cittadinanza. Se Londra

2012 ha rappresentato l'apice per il movimento paralimpico, da allora è cominciato il declino. Il movimento ha perso la sua spinta «rivoluzionaria».

Quella gabbia riguarda solo lo sport?

Facciamo lo sforzo di guardarci intorno nei nostri condomini, quartieri, aule, luoghi di lavoro. Quanti ne vedete di disabili che tentano di vivere, lavorare, creare, produrre come i normodotati? Senza essere giudicati per il problema che hanno, ma per quello che di buono riescono a fare? Quanti ne vedete di questi pazzi, arroganti e presuntuosi, di questi disabili che «Cosa diavolo si saranno messi in testa?». Sono migliaia e migliaia di donne e di uomini, di ragazze e di ragazzi che non lottano solo contro le piaghe da decubito, la fisioterapia pubblica inesistente, le visite mediche che ti bloccano il calendario con mesi d'anticipo, i mezzi pubblici senza ascensori, i posti di sosta disabili occupati da «Sono arrivato solo cinque minuti fa, ero al bar di fronte...».

Loro devono lottare anche contro i pregiudizi e il razzismo dei propri colleghi e dei propri capi, contro la «burocrazia difensiva» di chi ne gestisce le pratiche amministrative, contro l'impossibilità di chiedere un aiuto senza venir giudicati o esclusi.

È una battaglia su due fronti che non viene in alcun modo, non dico agevolata dalla società e dallo Stato, ma nemmeno riconosciuta per quello che è. Viene ignorata, quindi disincentivata, fino a che lo sforzo di integrazione del singolo abbastanza pazzo da provarci finisce con l'essere dipinto dalla società che lo circonda come una stravagante idea, un eccesso, una velleità.

«Così stiamo più tranquilli (noi)»

Al posto di lavarla, la pioggia sottile e appiccicosa fa sembrare la città ancora più sporca. È come se in tutto questo grigio, l'unica cosa che i miei occhi riescano a vedere a colori siano mozziconi di sigaretta, le lattine, le bottigliette, le cartacce e ogni altra comune bruttezza. Questa città affonda da anni nel gorgo dell'inciviltà. È un bradisismo lento e inarrestabile che sembra pensato per farti abituare a tale squallore. Non ho accompagnato la porta a vetri chiudendola, esco da questo palazzo sentendola sbattere alle mie spalle. Vorrei che al rumore seguisse una nuvola di polvere densa, il crollo del palazzo con tutti i suoi occupanti: carnefici da punire e vittime da liberare dalle sofferenze loro imposte dalla vita. Una scena epica da b-movie.

Con scortese furia, passo in mezzo a una coppia di anziani. Hanno la faccia smarrita come tutti quelli che si approcciano a questo maledetto edificio. Dovrei comprenderli nell'incertezza del loro muoversi perché è chiaro che non sanno se quello sia l'ingresso giusto, se devono entrare o meno, se è meglio andare a destra o a sinistra. Per via della mia rabbia hanno smesso di essere persone (per giunta da aiutare), li ho ridotti a ostacoli, grossi e goffi birilli, che complicano la mia già oscillante traiettoria per raggiungere le strisce pedonali. Attraverso senza badare alle auto che corrono su questo viale, puntando solo al muretto che vedo di fronte a me, dietro il filare di platani e un marciapiede di asfalto gibboso.

Oltre il muretto c'è il principale fiume di questa città, e io ho solo una determinazione in testa: buttarmici dentro.

È l'unico modo che mi resta per risolvere i problemi, una volta e per sempre; lasciar esplodere la mia rabbia senza fare vittime collaterali. Avvicinandomi al muretto, realizzo che sotto non c'è il fiume ma la banchina con i soliti barconi per ballare di sera, i campi da padel, quelli da calcetto e il restante catalogo dello sciocchezzario umano di questa città dove se non hai qualcosa di inutile da fare non sei davvero impegnato.

Mi appoggio di spalle al muretto e respiro. È come se la pietra lavica della copertura spingesse sui miei polmoni facendo uscire tutta l'aria, sgonfiandoli. Alzo lo sguardo e vedo la mia auto, parcheggiata, e quel maledetto edificio, purtroppo ancora in piedi. La scena epica del crollo che avevo in testa è rimasta un'allucinazione.

Il palazzo non sarebbe nemmeno brutto: uno di quegli esempi di architettura dei tardi anni Trenta che aveva superato la fase del liberty ma non era ancora contaminato dalla retorica fascista, nonostante questo quartiere venisse intitolato alla Vittoria, cioè a quello sconfinato massacro di giovani chiamato Prima guerra mondiale.

La commissione medica è al primo piano, ce n'è una in ogni Asl d'Italia. È un'istituzione che in un Paese civile non esisterebbe. Dovrebbe essere sciolta per istigazione al suicidio, razzismo, boicottaggio delle vite altrui e altri reati inesistenti nell'immaginario Codice penale dei disabili.

Mentre il contatto con la pietra del muretto mi trasmette un'umidità che un po' mi scuote, rifletto che suicidarmi lanciandomi su un campo di padel sarebbe davvero una fine ingloriosa come quando stavo morendo travolto da un auto nel traffico infernale di Kabul piuttosto che con un'epica autobomba. Avrei trasformato un suicidio politico in una figura di merda planetaria. Riempio di nuovo i polmoni e mi infilo in auto tentando di stordirmi con il solito infinito elenco di cose da fare.

Sul sedile di fianco al mio, lancio una cartellina che riuscirò ad aprire solo il giorno dopo per leggere il certificato che mi è stato appena consegnato.

Quello che per la maggior parte degli italiani è solo una seccatura – una breve visita con un medico militare dentro un'autoscuola – diventa un incubo per disabili, persone colpite da patologie croniche e per chi si è visto ritirare la patente perché fermato in stato d'ebrezza. Qualcuno potrebbe evidenziare le differenze tra le prime due categorie, che la patologia o la disabilità non se la sono scelta, e la terza, fatta di persone che «se la sono cercata». Vero, ma andrebbe ricordato che spesso si infrange la legge in virtù di dipendenze patologiche, non di una leggerezza o di una scelta ricreativa.

A chiunque lo si applichi, il sistema delle commissioni per le patenti è sbagliato dalle fondamenta e non funziona bene.

Se si digitano su un motore di ricerca le parole «commissione medica patenti speciali», le risposte possono aiutare a capire il livello di ansia che tali istituzioni generano.

Per esempio:

Cosa succede se non si dichiarano le patologie per rinnovo patente?

«Potrebbero [...] esserci dei risvolti penali anche gravi per via della falsa autocertificazione di rinnovo patente, nella quale hai dichiarato il falso affermando di non avere alcuna patologia. Potresti quindi rischiare il carcere e il pagamento di una sanzione pecuniaria.»

Tutto comincia dal questionario che il medico militare ti sottopone prima della visita medica in autoscuola, se barri la casella sbagliata tipo «invalidità civile» sali sulla giostra delle commissioni. Chi sa a cosa può andare incontro e non ha segni visibili dei suoi problemi, per esempio un portatore di peacemaker, solitamente è spinto a mentire.

Prenotarsi è di per sé un'avventura. Non tutte le Asl sono in grado di gestire il volume di visite e allora gli appuntamenti vengono dati a mesi di distanza. E qui cominciano i problemi. Quando la scadenza della patente non coincide con la data della visita, è necessario chiedere alla Motorizzazione un permesso sostitutivo che vale fino al giorno dell'appuntamento. Costa almeno 50 euro, visto che alla fine ti ritrovi a farlo tramite un'autoscuola e non direttamente (richiede non poco tempo) alla Motorizzazione civile di zona. Ma per avere il «temporaneo», quindi per poter continuare a guidare, devi presentarti «prenotazione alla mano». Spesso è impossibile. Ci sono alcuni disabili o portatori di patologie croniche che per prenotare devono presentare non solo il certificato anamnestico del medico di base ma anche degli esami specialistici. Devono essere effettuati presso strutture pubbliche, sono escluse le private convenzionate o le private «integrali», quindi mesi di liste d'attesa che si traducono in altri mesi senza la possibilità di guidare.

Muoversi in anticipo? Per esempio il giorno dopo il rinnovo? «È possibile presentare la richiesta non più di quattro mesi prima della scadenza della patente o del periodo di sospensione della stessa» recita la normativa.

Rinnovare una patente di guida non speciale costa circa 35 euro tra «bollettini» e fototessera più il costo della visita medica. Quest'ultimo varia a seconda che si passi dal medico legale di una Asl (con tempi solitamente biblici ma costi ridotti) oppure che si effettui la visita in un'autoscuola: prezzo tra i 60 e i 130 euro, dipende anche dai costi del «disbrigo pratiche».

Per un disabile il costo fisso è lo stesso, 35 euro, che può essere maggiorato fino a circa 13 euro «nel caso di soggetti portatori di mutilazioni o minorazioni fisiche e patologie neuromuscolari». Quello che, garbatamente, la legge chiama «minorato» dovrà essere valutato da una commissione medica integrata, della quale fa parte anche un ingegnere della Motorizzazione.

A questi costi fissi vanno aggiunti quelli del certificato anamnestico del medico di base, che solitamente è a pagamento (il prezzo varia di solito da provincia a provincia, a seconda delle regole che si danno le organizzazioni dei medici di famiglia) e poi quelli degli accertamenti richiesti. Visto che devono essere effettuati in una struttura pubblica, il loro costo è contenuto considerando il ticket o anche le eventuali esenzioni, ma alla fine il totale può essere comunque molto «pesante» perché per numerose patologie è lunghissimo l'elenco degli esami da allegare. I costi degli accertamenti medici si moltiplicano se per risparmiare tempo si cerca la via di fuga dell'*intra moenia*, cioè una visita privata in struttura pubblica al termine della quale (questa è la cosa che conta) gli accertamenti vengono «stampati» su carta intestata di un ospedale del Servizio sanitario nazionale.

Non è finita, le patenti speciali non vengono quasi mai rinnovate per più di due anni, a volte tre, molto spesso per uno. Il disabile è prigioniero di questa trappola a vita e deve subirne i costi ciclicamente, a volte ogni dodici mesi, non ogni dieci anni come accade a un normodotato.

Il Covid ha poi complicato tutto. Si potrebbe obiettare che ha allungato le liste d'attesa in ogni struttura sanitaria: con la commissione patenti speciali è andata molto peggio.

Nei vari decreti Covid sono state inserite proroghe delle scadenze delle patenti, in realtà non mirate a quelle speciali ma per tutti. Che i disabili fossero una sorta di «carico residuale» in quelle generose proroghe apparirà chiaro quando dal marzo del 2022 con la fine delle norme pandemiche, finiranno le proroghe e quindi sulle commissioni mediche si riverserà di colpo una valanga di domande, quasi sempre ingestibile. Quello che era già un processo faticoso, è diventato un incubo sia per le Asl che per gli esaminandi.

«Scusi signora, ho lasciato il portafoglio a mia moglie. Vogliono una fototessera e non ho i soldi per farla. Se me li presta, poi glieli restituisco.» Il corridoio davanti alle stanze dove si fanno le visite ha lo squallore degli ospedali più sporchi e abbandonati ma senza quella frenesia del lavoro che dà dignità a pareti scrostate e a stanze allagate dalla nebbia lattiginosa dei neon. Qui le persone in disordinata attesa tra sedie sparse hanno le schiene curve, guardano a terra come detenuti che non vogliono incrociare lo sguardo dei secondini. Sono persone di seconda classe in attesa di una sentenza indecifrabile perché una volta emessa non viene spiegata e altrettanto spesso è sganciata da ogni logica apparente; una sentenza di fatto inappellabile, contro la quale non si può far nulla se non rischiando di aggravare gli esiti della prima istanza.

«No, signora, non mi bastano due euro, me ne può dare cinque per le fotografie?» Il ragazzo continua il suo dialogo con l'anziana che vorrebbe aiutarlo ma ha tirato fuori solo delle monete. Il Covid e poi l'inflazione da guerra hanno reso i poveri ancora più poveri, un fenomeno ignorato ma chiarissimo in questo squallido corridoio dove il tempo perde valore. Le tracce dell'attesa irrequieta sono scavate nel muro, i solchi neri aperti dagli schienali delle sedie sembrano stigmate d'ansia. Un fenomeno, quello dell'impoverimento che colpisce di più i disabili che sono spesso ai margini della società, incassano pensioni da fame, possono lavorare poco o niente, hanno difficoltà a restare nel circuito della scuola, devono affrontare spese e angherie burocratiche per le cure.

Il rapporto di causa-effetto tra povertà e disabilità è provato da anni di ricerche di Eurostat, l'ente europeo per le statistiche, ultimo quello del dicembre 2022. Le persone con disabilità sono a più alto rischio di povertà o esclusione sociale: il 29,7 per cento della popolazione dell'Ue di età pari o superiore a sedici anni con disabilità (limitazione dell'attività) è a rischio di povertà o esclusione sociale rispetto al 18,8 per cento di quelli senza disabilità.

Se a livello europeo il rischio di diventare poveri per un disabile è superiore di 10 punti percentuali rispetto a persone senza «limitazioni», in Italia questa differenza scende a 2,8 punti percentuali, crolla a 0,9 in Grecia, pur messa in ginocchio dalla decennale crisi. Questo dato porta quindi a credere che i disabili sembrano stare meglio in questi due Paesi, quando in realtà semplicemente le loro difficoltà «emergono» di meno perché stanno peggio tutti, anche i normodotati, senza considerare poi le reti di protezione sociale rappresentate dalle famiglie e non dallo Stato.

In mezzo a questa attesa nervosa, rassegnata, silente e disordinata si fa largo un ragazzo, dietro l'orecchio ha un vistoso apparecchio acustico. Lo accompagna un altro ragazzo che parla con una segretaria, intercettata mentre – fascicoli in mano – faceva la spola tra la sala delle visite e la porta di un ufficio con «divieto d'ingresso». Il ragazzo audioleso ha compilato i moduli ma non ha portato le certificazioni mediche e non ha pagato i «bollettini». L'amico prova a capire come risolvere il problema per un nuovo appuntamento e poi fa intuire che il ragazzo viene da una situazione familiare difficile.

Nel giro di pochi metri ci sono due storie che, da sole, basterebbero per capire come il meccanismo delle commissioni speciali non abbia come scopo l'integrazione dei disabili nella vita sociale e produttiva del Paese, favorendone e regolandone la mobilità. I disabili vanno zavorrati nella loro rincorsa della normalità, su di loro vanno scaricati costi proibitivi mentre sono in balia dei marosi della burocrazia.

È il trionfo del razzismo, di cui la società è zeppa, e del desiderio di marginalizzare il disabile anziché di aiutarlo.

A furia di frequentare queste stanze ho capito che non mancano solo strumenti per assistere i disabili nel disbrigo delle pratiche preliminari alle visite, manca la volontà politica di tenere i disabili al volante. L'impressione è che l'obiettivo sia esattamente l'opposto: più si complica loro la vita, tra dinieghi e rinnovi brevissimi, più si semplifica la vita delle commissioni. Tutto questo accade in un Paese dove i mezzi pubblici sono per la stragrande maggioranza non accessibili (pensate ai bus senza pedane d'ingresso, che farebbero comodo anche agli anziani col bastone non solo a chi sta in carrozzina, o alle tragiche fermate della metropolitana di Roma). Il treno per gli spostamenti extraurbani non ha, di fatto, delle vere tariffe agevolate per i disabili anche se finalmente esiste un solido, efficiente e affidabile sistema di assistenza (la «Sala Blu» di Rfi) almeno nelle grandi stazioni per salire e scendere dai vagoni.

«Così stiamo più tranquilli (noi).» Con un tono apparentemente paterno e bonario, l'ingegnere della Motorizzazione civile che integra la commissione sanitaria chiude la discussione. Abbiamo appena avuto un confronto sulle prescrizioni della mia patente, è durato a lungo per gli standard della commissione, quasi cinque minuti. Di solito si taglia corto.

La presenza di un ingegnere è una delle cose più surreali delle commissioni mediche, in teoria dovrebbe aiutare i medici a valutare le condizioni degli esaminandi rispetto alla biomeccanica della guida. In pratica però il tutto si riduce a una farsa perché al disabile, solitamente, si chiede di simulare una frenata o l'accelerazione dell'auto. La parola simulare non deve trarre in inganno, non c'è una pedaliera meccanica né una elettronica, magari collegata a sensori e a uno schermo. Al candidato viene chiesto di frenare e accelerare in una macchina immaginaria dai comandi invisibili. Ogni volta che in questa stanza mi si chiede di «simulare», mi ritrovo a discutere con l'ingegnere che continua a descrivere il pedale dell'acceleratore come il protagonista di una rotazione vincolata, per cui il piede deve essere in grado di estendersi per accompagnare questo movimento in avanti e avere una completa dorsiflessione quando si ritira. Movimenti che non vengono richiesti a un normodotato ma ritenuti indispensabili per un disabile. Eppure freno e acceleratore non sono mossi da un pedale a fisarmonica ma da una «pompa».

I pedali sono fatti per funzionare (semplifico) con un vettore di forza ortogonale rispetto alla loro superficie. Evidentemente la fisica cambia nelle macchine immaginarie dell'«ingegnere della Motorizzazione», che descritto così sembra una figura mitologica. È ovvio che la commissione non prenda in considerazione le mie richieste di andare giù in strada a fare quelle prove in un'auto vera (la mia è parcheggiata proprio di fronte all'edificio della Asl).

«Così stiamo più tranquilli (noi).» È indimenticabile quella frase dell'ingegnere mentre mi consegna il certificato con i miei nuovi «codici». Il «noi» non viene proferito, ma io lo sento lo stesso.

Le condizioni dei miei arti sono stabili da molti anni cioè da quando ho perso la dorsiflessione del piede sinistro e, prim'ancora, da quando mi è stata bloccata chirurgicamente la caviglia destra. Eppure ogni volta che vengo qui mi portano via un altro pezzo. Dopo un paio di rinnovi senza problemi, la commissione ha cominciato, a ogni visita, a cambiare le carte in tavola. Inizialmente mi sono stati imposti dei codici – indicazioni numeriche, che vengono stampigliate sul retro della patente – che mi obbligavano a guidare solo auto con servofreno o servosterzo; non un gran danno visto che sono dispositivi diffusi ormai su tutti i veicoli di costruzione recente. In una delle visite successive ho intuito che c'erano delle nuove annotazioni mediche nel verbale (il paziente non può vederlo salvo richiesta da fare in separata sede), ho contestato, discusso e opposto resistenza a quello che temevo potesse arrivare. Oggi assume la forma di due nuovi codici: obbligo di guida di auto con cambio automatico e pedale del freno modificato affinché si possa frenare con il piede sinistro (normalmente guidando un'auto automatica si usa un solo piede per entrambi i pedali).

«Così stiamo più tranquilli (noi)» potrebbe essere il titolo del manifesto della medicina difensiva. Non è una nuova branca medica, è un atteggiamento, una mentalità, un procedere ormai automatico del personale che come primo obiettivo non ha la cura del paziente (o, nel caso della patente, della sua integrazione sociale) ma la propria tutela da azioni legali.

La medicina difensiva entra in azione quando vengono prescritte tonnellate di analisi e diagnostica varia, superflua e inutile, pur di creare una barriera protettiva tra il medico e le eventuali recriminazioni del paziente. La medicina difensiva è in azione quando un paziente problematico viene scaricato, allontanato, solitamente «riferito» (si dice così in gergo medico) ad altre strutture. I pronto soccorso sono perennemente citati nelle storie di malasanità non solo perché sono strutture con sempre meno risorse e sempre più alti carichi di lavoro ma perché diventano spesso il luogo dove la medicina difensiva e le carenze del sistema della sanità territoriale (in primis la rete dei medici di base) scaricano pazienti problematici e troppo impegnativi anche solo nelle diagnosi. Se a questo aggiungete che in pronto soccorso niente è solo «orale», tutto finisce scritto e tracciato (al contrario di quello che accade anche nelle ipercostose visite specialistiche private) capirete che la malasanità non nasce nei reparti d'emergenza.

Quando si tratta di disabilità e relative pratiche burocratiche la medicina difensiva assume forme ancora più subdole. Nel Paese dei «falsi invalidi», dei ciechi al volante, degli ausili medici pagati (un tempo) a pioggia dalle casse pubbliche, i casi di abusi dell'assistenza hanno portato a procedure sempre più complesse e all'inversione logica dell'approccio dei medici delle commissioni, in primis quelle che decidono sui coefficienti di invalidità e sulla legge 104.

Dovrebbero lavorare per agevolare il disabile nella sua convivenza con il mondo dei normodotati, danno invece l'impressione di volersi proteggere da indagini su abusi dei benefici di legge, compiendo atti volti a escludere una loro possibile responsabilità in sede giudiziaria.

Il sistema è chiuso a riccio contro il disabile, trasformato da soggetto da assistere in sorgente di possibile contenzioso.

È un sistema dannoso, inumano, cinico, che criminalizza il singolo e non fa i conti con la storia.

L'epoca degli abusi dei benefici di legge per i disabili (dai congedi alle pensioni d'invalidità) non è stata un'azione individuale dei singoli truffatori (o approfittatori) ma un'epoca in cui il potere politico ha usato certe attestazioni medico-legali come modo per raccogliere consenso e, spesso, per dare risposte (sbagliate) a problemi reali come la crisi dell'occupazione al Sud.

Ci sono poi, in questo fenomeno globale, le aggravanti locali. Tra queste, a naso, inserirei il fatto che, nella Asl in cui mi trovo ora, il «medico dirigente preposto alla commissione certificazione patenti», negli anni scorsi, è stato arrestato perché coinvolto in un'inchiesta anticorruzione su forniture mediche. Sarà una coincidenza ma da allora l'atteggiamento dei commissari è diventato ancora più ostile e rigido.

Nelle commissioni, si tratti di quelle per le certificazioni di invalidità o per l'idoneità alla guida, la medicina difensiva oscilla sostanzialmente tra due poli: negare il diritto del disabile a essere riconosciuto come tale e restringere la sua capacità di convivere con la società dei normodotati.

È paradossale ma capita che lo stesso paziente debba faticare per farsi riconoscere lo stato di invalido e debba faticare per evitare che la commissione patenti speciali lo lasci a marcire in casa. Come se fossero due persone, una che non sta abbastanza male per essere dichiarato invalido civile, l'altra che invece sta troppo male per poter guidare.

La medicina difensiva smonta il disabile, ogni volta che – per esempio – si aggravano le condizioni nelle quali può legalmente condurre un veicolo si toglie un «pezzo» dalla sua possibile convivenza con la normalità. Un pezzo alla volta, ogni volta che uno dei membri della commissione patenti speciali decide di stare «più tranquillo».

Ogni volta di più, al riparo di una nuova barriera tra se stesso e la possibile inchiesta della magistratura che potrebbe fare luce su un incidente stradale nel quale è stato coinvolto un disabile abile alla guida. Eventualità remota come la collisione di un meteorite con la Terra ma che diventa la stella polare, l'incubo, di ogni commissione medica che si rispetti.

A proposito, ma di questo certificato, con i codici per i pedali adattati, cosa devo farmene?

L'omologazione

«Non abbiamo elenchi perché non possiamo fare pubblicità.» La centralinista di Superabile – il call center dell'Inail per la disabilità – mi parla con un'eco che me la fa immaginare collocata in una lattina per bibite o forse nascosta nell'armadio dell'amante. Sono passati due giorni dalla mia visita alla commissione patenti speciali e ho finalmente trovato la calma per leggere il certificato che mi era stato consegnato nel disordine del corridoio trasformato in sala d'attesa, ovviamente, senza che nessuno mi spiegasse cosa significasse quello che c'era scritto sopra.

La mia patente è stata rinnovata per due anni ma c'è l'aggiunta di due codici: 1002 e 2003. Questo vuol dire che il mio veicolo deve essere adattato. Per capire come, bisogna ricercare su Internet il significato di quei due codici. Del resto perché mai su un certificato compilato con un sistema automatico aggiungere anche le «diciture codici» e magari una breve guida al cosa fare? Perché mai? Forse perché lo scopo non è aiutare i disabili ma spingerli ad arrendersi e confinarli finalmente in casa?

Anche se sul mio certificato c'è scritto 1002 e 2003, in realtà i codici hanno un punto al centro giusto per complicare la ricerca su Internet.

10.02 Cambio di velocità automatico.

20.03 Pedale del freno adattato per essere azionato dal piede sinistro.

Se il cambio automatico è uno di quegli «adattamenti» che possono essere scelti al momento di ordinare un veicolo presso un produttore (perché è una funzione destinata anche ai normodotati) il 20.03 richiede l'intervento di personalizzazione dell'auto da parte di un'officina specializzata; l'elenco di quelle autorizzate dalla Motorizzazione civile – leggo «su Internet» – è disponibile presso la sede provinciale della stessa Motorizzazione e sul portale Superabile.

La ricerca sui due siti non produce alcun risultato. Chiamando il centralino della Motorizzazione di Roma la probabilità che qualcuno risponda è pari alle percentuali di vittoria comprando un singolo biglietto della Lotteria Italia, per questo sono in linea con Superabile, che ribadisce: «L'elenco non è più sul nostro sito perché non possiamo fare pubblicità. Faccia una ricerca su Internet».

Probabilmente l'atto supremo di civiltà che un servizio pubblico – qualsiasi esso sia – possa compiere nel terzo millennio è quello di vietare ai suoi operatori addetti alle informazioni di rispondere: «Faccia una ricerca su Internet». Un operatore che sta assistendo un soggetto fragile, cioè un disabile, di cui non conosce età, patologia, condizione economica o culturale, dovrebbe dire: «Bisogna provare con una ricerca su Internet. Se mi aspetta in linea la faccio io».

Anche se sono le 10 del mattino del 22 dicembre, l'umido e il freddo di Roma stanno battendo il mio ottimismo. Sono ormai intirizzito, seduto all'esterno di un bar da almeno un paio d'ore. Quando sono arrivato ero convinto che me la sarei cavata in pochi minuti, il tempo di un cappuccino.

I motori di ricerca, alla voce «adattamento veicoli per disabili Roma», mi indicano una serie di aziende che contatto telefonicamente ma nessuno risponde. «Forse è troppo presto. Riprovo.» «Forse non c'è un centralino e quindi le linee sono occupate. Riprovo.»

Tutto inutile. Noto però che due officine nell'elenco di quelle che mi indica il motore di ricerca sono collegate a una sede centrale, come fossero parte di un franchising, una in Emilia, l'altra in Piemonte.

Chiamo la prima. «A Roma non abbiamo più officine ma posso chiedere al nostro reparto vendite se in zona ci sono clienti. Mi lasci il suo numero e la richiameremo.» Purtroppo la promessa di un rapido riscontro non si materializza. La pur gentile signorina dall'altra parte del telefono non mi ricontatterà mai, anche se aveva detto che l'avrebbe fatto nel giro di qualche ora. Intanto siamo a tre giorni da Natale, se non mi sbrigo rischio di ritrovarmi direttamente «a dopo la Befana».

Nella follia del sistema delle commissioni patenti speciali, c'è il fatto che non è previsto un «periodo di grazia». Nel momento in cui esci da quell'ambulatorio con una prescrizione sul certificato di rinnovo patente, se vuoi guidare, devi essere in possesso all'istante di quanto prescritto.

Nel mio caso la parte più difficile è già superata perché la mia auto ha il cambio automatico ma va adattato il pedale del freno.

Secondo l'ingegnere «che-vuole-stare-tranquillo» io non riuscirei a passare con il mio piede destro dall'acceleratore al freno. Il pedale immaginario sul quale ha testato la mia reattività non ha reagito bene. Nella realtà va tutto benissimo, il movimento mi riesce perfettamente; per quello che conta sono da oltre un decennio in classe assicurativa uno (zero sinistri) e, nella mia lunga lista di brevetti e abilitazioni, c'è anche quella conseguita a un corso di pilotaggio della Ducati. Ma la commissione patenti preferisce valutare tutto con il metro del pedale invisibile, non oggettivo e antiscientifico, e come tale assolutamente incontestabile dal disabile vessato e ridotto a numero, di cui non contano la storia personale né i risultati che ha raggiunto nella vita. Il disabile deve essere ridotto a un pedale invisibile, al concentrato liofilizzato della sua disabilità. «Può fare ricorso alla commissione di secondo grado ma tanto non cambiano mai idea.» L'unica frase che ricordo biascicata da una segretaria nel corridoio della Asl dopo la consegna del certificato. Devo ammettere, una frase rassegnata, non compiaciuta.

«Guardi noi a Roma ci appoggiamo a un'officina locale, può scriversi i numeri? La persona da sentire è Nino.» L'azienda che contatto in Piemonte mi aiuta.

Sento Nino e mi ritrovo sotto un cielo plumbeo in una sperduta ex borgata romana, dove le baracche sono con gli anni diventate un grumo disordinato di case. Eppure la giornata mi sorride: sono sulla strada per risolvere il mistero dei codici.

«Ahò, t'hanno fatto una cattiveria.» Nino è un meccanico e carrozziere che, per motivi che mai mi ha spiegato, credo dopo l'incidente di un parente, una ventina d'anni fa ha cominciato a dedicarsi all'adattamento dei veicoli per disabili, un mercato piccolo, poco redditizio e pieno di seccature.

Ho la chiara sensazione di star parlando con una persona competente che sa di cosa parla e conosce i meccanismi pratici e le procedure. «Questo codice non l'ho praticamente mai visto. Non lo usa nessuno. Ti hanno fatto una cattiveria. Tra l'altro non saprei come farlo l'adattamento perché non ci sono precedenti. Provo a informarmi.»

Ormai ampiamente passate le feste di Natale, ritorno alla periferia est di Roma, tra una pista per gare tra automodelli e un negozio di lampade. La sede dell'officina ha un nome glamour, forse scelto per metterti di buon umore quando non ne avresti un solo motivo. Dopo vari colloqui tra Motorizzazione, colleghi e case di produzione, Nino è riuscito a trovare la soluzione. In mano ha una staffa a elle. «L'adattamento del pedale non è descritto ed è generico quindi non ho delle misure da seguire. Credo però che possiamo cavarcela con questa paratia, la montiamo sul pedale e possiamo certificare così che il tuo piede sinistro usando il pedale del freno non può finire su quello dell'acceleratore.»

Gli adattamenti non devono solo essere realizzati, devono essere omologati cioè approvati da un ingegnere della Motorizzazione in una seduta di collaudo ufficiale e poi trascritti sul libretto del veicolo.

Nino è riuscito a prenotare un appuntamento di collaudo per i giorni successivi dopo averne saltati un paio causa eccessivo numero di domande: «Il sistema va a minuti» continua a spiegarmi ma, per una volta facendo violenza al mio istinto di giornalista, rinuncio a capire.

Lascio la mia auto in officina imbarcandomi in un lungo viaggio in metropolitana diretto a casa, dall'altra parte della città. Mi rassicurano le parole di Nino: «Un adattamento uguale l'abbiamo già fatto per...». Il nome è quello di un famoso atleta paralimpico che certo sta messo molto peggio di me, ma il fatto che la modifica al pedale sia stata approvata già mi rende leggermente meno preoccupato.

«Abbiamo realizzato il pezzo, l'abbiamo montato sul pedale e siamo stati alla sessione di collaudo ma, purtroppo, l'ingegnere ci ha negato l'omologazione.» Dopo qualche giorno, la telefonata di Nino mi ripiomba nello sconforto. È passato un mese dalla visita alla commissione patenti speciali e sono ancora in alto mare, di notte e con la nebbia.

Nino mi spiega che gli è stata contestata la mancanza di un certificato di origine del pezzo che, però, essendo stato realizzato ad hoc non può avere un certificato del genere, pensato per accessori prodotti in serie in fabbrica.

Passano altri giorni tra consulti alla Motorizzazione

e con ingegneri «privati» del settore automotive. Finalmente pare si sia arrivati a una risposta e, stranamente, è positiva. «Siamo arrivati a parlare con il guru dei codici» dice Nino riferendosi all'ingegnere della Motorizzazione più esperto della materia. «Sostiene che non vada fatto alcun adattamento perché l'associazione dei due codici, pedale per piede sinistro e cambio automatico, rende l'adattamento del pedale superfluo. Il freno delle auto con cambio automatico è già più grande di quello delle auto con cambio manuale.»

La notizia è buona non solo perché si risparmiano un po' di soldi (circa 500 euro, tra adattamento e collaudo) ma soprattutto perché la mia auto non è destinata a diventare il mio ghetto.

Se all'auto che guido basta il cambio automatico per essere in regola con i codici, significa che posso usare anche auto del parco Rai o di qualsiasi autonoleggio. In caso contrario sarebbe stato un colpo durissimo alla mia possibilità di lavorare da inviato. Pensate solo all'arrivo in un aeroporto da cui poi spostarsi con un'auto rent-a-car, una modalità di lavoro che è frequentissima.

A questo punto voi vi immaginerete che l'odissea post-commissione medica sia finita. Nient'affatto. Sul certificato c'è un'altra piccola dicitura. «Esperimento di guida.» Devo cioè dimostrare di saper usare l'adattamento anche se non c'è, devo quindi poter frenare con il piede sinistro e – paradossalmente – devo imparare a farlo perché frenare con il destro mi viene naturale, non il contrario. Sento una scuola guida «esperta» di patenti speciali, materia che davvero in pochi conoscono bene. Per questa specie di esame di guida sono necessari più di 250 euro compreso il disbrigo pratiche ma soprattutto un'attesa di quasi due mesi. Perché non ho prenotato l'esperimento di guida prima di Natale cioè subito dopo la visita in commissione? Perché per prenotare è necessario avere prima a disposizione il veicolo adattato. Insomma posso chiedere un appuntamento solo ora che ho sciolto il nodo dei codici.

Sono in una zona grigia: nella parte alta del foglio della commissione c'è scritto che la patente è stata rinnovata ma senza «esperimento di guida» temo di essere un conducente che si muove nell'illegalità. Chiedo consigli e pareri, ognuno mi dà un risposta diversa. «La polizia nemmeno ci fa caso. Il problema potrebbe essere l'assicurazione in caso di incidente, però non dire che guidi illegalmente dai, che è davvero una cosa brutta!» chiosa salomonicamente Nino.

Stando alla follia del meccanismo delle commissioni mediche devo rinunciare a guidare per circa tre-quattro mesi, in valore assoluto potrebbe sembrare poco ma la mia patente è stata rinnovata per due anni il 15 per cento dei quali mi sono però interdetti per motivi burocratici. Secondo il sistema dovrei rinunciare alla guida, quindi al lavoro, mentre svolgo un altro lavoro: quello di capire i codici, trovare un'officina autorizzata, far adattare il veicolo, prenotare e poi superare l'esperimento di guida.

Nino è così gentile da rifiutare le mie offerte di pagarlo «per il disturbo», da preventivo l'adattamento mi sarebbe costato circa 500 euro, più della metà dei quali da versare alla Motorizzazione per il collaudo. Unica agevolazione che lo Stato concede al disabile è l'Iva ridotta al 4 per cento. Quando Nino mi aveva mandato il preventivo, gli ho risposto al telefono: «Non l'ho nemmeno letto ma va bene. Puoi chiedermi quanto vuoi, non saprei nemmeno dove trovare un tuo concorrente nel raggio di duecento chilometri!». Abbiamo riso insieme.

Ho invece riso molto meno quando anni prima mi era stato imposto di usare un'auto con servofreno e servosterzo, il mio veicolo aveva già quei dispositivi ormai diffusissimi ma mi tornava in mente il commento dell'ingegnere della commissione che aveva vergato il rinnovo: «E si lamenta? Con questa prescrizione potrà avere lo sconto dell'Iva sulla prossima auto che compra!».

Un tratto di penna in una commissione medica può mettere un disabile, all'istante, in condizione di dover comprare una nuova auto per poter continuare a muoversi. In Italia, visto il deficit di mezzi pubblici e di accessibilità, poter guidare non è un hobby: significa poter continuare a vivere e a lavorare. Sarebbe giusto che lo Stato agevolasse i disabili (in particolare quelli con un reddito basso) che vengono obbligati dalle prescrizioni delle commissioni mediche a comprare una nuova vettura. Non esiste nulla di tutto questo. Il portatore di disabilità ha solo il diritto di pagare il 4 per cento di Iva, pari a uno sconto di 19 punti percentuali quando acquista un veicolo «destinato in via esclusiva o prevalente a suo beneficio».

In Italia avere un diritto è diverso dal poterlo esercitare. E infatti per la concessionaria auto io non ho diritto all'Iva agevolata perché non sono titolare di legge 104, il cosiddetto «aggravamento» che molti anni prima non avevo avuto né tempo né voglia di fare (lo farò poi in era Covid, come spiegavo prima). Nell'Italia dei furbi, il sistema non riesce a punirli svolgendo così una funzione deterrente; preferisce invece alzare l'asticella, complicando la vita ai furbi (che tanto una via la trovano sempre) e a chi la vita l'ha già avuta complicata dal destino. Praticamente per ottenere qualsiasi beneficio – dal posto di sosta auto «concessionato» (riservato) allo sconto Iva – è necessaria non solo l'invalidità ma anche la certificazione 104.

È una violenza dello Stato non solo sui disabili ma anche sulle sue stesse norme.

Le agevolazioni Iva sono previste per non vedenti e sordi; disabili con handicap psichico o mentale, titolari dell'indennità di accompagnamento; disabili con grave limitazione della capacità di deambulazione o affetti da pluriamputazioni; disabili con ridotte o impedite capacità motorie.

Le ultime due diciture coincidono perfettamente con quelle richieste al medico legale della Asl per la pratica di un tagliando di sosta disabili. Una certificazione già in mio possesso.

Eppure non basta, come non basta l'invalidità per patologie che impattano sulle capacità motorie. «È necessaria la legge 104» sostengono unanimemente i consulenti fiscali delle concessionarie auto, che vogliono difendersi da future contestazioni: è il venditore ad applicare lo sconto. Non è richiesta, come pure sarebbe logico, una preventiva approvazione dall'anagrafe fiscale. Quindi il concessionario vive con il rischio che, negli anni successivi, l'erario gli chieda di versare l'Iva immotivatamente sottratta. Toccherà poi al venditore rivalersi sull'acquirente. Eppure il fatto che sia necessaria la 104 non c'è scritto da nessuna parte né sulla norma di legge né sui regolamenti. Per questo, all'epoca, mi presi la briga di scrivere un «interpello», cioè una richiesta di chiarimenti, all'Agenzia delle entrate per capire come stessero davvero le cose, sollevando le incongruenze della prassi. Speravo che alla fine lo Stato fosse innocente, che c'entrasse solo la paura dei rivenditori di auto e il giogo della burocrazia.

Ovviamente avevo torto.

Resta il fatto che se entri in una commissione medica per le patenti e ne esci con un codice che rende la tua auto (per esempio una con il cambio manuale) da te non guidabile, per poterne comprare una nuova con lo sconto devi prima far passare mesi (senza guidare) in attesa dell'eventuale riconoscimento di legge 104.

Spero di essere stato chiaro in questo mio racconto. Nonostante la rabbia, la delusione, la depressione di fronte a certi comportamenti individuali, non ho mai creduto che il problema della mia commissione medica fossero le persone che la componevano e la gestivano. Sono sempre stato convinto che il problema fosse il sistema. Per averne la riprova, un giorno sono andato a parlare con i responsabili dell'ufficio all'Asl, ho bussato alla loro porta e mi hanno ricevuto. Ho incontrato persone che stavano facendo un lavoro straordinario. Avevano riorganizzato un dipartimento terremotato da un'inchiesta giudiziaria e poi sommerso da un arretrato gigantesco di rinnovi, accumulatosi per colpa delle chiusure al pubblico dovute al Covid, e poi per le proroghe indiscriminate di cui parlavo prima. Ospitato in una sede inadeguata, con impiegati magari bravi a controllare fascicoli ma non avvezzi al contatto con quel tipo di particolare pubblico. Una struttura semplicemente priva di risorse per fornire supporto e orientamento ai propri utenti e per rendere tutto quel meccanismo più umano e personalizzato. Del resto la legge nemmeno lo prevede: il sistema non è pensato per integrare il disabile ma per liberarsene. Le commissioni devono essere rotative che macinano pratiche in maniera amministrativamente inattaccabile, non luoghi di integrazione.

Ci vorrebbe un investimento serio del legislatore per creare presso le commissioni uffici di «consulenza» per gli utenti, in particolare i più fragili; per sgravare i commissari dall'istinto della medicina difensiva; per introdurre macchine che oggettivizzino le valutazioni biomeccaniche degli ingegneri (pare manchi un criterio di omologazione per rendere utilizzabili apparati che pure sul mercato esistono, sullo stile dei simulatori degli aerei), per abbassare i costi di questo sistema soffocante. In breve per umanizzarlo.

Entrate nella vostra autoscuola di fiducia, possibilmente quella comodamente vicina a casa vostra, sedetevi e attendete il vostro turno. Sottoponetevi alla visita con il medico militare, pagate e ritirate il certificato. Consegnatelo assieme ai bollettini alla segreteria che si occuperà delle pratiche per il rinnovo. In pochi giorni riceverete a casa una raccomandata con all'interno la vostra nuova patente, appena rinnovata. Prendetela in mano, guardatela. È stato facile, no? Adesso pensate che una persona che deve prendersi cura di sé ogni giorno, navigare nei meandri della sanità e adattarsi agli ostacoli di una società piena di barriere per i disabili, deve faticare in maniera esponenziale rispetto a voi per ottenere lo stesso risultato.

A me questa storia del rinnovo della patente mi pare la perfetta sintesi dello sforzo italiano per non integrare i disabili. E a voi?

Il chicco di caffè

«Un cappuccino chiaro ma senza schiuma, al vetro, grazie.»

«Un caffè lungo macchiato freddo con latte di soia... Se non ce l'ha, va bene anche di mandorla.»

«Un ginseng con una goccia di latte freddo senza lattosio, per favore.»

«Un cappuccino cremoso ma non schiumato, mi raccomando.»

«Un caffè ristretto con uno schizzetto di cioccolato... non troppo, però.»

«Un espresso lungo in tazza piccola non bollente.»

«Un decaffeinato con latte scremato.»

Le richieste dei clienti diventano il rumore di fondo del bar, un po' come il clangore di piattini e tazzine che scorrono lungo il bancone e finiscono poi nel lavello. Sono richieste talmente ripetute che per farci caso è necessario concentrarsi sulle parole che arrivano al barista o alla barista che ci dà le spalle, aggrappato/a alla macchina, con i suoi filtri da svuotare e riempire, le sue leve, il vapore.

Fate un gioco, una di queste volte: appuntatevi mentalmente la valanga di richieste che ogni minuto ricadono su chi sta oltre il bancone e la sua capacità non solo di memorizzarle ma anche di soddisfarle.

Vi accorgerete che il cortometraggio del 1999 *Europa&Italia* di Bruno Bozzetto è stato persino generoso nel descrivere gli italiani al bar e le loro differenze con gli altri europei, che si limitano a chiedere semplicemente «un caffè».

La differenza mi è apparsa ancora più evidente in un bar – anzi in uno *specialty coffee* – sulla Settantanovesima strada a New York. Si tratta di uno di quei posti dove un cappuccino «normale» costa alla cassa cinque dollari e, se non conosci le differenze di origine geografica tra i chicchi di caffè, ti risulta impossibile scegliere e ordinare.

Come altri, ero in attesa della mia tazza in un religioso silenzio. In realtà attendevo che il barista – personaggio con capelli viola e tatuaggi ovunque – si sentisse abbastanza in linea con l'asse terrestre per prepararmelo. Nell'attesa mi tormentavo le labbra tentando di chiedere – come avrei fatto in Italia – che il mio cappuccino fosse cremoso, ma a bloccarmi c'era la scritta: «Non si accettano richieste particolari, i caffè vengono preparati secondo lo stile del nostro barista». In questo il caffè è un'eccezione assoluta a New York, città che della diversità ha fatto la sua bandiera. Diversità, ma cosa c'entrerà mai il caffè?

Tra la fine degli anni Sessanta e gli inizi degli anni

Settanta, la lotta per la parità di genere – il femminismo, se preferite – trovò nuova spinta nell'alveo dei movimenti rivoluzionari e di lotta sociale che infiammavano quell'epoca. Si ampliarono anche le rivendicazioni, che sino a quel momento erano state per lo più circoscritte alla parità di accesso al lavoro. Si puntò a ridefinire il ruolo della donna nella società, quell'emancipazione che oggi si preferisce chiamare «superamento del patriarcato». Una lotta che venne in qualche modo replicata, sempre nell'alveo della «differenza di genere», dal movimento omosessuale che partì dallo Stonewall Inn nel Greenwich Village a New York. Diventato oggi Lgbtq+, quel movimento difende non solo i diritti ma si batte anche per la completa accettazione delle persone gay nel tessuto sociale.

Significa che le persone omosessuali non devono, necessariamente, essere destinate a essere solo briosi stilisti, creativi designer o cordiali maître ma anche guerrieri della linea di difesa di una squadra di football americano della Nfl.

Se esistesse un movimento del genere per i disabili, sicuramente, chiederebbe per esempio di «scarcerare» i ciechi dai centralini telefonici e di lasciarli lavorare in cucina.

Le diverse battaglie contro il razzismo e la discriminazione, in generale, seguono un pensiero e un calcolo molto semplici: «Se nella nostra società ci sono persone dalla pelle scura in una certa percentuale X, perché in una certa azienda, in una certa area geografica, in un certo settore lavorativo la percentuale di quelle persone occupate non è pari a X ma è molto inferiore?». L'obiettivo è la pari rappresentazione, fare in modo che la composizione generale della società venga proporzionalmente proiettata in mondi come il lavoro, l'università, la ricerca. In inglese si chiama *diversity inclusion*, inclusione della diversità. Le cosiddette minoranze non sempre sono tali dal punto di vista numerico, sono spesso «minori» per via del loro peso sociale.

Per esempio, per anni, nel football americano gli head coach come i quarterback – i ruoli più importanti di una squadra, con maggior richiesta di doti intellettuali e non solo fisiche – erano appannaggio esclusivo dei bianchi. Ci sono voluti decenni (e specifiche politiche di *diversity inclusion*) per invertire questa tendenza e non relegare i neri solo nei ruoli più fisici (e «stupidi», cioè di mera forza) del gioco.

Con l'introduzione del concetto di diversità, il tema dell'inclusione e della lotta alla discriminazione è diventato «generale»; non più una questione a settori: sesso, religione, etnia, patologia.

Solitamente su base volontaria, spinte cioè dal timore di danni d'immagine e quindi di mercato, le grandi aziende (soprattutto quelle internazionali) sempre più attuano politiche di *diversity inclusion* per favorire una maggior coincidenza tra la propria popolazione di dipendenti e l'effettiva composizione della società.

Almeno questo avviene nei Paesi civili. In Italia, invece, siamo ancora in una fase di profonda arretratezza. Il tema della *diversity inclusion* non ha diritto di cittadinanza nel dibattito pubblico come sui luoghi di lavoro, in politica, nelle rappresentanze istituzionali.

Spesso per un inconfessabile razzismo, ovvero per la paura che, così facendo, si debbano aiutare anche persone di colore e mussulmani. Si aggiunga poi l'italico opportunismo che spesso è capace di trasformare le migliori intenzioni nelle peggiori pratiche. Una di queste è la formula «un uomo e una donna» sfoggiata nelle riunioni in cui si tratta di decidere una promozione, preparare una lista elettorale, nominare una giunta, definire una squadra di governo. Tradotto: scegliamo l'uomo come avremmo comunque fatto, mettiamogli vicino – quasi come una decorazione – una donna. Tragicamente troppo spesso la donna viene selezionata esattamente come l'uomo: a prescindere dai suoi meriti, per affiliazione, raccomandazione, partecipazione al salotto giusto. Non perché si creda genuinamente che la differenza di genere vada valorizzata.

In Italia riusciamo a declinare, in forme sempre nuove e al passo con i tempi, l'antico adagio: fatta la legge, trovato l'inganno.

Quello appena descritto è, tra l'altro, uno dei casi migliori. Accade per posizioni, aziende, enti, istituzioni in vista cioè ipoteticamente sottoposte al giudizio della pubblica opinione e quindi al rischio di un danno di immagine. In una piccola azienda metalmeccanica o in una lavanderia industriale, salvo casi illuminati, tutto scorre come se niente fosse cambiato in mezzo secolo.

In realtà, anche se le scelte fossero prese con criteri di selezione inattaccabile, il limitare la *diversity inclusion* al solo riequilibrio della differenza di genere, uomo-donna, come si fa in Italia, è un'offesa e un danno a tutte le altre minoranze e alle loro battaglie, che di conseguenza vengono tacitamente definite come trascurabili e irrilevanti.

Sì, ma il caffè? A questo punto, vi starete probabilmente chiedendo cosa c'entri il caffè in tutto questo ragionamento.

L'Italia è un Paese dalle regole monolitiche quando si tratta di sedersi a tavola: non si inverte la sequenza delle portate di un pasto, non si mette il limone sui pomodori, non si beve il cappuccino dopo una certa ora, non si aggiunge il parmigiano grattugiato sulle vongole. È questo forse l'unico vero campo in cui l'ortodossia e il rispetto della tradizione sono unanimi in Italia, eppure in questo rigido campo siamo capaci di aprirci alle differenze: rivisitando la tradizione, dandole nuova vita, proiettandola verso il futuro e costruendo una ristorazione moderna e celebrata nel mondo.

Se ci siamo riusciti con il cibo e con le bevande, possiamo farcela anche con il colore della pelle, la salute, le preferenze religiose e quelle sessuali. Non c'è dubbio, basterebbe solo prendere coscienza del problema.

Il bar è un luogo interessante ed esemplare anche da un altro punto di vista. Negli ultimi anni, le scelte alimentari si sono ramificate, spesso politicizzandosi pesantemente. Sempre più persone non sono solo vegetariane, bensì vegane, cosa che le rende clienti particolarmente difficili da servire in un bar o in un ristorante, a meno che non si abbia un'organizzazione ben strutturata.

Per colpa dell'inquinamento, per via di nuovi ingredienti introdotti sul mercato (pensate anche solo banalmente alle arachidi, sconosciute in Italia fino a qualche decennio fa), sempre più persone soffrono di allergie.

A completare il quadro vanno aggiunte le cosiddette intolleranze, quasi mai scientificamente e clinicamente diagnosticate, ma che molti di noi amano dichiarare tra la fisima globale, il desiderio di perder peso, il bisogno di una scusa per non mangiare e il tentativo di rispondere a problemi personali con la dieta (il complesso, tragico ma poco raccontato mondo dei disturbi alimentari).

Comunque sia c'è chi non mangia certe cose per scelta e chi per impossibilità. Cosa è accaduto al settore forse più avanzato, dinamico e innovativo d'Italia? I bar e i ristoranti si sono adattati, si sono trasformati in un avamposto dell'accoglienza e della tolleranza verso le diversità del gusto, le scelte alimentari e certe patologie (la celiachia in primis).

Anche per via delle nuove norme di settore imposte dall'Unione europea, ristoranti e bar si sono attrezzati per servire clienti allergici, intolleranti o semplicemente vegani e vegetariani. Oggi è molto facile trovare in un bar prodotti da forno che possano andar bene per chi ha eliminato o è stato costretto a eliminare alcuni alimenti dalla propria dieta.

È sicuramente un grande passo in avanti per tutti ma, purtroppo, l'allegra storia di progresso e apertura mentale finisce qui.

In mancanza di statistiche di settore, vi invito a fare uno studio empirico. Visitate con la memoria gli ultimi dieci bar in cui siete stati oppure fatelo di nuovo; meglio se non solo nel vostro quartiere, meglio se in zone anche economicamente e socialmente diverse tra di loro.

In Italia, è molto più facile trovare un bar dove servano cornetti vegani che un bar senza barriere architettoniche, nel quale un disabile può quindi entrare senza grande sforzo, accomodarsi a un tavolo e godersi come gli altri la colazione o l'aperitivo.

Un po' come accaduto per i prodotti a base di farine integrali, con zero grassi, senza carboidrati o con il miele al posto dello zucchero, la celiachia e il veganesimo hanno definito importanti nicchie di mercato. I disabili fisici non lo sono, quindi i costi per poter adattare porte d'ingresso, tavoli e bagni diventano non ammortizzabili per un pubblico esercizio, sono denaro buttato.

Pur in presenza di una vecchia legge sull'abbattimento delle barriere architettoniche (obbligo senza sanzioni, quindi scritto sull'acqua) e salvo alcune lodevoli eccezioni, nei ristoranti e nei bar si esercitano l'accoglienza e la tolleranza verso il «senza schiuma ma ben montata» o il «ristretto in tazza grande» piuttosto che praticarle verso chi si muove su una sedia a rotelle, usa un bastone per «vedere» gli ostacoli o non può salire neppure delle piccole rampe di scale per via di una gravidanza in corso, magari a rischio.

Del resto siamo italiani, siamo gentili, se il cliente non riesce a entrare, usciamo noi a portargli il caffè da consumare in strada. Ci arrangiamo e ci mettiamo a posto con la coscienza.

Come se consumare in strada, separati dagli altri, fosse la stessa cosa. Come se tutti i disabili fossero pronti ad accettare un «favore», piuttosto che preventivamente tirar dritto di fronte all'ingresso con i gradini, rinunciando a un momento di vita normale, temendo risposte negative e non volendo subire rifiuti che sono umiliazioni.

Ma si sa, siamo italiani, siamo gentili e pratici. Una soluzione la troviamo sempre: però quando il problema si presenta, mica prima. Siamo specializzati in emergenze, non in prevenzione.

In transito

Sul pavimento di legno cade del sangue ma non viene assorbito dalle fibre bionde di quercia. Resta in superficie, formando delle bolle. Guardo, ipnotizzato, quelle cupole rosso vivo sulle quali si specchia la luce di una finestra, socchiusa sul soffocante caldo di Roma d'estate. Un'imprecazione, appena pronunciata in autonomia dalla mia bocca, mi risveglia dalla trance in cui mi trovo. Afferro un fazzoletto di carta e con una mano asciugo il pavimento, mentre con l'altra tampono la ferita sul mio alluce. È il 10 agosto e sono in transito tra Mosca e New York. Ieri ero nella capitale russa a concludere un turno di copertura della sede di corrispondenza della Rai, tra pochissimo devo essere in aeroporto per andare a New York dove mi aspetta lo stesso incarico: sostituzione per ferie corrispondenti.

Ieri sera però all'arrivo da Mosca, via Istanbul, la mia valigia non si è presentata sul nastro della riconsegna bagagli. Avevo in programma di svuotarla, fare il bucato, sbattere tutto in asciugatrice, ricaricare e richiuderla, mi ritrovo invece a pregare la signorina dell'ufficio lost&found di chiamarmi a qualsiasi ora dovesse arrivare la mia valigia, sperando la imbarchino sul notturno da Istanbul. Così accade: all'una di notte mi sveglia lo squillo molesto e insistente del telefono, con la buona notizia. «Tenetela lì, la vengo a prendere domattina» rispondo.

Per riprenderla devo però andare agli arrivi, passare la sicurezza, arrivare allo sportello dei bagagli smarriti, recuperare la valigia, risalire al piano delle partenze, fare il check-in, rifare la sicurezza e camminare altri chilometri fino al gate, dopo aver passato il controllo dei passaporti e il labirinto dei duty free, che almeno questa volta, per me che di solito lo detesto come un perfido prolungamento, ha un senso: non devo dimenticare di comprare l'aperitivo per operatori e montatori della sede.

Insomma in aeroporto ci vorrà il doppio del tempo, già allungato dalle previsioni sulle code d'agosto sul Grande raccordo anulare, direzione mare.

Pensieri che si impastano con la stanchezza e il sonno mentre ho il piede sinistro poggiato sul ginocchio destro e sto maneggiando una lama chirurgica 21. È il mio profilo preferito perché è arrotondato e riesce meglio a infilarsi tra la carne viva e il tessuto necrotico, i cheloidi, insomma quella parte di pelle e carne che diventa dura e continua a spingere sulle ferite a cui fa da corona, trasformandosi così in una spugna di batteri. Se non la rimuovi, è come se un malato di dissenteria prendesse l'antibiotico mentre continua a bere acqua dalle fogne. I batteri che hanno messo casa nella «pelle morta» continuano ad avvelenare la ferita che disinfetti, ogni giorno, illudendoti di farla guarire.

Solitamente sono bravo con la lama, riesco a inserirla al confine tra il bene e il male, tra il cheloide e la parte sana. Con una mano tengo tesa la pelle con l'altra faccio ruotare la lama arrotondata, lentamente, lungo quella parte di pelle bianca, quasi trasparente, che non è né buona né cattiva ma serve solo a legare le due. Solitamente sono bravo, non oggi.

Al solito il callo è di colore scuro e ha una tipica forma circolare, corre tutto intorno alla piaga che, da qualunque forma cominci, finisce poi sempre per trasformarsi in un buco. Dopo aver staccato la prima parte del callo, diciamo un semicerchio, passando al secondo sono sceso un mezzo millimetro di troppo, ho perso il verso. Se ne avessi la forza mi arrabbierei, penserei che errori del genere non li faccio nemmeno quando, in assenza di lame chirurgiche, uso il coltello della Leatherman, l'attrezzo multiuso che mi porto sempre dietro. Ma sono talmente annebbiato dalla stanchezza di mesi di lavoro e dal sonno perso ieri notte (e in quelle precedenti) per pormi troppi interrogativi. Immobile guardo le bolle di sangue, ipnotiche.

Ogni volta che mi ferisco, penso sempre alle parole di quel medico che mi disse: «È impossibile giudicare quanto sangue perdi da quello che vedi uscire dalla ferita o trovi a terra. Ti inganna sempre. È la prima cosa che ti insegnano a Medicina legale». È un pensiero che mi rassicura sul fatto che non morirò dissanguato mentre effettuo le manovre di prassi: tamponare la ferita, spingere, bloccare il flusso del sangue affinché le piastrine possano stringersi l'una all'altra fino a ricostruire la parete della vena. Ma ho fretta: non posso nemmeno perdere l'aereo. Ho rimosso tutte le macchie dal parquet e quindi dalla camera da letto mi trascino fino al bagno, mentre tengo stretto l'alluce con una mano. Davanti all'armadio delle medicine – il mio sembra un dispensario ospedaliero – con l'altra mano afferro un cerotto, lo faccio girare intorno al dito del piede e lo stringo il più possibile. Me ne metto un altro in tasca perché a breve dovrò sostituirlo, magari nel bagno dell'aereo.

Le malattie croniche stanno alla medicina come le crisi dimenticate al giornalismo. Sono un'ammissione di sconfitta: non riusciamo a farci nulla. Ci sono quasi quattrocento conflitti nel mondo eppure i notiziari «migliori» ne coprono se va bene due, al massimo tre. Solitamente vengono ricordati nei giorni in cui i numeri dei morti e dei feriti sono alti, molto alti, in quei luoghi. Nelle redazioni si dice «è successo qualcosa in» segue nome del Paese in guerra ordinariamente ignorato, significa che quel giorno morti e feriti sono più del solito, molti di più.

Esiste una non scritta «soglia» per il numero dei morti, superata la quale «fanno notizia». Dipende un po' dai Paesi, per essere ottimisti direi che dai venti morti in giù l'Iraq e l'Afghanistan non esistono; per l'Africa devono essere almeno quaranta.

Con le malattie croniche accade la stessa cosa. La medicina non riesce a guarire e si limita ad amministrare, a gestire i danni: un percorso che i medici vorrebbero venisse definito cura, ma che cura è quella che non guarisce?

Come l'informazione dimentica i conflitti «senza fine», il sistema (sanitario e sociale) non è pronto a stare dietro ai pazienti cronici (vuoi per traumi, vuoi per patologie – in questo libro per brevità uso spesso malattia e disabilità come sinonimi, pur non essendo una scelta corretta). Ci vogliono troppo tempo, troppa attenzione, troppa personalizzazione, in ultima istanza troppe risorse. È un equilibrio che può reggere, seppur a malapena, se il malato cronico si rassegna a vivere da malato «professionista». Salta tutto se invece, al posto di restarsene tranquillamente a casa, nascosto, vuole vivere normalmente: il sistema va in stress e lo respinge.

Se lavora, se va a scuola, se fa sport, se esce con gli amici, la conseguenza è che non può organizzare le sue giornate intorno alle telefonate al Cup, alle prenotazioni, alle soste che durano ore in ambulatorio, alle visite, ai viaggi in farmacia, all'attesa della chiamata per l'appuntamento «prendere o lasciare» e via ricominciando il ciclo.

Ma non ci sono alternative, il sistema è pensato per aiutarti solo se rinunci a tutto, ti rassegni e accetti di essere marginale per la società, una persona che non ha un lavoro (avendo accettato di incassare una misera, mortificante pensione di invalidità) o che lavora poco e in maniera intermittente (nei casi peggiori pure isolato dai colleghi perché «sta sempre in malattia»).

Per come è organizzato il sistema, il lavoro del paziente cronico, del disabile, non può che essere quello del malato professionista, una persona che di mestiere passa larga parte della sua giornata a occuparsi della burocrazia sanitaria e delle cure.

Se invece un malato cronico vuole vivere normalmente, deve prendersi cura di sé praticamente da solo. Non ha alternative a studiare, acquisire competenze, manualità, pensare, trovare medici giusti con cui confrontarsi, non arrendersi ai «protocolli» che trasformano i malati in statistiche.

È così che ho imparato a fare tante cose: per esempio a maneggiare un bisturi.

Sotto i cheloidi riesco a far scivolare la lama perfettamente, la sento avanzare mentre il lembo del tessuto necrotico che tengo «pinzato» tra le dita dell'altra mano si solleva progressivamente come fa il coperchio con un apriscatole. Alla fine ti resta in mano, con gran soddisfazione, una sorta di disco irregolare marrone con al centro un buco perfetto.

Gli americani le chiamano *pressure wounds*, ne soffro da quando ho otto anni. In pratica ti si forma una ferita per via di una pressione ricorrente che può essere quella di una sedia sulla quale ti siedi per studiare o lavorare, o quella del carico plantare, in pratica il semplice fatto che poggi i piedi a terra per un periodo prolungato di tempo, si tratti di camminare o di stare in piedi. Tecnicamente in italiano sono «piaghe da decubito», una brutta bestia. Di solito ne soffrono gli «allettati», quelli che sono obbligati da una malattia o da una convalescenza a restare a letto ventiquattro ore su ventiquattro. Per questo bisogna usare materassi speciali e spostare i pazienti più volte al giorno: supini, carponi, su un fianco, sull'altro.

Queste piaghe cominciano come una macchia rossa, sembra il segno di una sfregatura o un'alterazione della pelle. Quasi mai te ne accorgi perché si trova in posti del tuo corpo che non vedi e/o a cui non presti regolarmente attenzione. Sono legate a disturbi neurologici, in primis l'assenza di sensibilità quindi di fastidio e di dolore in certe aree del corpo. Ti manca quindi quel meccanismo naturale – appunto il dolore – che ti segnala un problema, invitandoti a prenderti cura di una parte di te.

In pochi giorni la macchia si apre e diventa una ferita, ma è solo un'illusione ottica. In realtà la ferita era già lì sotto da un bel po' di tempo. È partita dall'interno e quando sulla pelle è comparso il rossore, è solo il segnale che ormai lo strato superficiale del derma era diventato il soffitto di una caverna. Quando il soffitto crolla viene svelata la cavità. Farla richiudere è complicato perché richiede tanti sforzi diversi, solitamente possibili o facilmente realizzabili solo se spendi la tua vita a curarti anziché a vivere. Di queste piaghe di solito si dice: «Venti minuti per fartele venire, sei/dodici mesi per fartele passare».

Per esempio, spesso, uno dei rimedi principali sarebbe quello di smettere di camminare o di sedersi o di stare a letto.

Visto che sono sforzi per lo più incompatibili con una vita normale, bisogna cercare delle vie alternative. Piuttosto che eliminarla, per esempio, provi a minimizzare la pressione usando plantari, cuscini, materassi speciali. Devi poi prenderti cura della ferita sul versante settico ed è davvero difficile se non sei in un ambiente «controllato», come per esempio una casa. La ferita va tenuta pulita ma senza bagnarla troppo altrimenti finiresti con il compromettere altro tessuto; devi disinfettarla ma senza farmaci aggressivi che brucerebbero gli strati più profondi di pelle e di muscoli che sono ormai esposti; devi tenerla coperta ma senza soffocarla altrimenti anche la pelle delle zone confinanti comincerebbe a marcire.

La natura ha «programmato» ogni ferita per guarire, per questo di solito c'è una «spinta» interna, cioè dal fondo della lesione, che sale dal «pavimento» per agevolare il riavvicinamento dei suoi lembi superficiali, ovvero la pelle lungo il confine circolare del buco.

Nel caso di una piaga (che non è una ferita come le altre), la lesione non riesce a farcela da sola. Spesso l'unico risultato che l'«istinto» della ferita a guarire riesce a ottenere è il formarsi di un cheloide tutto intorno, appunto quello che mi ritrovo ora a rimuovere con il bisturi. È il tentativo di costruire un nuovo tetto ma senza avere la forza di collocarci sotto pilastri e travi. Insomma un tetto precario.

I medici ti insegnano invece a osservare la «seconda intenzione»: cioè il fatto che la ferita granuli dal fondo, che la carne cominci a sollevarsi; un po' come se un pozzo si chiudesse dal basso per via della risalita della terra e del prosciugarsi dell'acqua, non perché qualcuno da sopra ci scarica dentro mattoni fino a riempirlo.

Le malattie croniche fanno ricche le case farmaceutiche e chi produce presidi medico-chirurgici. La malattia cronica assicura loro un cliente a vita. Per le piaghe da decubito esistono cerotti di pelle artificiale, nastri di tessuto ottenuto dalle alghe che possono colmarne il vuoto, polveri che disinfettano senza aggiungere liquidi nella lesione, quindi senza peggiorare lo stato dei tessuti, spray all'argento. Sono prodotti che costano cifre importanti, un cerotto – uno solo – può arrivare oltre i 20 euro. Inoltre quei cerotti hanno dimensioni precise (per esempio c'è la serie a rettangolo o quadrata, di misure crescenti) e trovare quella giusta può essere complicato se devi farli girare intorno a un alluce o farla aderire dove il sedere fa una piega. Spesso ci vogliono diversi tentativi: soldi buttati, andate e ritorni dalla farmacia, imprecazioni.

Tagliarli su misura? Impossibile, la maggior parte di questi cerotti sono fatti di una membrana che al suo interno contiene del collagene o sostanze simili, quindi non possono essere sagomati con le forbici dal paziente, sarebbe vano come tentare di tagliare una millefoglie senza farne uscire la crema.

Capita anche che questi prodotti ipertecnologici non siano adatti alle esigenze specifiche della tua ferita e dello stadio in cui si trova. Perché la tengono troppo idratata macerandola, perché non aderiscono bene scoprendola o perché si attaccano troppo, di conseguenza togliendoli – per rinnovare la medicazione – si portano via gli strati di pelle che si erano faticosamente ricollegati ai lembi della piaga.

Per questo a volte conviene usare metodi banali ed economici (che molti medici hanno dimenticato) come mettere la lesione per cinque-sei minuti in una soluzione fatta di acqua e Amuchina. È facile quando si tratta di un piede, molto meno quando è il fondoschiena o il retro della coscia. Anche se in realtà, la cosa peggiore – almeno per la vita quotidiana – è il fatto che l'Amuchina alla fine non è molto diversa dalla varechina. Per asciugarti devi usare un tovagliolo di carta, più di uno, e se non ce l'hai a portata di mano devi arrangiarti con il rotolo della carta igienica, altrimenti la parte del corpo bagnata finirebbe con lo scolorire gli asciugamani usati per tamponarla. Ma non basta avere questa accortezza, se sei stanco e ti sei fatto il pediluvio senza spogliarti ma solo arrotolandoti i pantaloni sopra al ginocchio, è sicuro che sollevando il piede dall'acqua inneschi una raffica di goccioline abbastanza piccole da sembrare irrilevanti, grandi a sufficienza per trasformare i tuoi jeans in pantaloni maculati. Ormai ho perso il conto degli asciugamani, dei pantaloni, dei pigiami e delle magliette che ho alterato involontariamente ma con una creatività degna del miglior Fiorucci degli anni Ottanta. Ci sono poi alternative altrettanto ignote al mondo medico contemporaneo. Per esempio dei coloranti, normalmente usati per combattere i funghi o come antisettico – su tutti il violetto di genziana –, che riescono ad «asciugare» le piaghe ma colorandole rendono più difficile l'osservazione del loro decorso e soprattutto sporcano qualunque cosa in maniera irreversibile! Un rimedio antico che mi mostrò una volta un anziano medico spagnolo, cresciuto tra le due «grandi» guerre.

Se poi ci sono piaghe già in suppurazione, un altro rimedio antico (quindi economico e forse anche per questo dimenticato) è l'ittiolo, un composto bituminoso – popolare durante il primo conflitto mondiale – che appesta l'aria ma utilizzato in combinazione con un impacco caldo-umido (una busta di plastica, un asciugamano bagnato e una borsa dell'acqua calda) può essere fondamentale, una volta spalmato sulla cute, per spurgare la ferita dal pus.

A proposito di puzze, capire come devi disinfettare una piaga non è solo una questione di fashion, devi anche aver competenze «enogastronomiche» o da cane da tartufo.

Avete presente quando nel bicchiere di vino c'è qualcuno che sente le interiora di lepre fuggita o le sfumature delle diverse bacche del sottobosco? L'odore di una *pressure wound* va analizzato con attenzione. Volendo banalizzare: se puzza sono germi anaerobi, la soluzione di Amuchina non serve a nulla. Devi usare qualcosa che li soffochi «con il respiro», quindi acqua ossigenata, altrimenti stai perdendo solo tempo.

Per procurarti una piaga ci possono volere venti minuti, per far chiudere un decubito ci possono volere diversi mesi, dicevo prima, ma la verità è che a volte ci devi convivere per anni cercando di tenerla stabile in una continua opera di cura affinché non si aggravi fino all'irreversibile. È un po' come abitare in un palazzo medioevale, malandato, dove una volta piove dal tetto, un'altra si stacca un affresco, poi le finestre non chiudono, i solai ballano, i tarli attaccano le travi. Se non fai manutenzione, il palazzo ti crolla addosso ma è pur sempre un bene storico e un materiale, una vernice, uno stucco non valgono l'altro.

Il vero problema delle piaghe è che se durante il periodo di guarigione (lungo, indefinito, incerto) non vengono gestite bene possono succedere grossi guai.

Si può arrivare alla cancrena e all'amputazione della parte; capita di frequente, per esempio, a chi soffre di diabete. In altri casi, la forma circolare che assume la ferita si trasforma nell'ingresso di un cunicolo, capace lentamente di arrivare fino all'osso. A quel punto l'infezione, come una carie, lo divorerà. Insomma roba che non puoi prendere alla leggera anche se dopo una settimana di cure ti sei già stancato di quella routine maniacale e te ne vorresti fregare, dovunque tu sia, nel cesso dell'aeroporto o a casa tua.

Il bagaglio a mano è chiuso, il passaporto è nella tasca in alto a sinistra della giacca, nella destra c'è il portafoglio, il Qr code del vaccino Covid l'ho salvato nella galleria fotografica del telefono. Sì, anche il telefono ce l'ho: è nella tasca destra in basso, in quella sinistra ci sono invece un paio di mascherine Ffp2 per il volo.

Ah no, ecco, una cosa stavo per dimenticarmela: non ho ancora preso l'aspirina. Il giorno prima e il giorno stesso del volo aereo – soprattutto quando è lungo – devo prendere una cardioaspirina per fluidificare il sangue altrimenti il mio midollo spinale soffrirebbe, mi ha spiegato il medico. Mi infilo in bocca la pillola e mi attacco al flusso d'acqua fresca che esce dal rubinetto.

Il ritmo dell'acqua mi ipnotizza e mi fa pensare: l'aspirina? Certo! Allora non è stata poi colpa mia, be', di sicuro avrò affondato troppo la lama ma non è stato un errore marchiano come pensavo all'inizio. Ieri avevo preso la prima cardioaspirina pre-volo, che è un farmaco che irrora i tessuti di sangue più del solito, basta un graffio sulla pelle a farlo uscire senza sosta. Dovevo pensarci prima di tentare di tagliare quel callo, forse avrei dovuto farlo all'arrivo, tra un paio di giorni, a effetto dell'aspirina smaltito! Sì, ma all'arrivo dovrò lavorare, dove l'avrei trovato il tempo per questa operazione? Continuo a farmi un interrogatorio in testa fin quando mi do sollievo da solo: lavorare è il vero motivo per cui sto viaggiando, prendermi cura di me è funzionale al lavoro – torniamo quindi a concentrarci. A proposito, avrò studiato abbastanza, per preparare questa trasferta?

Buoni e cattivi

Le basole di pietra lavica sono fatte dalla natura per lastricare i porti, non dall'uomo che le ha tagliate. Con le loro rughe riescono a raccogliere sabbia e salsedine fino a sembrare parte di un approdo che è stato lì da sempre, come un terra emersa in mezzo al mare.

Anche le bitte – le afferrature di metallo per le cime d'ormeggio nei porti – in breve si riducono all'ombra della loro iniziale forma circolare, quella in cui l'uomo le aveva forgiate. Il mare le copre di concrezioni e «denti di cane» facendole spesso sembrare ovali «colanti». È uno dei miracoli dell'adattamento all'ambiente.

Per secoli l'essere umano non si è illuso di dominare la natura come fa oggi, tentava solo di assecondarla. Il «progresso» ci ha poi regalato, per esempio, i mezzi movimento terra. Al posto di costruire castelli che seguivano crinali montani, si è passati direttamente a sbancare le colline per fare spazio a edifici che potevano essere disegnati come piace all'uomo. Con l'effetto, molto spesso, di farli apparire come astronavi atterrate lì per caso, completamente separate dal contesto che le ospita. Più è cresciuta la nostra forza tecnologica più abbiamo smesso di adattarci.

Sulle scalette che dal molo scendono verso il mare c'è un omone con la barba, seduto, ripara con del filo giallo una rete arancione. È un amico di mio zio Alfredo e dovrebbe aiutarmi. Siamo negli anni Ottanta, di tatuatori in Italia ce ne sono forse meno di dieci e l'inchiostro sulla pelle non è ancora una moda, solo un marchio per detenuti e marinai. L'omone ricadeva in entrambe le categorie.

«Il tatuaggio te lo posso fare io... So fare anche la lingua dei Rolling Stones!» Sorrideva orgoglioso della sua modernità, che lo rendeva capace di andare oltre le classiche scritte carcerarie come «Mamma perdonami» o disegni della croce e della madonna in preghiera. Mostrava orgoglioso il suo strumento per i tatuaggi: un chiodo affilato intorno al quale era stato arrotolato a spirale un pezzo di spago; lo si imbeveva d'inchiostro all'altra estremità sin quando il liquido nero arrivava, per capillarità, alla punta. Questa, bucando la pelle, spingeva dentro il colore.

In assenza di una gran passione per la musica in genere, e quella dei Rolling Stones in particolare, e non avendo nulla di abbastanza serio da farmi perdonare da mia mamma, alla fine rinunciai al tatuaggio.

Da quel mondo di marinai, pescatori ed ex detenuti mi portai via però qualcosa di più importante di un po' di inchiostro sulla pelle. Una lezione mai dimenticata.

Cosa significa davvero riconoscere la dignità del diverso? Cosa vuol dire crearne le condizioni affinché possa avere un ruolo nella società senza ostacoli, compresi quelli invisibili?

È una battaglia difficile, lunga, dall'esito incerto ma necessaria per migliorare la vita di tutti, anche di chi una disabilità non ce l'ha, anche di chi ha la pelle chiara, di chi è considerato «sesso forte» o fedele del dio «giusto».

Se quella per rimuovere gli ostacoli e accettare la diversità nella nostra società è quindi una sfida importante per tutti, c'è un rischio che incombe su questo fronte.

Pensiamo per esempio alla battaglia di maggior successo degli ultimi anni, quella sulla parità di genere. Io sono profondamente convinto che in tanti campi le donne siano migliori degli uomini ma questo approccio ha esposto, troppo spesso, una battaglia sacrosanta alla strumentalizzazione di chi l'ha voluta usare per scopi personali. Questa riflessione autocritica si sta facendo avanti anche in quel campo, prendendo atto che non basta portare in ruoli chiave donne per migliorare la condizione femminile. Ci vogliono donne che credano nel femminismo e non neghino, contrastino, tentino di indebolire i successi del movimento negli ultimi decenni. Un caso di scuola è in questo la nomina di Giorgia Meloni, prima premier donna della storia d'Italia, a capo però di una coalizione che predica il tradizionalismo (il quale implica la donna «angelo del focolare») ed è fortemente antiabortista.

Anche nel campo della disabilità si rischia di scivolare in una contraddizione del genere, che ha poi come conseguenza l'alienarsi il favore del resto della società. Questo effetto collaterale, io lo chiamo della «santificazione indebita». Il soggetto svantaggiato, quello per cui chiediamo parità, non è portatore di una superiore morale rispetto ai normodotati.

Esistono disabili buoni come disabili cattivi perché, semplicemente, i disabili sono persone uguali alle altre persone. Se proprio vogliamo avventurarci in questo territorio, mi verrebbe da dire che esistono disabili più buoni e disabili più cattivi rispetto ai normodotati. È il paradossale frutto delle sfide a cui la vita sottopone un disabile: battaglie più grandi, effetti particolarmente intensi.

«La galera è come un peschereccio d'altura» mi ripeteva l'omone con la passione per i tatuaggi. Sulle prime non riuscivo a spiegarmi come si potesse paragonare una stanza con il cielo a scacchi a una barca che naviga in mezzo al mare con l'aria salmastra, gli spruzzi delle onde e, ogni notte, la volta celeste punteggiata di stelle.

«Se in galera entri delinquente, ne esci criminale» aggiungeva mio zio. «Se sali da buono sul peschereccio, ne scendi nobile.»

Il carcere come l'imbarco su un peschereccio d'altura sono esperienze estreme rispetto alla normalità della vita, mettono alla prova il fisico e in ugual misura la mente. Al Sud, nel gergo della strada, il «delinquente» è sostanzialmente uno «scostumato», un maleducato, uno spostato, non un vero «malandrino», un criminale con il suo codice di vita e la sua onorata professionalità.

È il carcere a far «progredire» il delinquente trasformandolo in malandrino. Da luogo di riabilitazione la galera diventa un «luogo di passaggio» nella storia criminale di una persona. Una formula che vale anche per un altro tipo di transizione: «Se in galera entri brava persona, ne esci signore» i due continuavano a spiegarmi.

Da allora, queste frasi le ho sempre portate con me. Me le ricordo e me le ripeto in testa ogni volta che affronto un'avversità legata alla mia disabilità. Me le ricordo e me le ripeto in testa ogni volta che vedo una persona provata da una malattia, da un trauma o dai suoi postumi.

Non solo una serie di eventi biologici che riguardano il fisico, si tratta anche di una dimensione esistenziale. Quando si ha la fortuna di superarne gli effetti biologici, spesso quelli mentali non passano soprattutto se del «male» restano i segni sul corpo.

La malattia può essere un'epifania per persone che sino a quel momento sono state sane, apre lo sguardo verso un mondo che fino a quel momento avevano ignorato. Fa scoprire la dimensione ospedaliera, conoscere altri che soffrono, persone che a volte mai hanno conosciuto una vita normale, la cui esistenza è sin dall'inizio segnata dalla malattia. Allargare lo sguardo verso questa parte del mondo significa apprezzare quello che si ha, inquadrare i valori veri della vita, toccare con mano la caducità dell'essere umano. Significa mettere in prospettiva le cose (spesso stupide) di cui ci si è lamentati fino al giorno prima: il mancato aperitivo, il ritardo dell'aereo per le vacanze, le difficoltà nel trovare un tavolo al ristorante.

Significa esser felici per il fatto di esser vivi, respirare, camminare, parlare, muoversi liberamente senza bisogno di quelli che la burocrazia medica definisce «ausili».

Non sempre però va così.

Se non si abbraccia la malattia come un'epifania, una scoperta, un arricchimento, una transizione, può succedere che il carcere della sofferenza trasformi il detenuto delinquente in criminale.

È difficile addentrarsi in questo campo senza essere uno psicologo o uno psichiatra; mestieri che non sono i miei. Parlo quindi solo sulla base della mia esperienza da disabile, e dell'osservazione che ho però condotto con il metodo e l'asetticità del giornalista.

Ho visto persone ciniche, perennemente arrabbiate, spesso crudeli, prive di empatia, arroganti, presuntuose – semplificando, in una parola, «cattive» – peggiorare drammaticamente dopo la malattia, dopo una disabilità acquisita. Le ho viste scaricare la loro rabbia sugli altri, esercitare senza freni l'insofferenza verso il mondo, diventare il centro dell'universo in famiglia come sul lavoro. In poche parole cercare vendetta e perdere qualsiasi coscienza del fatto che la loro non è una condizione unica ma condivisa da tanti altri. Ho visto persino pazienti allettati umiliare parenti e personale sanitario, indispensabili alla loro vita e che di loro si prendevano cura con attenzione, senza apparente motivo. O forse solo perché la presenza di chi ti aiuta è di per sé l'eterno promemoria della tua condizione di svantaggio.

Se non accetti la malattia, la disabilità, queste deflagrano al tuo interno e tutte le energie negative che generano finisci con il riversarle sugli altri, colpevoli di star meglio di te, di non aver avuto la tua sfortuna, di non aver subito la tua sorte. «Se in galera entri delinquente, ne esci criminale.»

La vendetta è un modo sbagliato di affrontare la malattia, a volte più sbagliato può però essere non guardarla negli occhi. Quando la ignori e non la affronti può diventare una zavorra che ti tiene ancorato sul fondale del tuo animo. Può scattare la depressione, che significa, sostanzialmente, entrare in galera perdendo il desiderio di uscirne: né signore, né criminale.

Si tratti di un trauma o di una malattia in senso stretto, di qualcosa che ti lascia con una disabilità per il resto della vita, è necessario affrontarla anche dal punto di vista mentale, non solo limitandosi alla specifica cura delle cause o dei sintomi.

Perché la malattia è come la galera, l'importante è sapere che se ne può uscire migliori e non necessariamente reclutati da un'organizzazione criminale.

È una presa di coscienza, questa, fondamentale non solo per chi ha subito l'effetto invalidante della malattia o del trauma. È un'assunzione necessaria per tutta la società.

Se i disabili vogliono davvero ottenere la pari dignità e pari diritti di cittadinanza, devono evitare la santificazione preventiva, l'identificazione tra disabilità e bontà, l'affermazione di una presunta superiorità morale. È la mancanza di questa presa di coscienza generale – cioè del fatto che i disabili non sono né buoni né cattivi a prescindere – a causare reazioni come quella a cui abbiamo assistito sui social ma anche sui media tradizionali, dopo la rissa tra giocatori del Ghana e quelli del Marocco, sconfitti dai primi per 2-1 nella finale di Coppa d'Africa del maggio 2024. Una zuffa, ingiustificabile, certo, ma mica un evento tanto raro nello sport. Come mai tanta attenzione? Perché non si trattava della «normale» coppa continentale ma di quella per amputati e così i calciatori se le sono date anche a colpi di stampelle. Colpi che non hanno solo reso il tutto più curioso e «clippabile» (cioè adatto al breve video social e all'alleggerimento giornalistico) ma hanno sollevato lo stupore – chiaramente percepibile in certi commenti – rispetto al fatto che anche i disabili hanno i difetti dei normodotati. Ma guarda un po'!

La battaglia deve essere condotta in nome di quel principio di eguaglianza su cui si fonda la nostra Costituzione, il mondo nato dalla Rivoluzione francese, le battaglie di progresso. L'obiettivo è fare in modo che la gara cominci con tutti i partecipanti schierati sulla stessa linea di partenza, azzerando quel ritardo iniziale che ci ha affibbiato il destino in quanto disabili, donne, neri, omosessuali.

Uno dei grandi inganni del neoliberismo è il merito: impegnandosi e lavorando sodo si può ottenere tutto quello che si vuole. Peccato che il figlio di una famiglia benestante che può permettersi la migliore università avrà assi da calare ben diversi rispetto a chi viene da un campo profughi o da una famiglia di lavoratori.

Vanno costruite condizioni di parità per fare in modo che alla partita possano partecipare tutti.

Il percorso mentale che ho provato a descrivere può essere accettato con rassegnazione come inevitabile? No, non possiamo accettare il darwinismo per cui se nel carcere della malattia ci entri delinquente ne esci criminale.

Che si tratti di un problema congenito o di un incidente (con un prima e un dopo), l'assistenza psicologica dovrebbe essere un dovere principe in un Paese civile.

Prima mettere le persone a loro agio nella dimensione della disabilità, che non si sono scelti. Poi avviarle in un mondo dove non sono cittadini di seconda classe ma hanno le stesse opportunità di tutti gli altri.

Questo dovrebbe essere l'unico vero spartiacque tra buoni e cattivi. Buoni politici, buoni governanti. Cattivi politici, cattivi governanti.

Un ragno in corpo

Ottocento metri e non spiegarmi il perché. È la distanza oltre la quale non riesco ad andare: da casa al mercato. Ogni volta cerco di distillarne l'essenza, di capirne la geometria, di cercare fattori tecnici del percorso che possano spiegare la mia misteriosa difficoltà.

Il primo malore non ricordo quando è arrivato. Me ne viene in mente uno alla fine di un'immersione profonda, una grande stanchezza e la testa appoggiata sul pozzetto della barca che tornava in porto. L'esatto opposto della sensazione di benessere che provavo di solito dopo un tuffo negli abissi. Ma forse quella volta era solo sinusite e fatica per il freddo dei meno cinquanta in costiera amalfitana. Ricordo, altre volte, l'affanno e la debolezza. Ma forse era solo che avevo mangiato poco o un'influenza curata male. Poi comincio a ricordarli chiaramente i malori, la forza che scompare dalle gambe e la necessità di sedersi. Ricordo la panchina di travertino in piazza Navona, poco distante dalla sede della Federazione nazionale della stampa dalla quale mi ero allontanato, durante una riunione, solo per fare due passi. E infine il percorso da casa al mercato, all'ottocentesimo metro il crollo, una stanchezza improvvisa che come una lenta scarica elettrica percorre tutto il corpo dalla testa alle gambe, che intanto smettono di reggere; poi i brividi, il sudore freddo, la confusione.

Piegato a metà su una panchina, la pancia sulle ginocchia, la testa verso il basso, aspetto che le forze ritornino. Attacco di panico? In realtà non ho paura. A quel punto gli anni dell'Afghanistan e delle guerre devono ancora arrivare nella mia vita ma ho già un rapporto chiaro con la paura, sviluppato molte decine di metri sotto al mare. La paura è uno strumento, ti serve a valutare e gestire i rischi.

Se penso alle cose che davvero mi fanno paura me ne vengono in mente tre: il terremoto, l'altezza e i ragni.

Di lì a qualche anno, le supererò tutte e tre: il terremoto passando giorni ad Arquata del Tronto tra macerie e scosse di assestamento; le altezze volando in elicotteri con la botola di carico aperta sotto i miei piedi; i ragni, be', di questo ve ne parlo tra poco.

A guardare questo elenco, noto che morire non rientra tra le mie paure e che, no, quelli non potevano essere attacchi di panico.

La prima visita la faccio a Battipaglia, in provincia di Salerno, seguendo la tipica catena del viaggio della speranza: l'assistente di un luminare del Nord, credo dell'unità spinale di Parma. Un giovane medico che tornava ciclicamente nella sua terra natia per dispensare sanità d'eccellenza, introvabile in loco. Ne esco con un pacco di esami del sangue da fare. Risulteranno perfetti, sono un malato sanissimo. Faccio una risonanza magnetica «rachide intero tratto», che vuol dire più di un'ora immobile nel tubo con le scariche e i ronzii della macchina dentro la testa. Alla fine la radiologa mi dice una serie di cose, le scrive sul referto. Nel corso dell'anno successivo nessuno o quasi lo leggerà, gli altri non lo prenderanno sul serio. Peccato perché lei aveva già capito tutto.

La tappa successiva è Roma dove incontro un luminare, autoctono, il quale comincia a mandarmi in giro per ospedali compreso l'intramontabile «policlinico» per farmi incontrare un tecnico radiologo «di fiducia» (del luminare). «Queste ombre nella risonanza magnetica sono solo turbinio del liquor. Nulla di cui preoccuparsi.» Il liquor è un liquido che avvolge il cervello e il midollo spinale, qualcosa di simile a un lubrificante nella guaina di un giunto.

La diagnosi differenziale è la capacità di distinguere tra più patologie che si sovrappongono in un paziente o nello stesso periodo di tempo (per esempio, se hai in contemporanea il Covid e la malaria può non essere facile distinguerle) o nello stesso punto del corpo.

Quando sono nato nelle acque nere nessuno ha davvero capito cosa avessi. Chi nasce con una spina bifida di solito è spacciato, non muove le gambe. Non le muoverà mai. Altrettanto di frequente ha una specie di rigonfiamento in coincidenza con l'apertura delle vertebre.

Ce l'ho pure io al livello lombare, è come un cuscinetto di grasso. I miei figli la chiamano la «boa» per riderne quando siamo in acqua anche se poi non è così grande ma forse sono loro a essere piccoli.

Sta di fatto che quando sono nato – era il 1971 – nessuno ci ha capito nulla. Per due anni dalla mia nascita si è andati avanti a colpi di diagnosi variegate, per ipotesi e tentativi, fino a quando un medico si è sbilanciato decidendo che si trattava di una banale cisti e che andava rimossa in ambulatorio. Sarei morto sopra a quel lettino, perché la mia non era una cisti; se non ero riuscito a morire nel momento in cui venivo al mondo stavo per rifarmi a due anni d'età. La frequentazione con la morte, una costante della mia vita.

All'ultimo minuto, i miei genitori trovarono un altro parere medico e finalmente arrivò la diagnosi giusta e un lunghissimo intervento chirurgico per rimettere insieme i pezzi nella mia schiena. Il mio destino di sopravvissuto era già scolpito dopo trenta mesi di vita.

La spina bifida è molto simile a un trauma spinale, quello che ti puoi procurare in un incidente stradale. Vengono definite lesioni stabilizzate, non vanno né avanti né indietro, però sono lì e se cerchi qualcosa che dia sintomi simili (perdita di forza alle gambe) l'occhio del medico ci sbatte sempre dentro, attribuendo ogni cosa nuova a quella vecchia storia.

Credere che quello che mostrava la risonanza fosse turbinio del liquor non era solo una sciocchezza, era l'incapacità di differenziare tra la «vecchia» spina bifida e qualcos'altro di nuovo, ancora eventuale e ignoto.

Il mio peregrinare tra luminari non si ferma, un giorno ne trovo uno che mi prescrive otto pagine di analisi del sangue per lo più effettuabili solo in ospedale. Tempo e sangue persi.

Con il trascorrere dei mesi, sempre più spesso mi sento ripetere che probabilmente è solo stress e che forse sono anche un po' fissato. Cerco persino di capire se l'ipnosi possa fare per me, pensando ai casi citati in letteratura di paraplegici «autoindotti» che una volta ipnotizzati ricominciavano a camminare.

Io intanto sto sempre peggio e di fronte all'assenza di una diagnosi esploro il pianeta delle nuove malattie, quelle di cui si sa poco o nulla. Un oncologo del Nord viene una volta al mese a Roma, in un hotel poco distante dall'aeroporto. È il massimo specialista italiano della «sindrome della fatica cronica», una patologia che nessuno sa descrivere, che non è misurabile oggettivamente e che pare migliori con il riposo e la psicoterapia. Era davvero la mia ultima speranza ma quando la segretaria al telefono mi chiede una cifra stratosferica per la visita, ci rinuncio.

«Lei potrebbe essere psicosomatico» mi dice un altro professorone. Siamo uno di fronte all'altro, con la sua mega scrivania nel mezzo, e io non riesco a fare quello che avevo fatto sino a quel momento. Non riesco a negare la sua diagnosi e a insistere sul fatto che io stia male davvero e che, insomma, non c'era ormai nulla che io potessi fare senza stancarmi, perdere le forze, sudare freddo, avere dei capogiri. Lo guardo e gli dico: «Professore, ha ragione, sono psicosomatico. Come si guarisce?». Segue il suo balbettio.

Passato quasi un anno torno dalla stessa radiologa per una nuova risonanza magnetica. Il «segnale» (cioè l'immagine) del midollo è completamente disturbato, sintomo di una grande sofferenza di quei tessuti. Sono arrivato al capolinea e non perché «Tu ci pensi troppo», come mi aveva detto di recente un fisioterapista.

Che poi noi esseri umani siamo capaci di andare nello spazio, riusciamo a costruire sofisticatissimi smartphone, arriviamo a montare un sistema di guida Gps su un proiettile di artiglieria affinché sia infallibile, ma del midollo spinale non sappiamo davvero nulla. Del midollo sappiamo meno, molto meno, di quello che abbiamo capito del cervello. «È un tessuto molto più antico» mi ha detto una volta una dottoressa in vena di confessioni. Ed è così che ci sono esseri umani a cui non manca nulla: hanno le gambe, i muscoli delle gambe, i nervi e il sistema vascolare intatto ma non camminano. Dentro di loro c'è un filo rotto che nessuno riesce a riparare: le lesioni spinali, di qualsiasi natura, sono per noi un mistero glorioso, identico a quello dei buchi neri o delle dimensioni del cosmo. Un essere umano su una sedia a rotelle è come una città dove ci sono lampioni nelle strade e lampadine nelle case ma che è completamente al buio perché si è rotto il cavo principale che portava la corrente dalla centrale alla rete elettrica. Nessuno sa come si ripari.

Le urla della radiologa le posso ricordare ancora. Aveva talmente alzato la voce che suonava come un domino di sottili lastre di vetro che si rompevano l'una dietro l'altra. Dopo un'ora immobile nel tubo della risonanza, con sempre meno forza nelle gambe, confuso, esausto, avevo di fronte questa esile donna diventata feroce come un lupo. Si era alzata di scatto dalla sua scrivania, dove la illuminava la luce blu dei monitor sui quali scorrevano le immagini in arrivo dalla macchina.

Me l'aveva detto un anno prima, peggio: l'aveva scritto un anno prima. Nessuno l'aveva presa sul serio o forse nessuno, tra luminari, dottorini e scienziati, aveva nemmeno letto quanto lei aveva scritto. Era tutto nero su bianco e io avevo buttato un anno nella spazzatura, probabilmente accumulando danni irreversibili nel midollo. Eppure nessuno continua a crederle perché nessuno si capacita che una lesione stabile come una spina bifida possa essere accoppiata a un lesione dinamica come la Mav.

Il mio medico di fiducia mi manda in provincia di Salerno, dove, nel mezzo dello sfascio della sanità pubblica del Sud, c'è una struttura di radiologia d'eccellenza con un nuova macchina Tac e una risonanza da tre tesla (da quel momento in poi imparerò a valutare le Rmn come con le cilindrate delle auto). La diagnosi è confermata, il primario mi passa il numero di un medico del Policlinico di Milano che mi dice sarebbe la persona giusta per aiutarmi. Mi risponde al telefono nel primo pomeriggio e questo è già incoraggiante, un primario che passa tutta la mattinata in sala operatoria e poi resta fino al tardo pomeriggio per visitare nuovi pazienti, cosa rara. L'accento ne tradisce le origini meridionali.

Quando entro nella sua stanza mi guarda da dietro la scrivania: «Non ha forza nelle gambe vero?». Aveva notato che per stare più agevolmente in piedi avevo cercato un appoggio con la mano sulla spalliera della sedia. Gli bastano meno di due minuti, forse meno di uno, per scrutare le immagini della risonanza, rimetterle nella busta, guardarmi e dire: «È una Mav, dobbiamo fare un'angiografia esplorativa e poi una curativa». Mentre su un foglio di carta fa un disegno per farmi capire di cosa stia parlando, realizzo che siamo in pieno dicembre e sento di non avere abbastanza tempo per aspettare «dopo le feste». Sono al capolinea. Il medico mi saluta e mi dice: «Appena riesco a inserirla la chiamo io, non si preoccupi».

All'epoca i nuovi edifici del Policlinico di Milano dovevano essere ancora costruiti e l'unità operativa di radiologia interventistica che questo medico era stato chiamato a fondare, proveniente da un altro ospedale milanese, il Niguarda, era ospitata in un padiglione primonovecentesco tra il neogotico e l'eclettico, senza posti letto e solo con una piccola sala, dotata di un lettino, per tenere sotto osservazione i pazienti dopo le procedure.

Mi ritrovo su quel lettino il 23 di dicembre per poi tornarci il 2 di gennaio. Il primario aveva mantenuto la sua parola, quella di fare appena possibile.

Le procedure agiografiche sono un misto tra medicina e fantascienza. Viene inserito un introduttore nell'arteria femorale del paziente, all'altezza dell'inguine, attraverso la quale con un sottilissimo catetere si comincia l'esplorazione del corpo umano. Sfruttando i passaggi del sistema vascolare si riesce a raggiungere sia il cervello che il midollo. I cateteri si lasciano dietro una scia di «mezzo di contrasto», un liquido radio-opaco che il piano radiogeno, sospeso sopra il paziente, trasforma in immagini che vengono poi rinviate sui grandi schermi dietro il tavolo operatorio. Il medico è come un burattinaio, tira dei fili che scorrono nell'introduttore dentro l'arteria femorale. Sembrerebbe quasi un elettricista che passa dei cavi elettrici nelle canaline, se non fosse che il suo sguardo fa la spola dall'introduttore, in basso, agli schermi, in alto. È un movimento ritmico, quello della testa, ed è ancora più marcato perché il collo è irrigidito dal gilet di piombo che lo dovrebbe proteggere dalle radiazioni.

So tutto questo perché sono sveglio. Assisto in diretta alla partita della mia vita, chiamata a ribadire il mio destino di sopravvissuto. L'unico anestetico me lo hanno iniettato all'inguine per entrare più agevolmente con l'agocannula dell'introduttore. Sono sveglio anche quando viene sparata la colla nel catetere. Quella che stanno usando è come l'Attak, quello che trovi dal ferramenta: cianoacrilato. La colla attacca tutto, attacca anche la pelle delle mani se ne usi troppa. Questa è la sua forza in ambito medico. La differenza tra quella del ferramenta e questa probabilmente sta nei gradi di purezza e di tossicità, oltre che nel prezzo che credo sia superiore di due/trecento volte. Sparare la colla in vena è un'arte che toglie ogni spazio alla scienza. La colla deve percorrere tutto il catetere (a volte lungo ben più di un metro) senza fermarsi per strada tappandolo, con abbastanza forza da raggiungere l'uscita e quindi il punto bersaglio ma senza troppa forza, altrimenti potrebbe superarlo e suturare un'area sbagliata.

Ma non è questa la cosa che mi fa soffrire di più di questa procedura lenta e infinita. Mi consumo perché non ho una visione chiara degli schermi e non ho le conoscenze per decifrare tutto quello che sta accadendo; il medico continua a ripetere – in una cantilena che sembra una preghiera – dei codici alfanumerici, credo siano il numero del livello spinale e quello che ipotizzo essere il nome di un ramo vascolare. Non so se stanno riuscendo nella loro missione impossibile e non ho modo di capirlo. Sugli schermi si costruiscono immagini di alberi spogli, senza foglie, come in pieno autunno. I rami si protendono verso il cielo, gridano verso l'altro, disegnano ombre e arrivano a comporre sagome che possono essere interpretate dalla fantasia, come si fa con le nuvole.

Da quel momento in poi non potrò più guardare gli alberi d'autunno. Nemmeno nelle strade di New York, dove la luce arriva sempre di taglio per via degli alti palazzi come quello della Cnn, di cui osservo il lato meridionale. Gli specchi della facciata riflettono il sole e trasformano gli alberi del marciapiede di fronte in una silhouette color della pece. Sono alberi senza foglie, mi sembrano vene e arterie, o almeno io li vedo così.

Una Mav, malformazione arterovenosa, è un collegamento tra i due versanti del nostro sistema circolatorio. Vene e arterie non dovrebbero parlarsi, se non tramite il cuore, in casi rarissimi – spero per eccesso d'amore – si uniscono le une alle altre. Il risultato è disastroso perché il sangue venoso e quello arterioso hanno due gradienti pressori diversi, e si creano così degli ingorghi liquidi. A volte queste «unioni» esplodono causando ictus cerebrali o spinali, altre volte sono meno generose e ti «uccidono» una goccia al giorno. Il secondo era il mio caso. L'ingorgo di sangue arterioso e venoso comincia a esercitare una pressione sui tessuti vicini. Vi è mai capitato di svegliarvi con un braccio addormentato? Capita perché avete scelto una postura nella quale il peso del corpo ha «schiacciato» un nervo. Se un pur piccolo vaso si gonfia e fa pressione sul midollo spinale l'effetto può essere catastrofico e non reversibile.

La soluzione migliore, anzi l'unica definitiva, è tagliare. Usare il bisturi per separare le vene e le arterie fuse tra di loro. Purtroppo quando si tratta di vasi spessi come un capello, collocati a contatto con il midollo spinale, protetti dalla cornice ossea delle vertebre, anche solo raggiungerli è un'impresa con altissime percentuali di fallimento. Figurarsi tagliarli.

Il rischio, quasi una certezza, è quello di arrecare un danno irreparabile al midollo o a un fascio nervoso causando una paralisi.

La colla è un metodo più sicuro ma non infallibile, quando viene sparata non è detto che aderisca né che il «tappo» resti in sede a lungo. I problemi sono anche altri. Avete presente i centralini degli anni Trenta? Quelli dove le centraliniste avevano di fronte pannelli con centinaia di buchi e ci infilavano dentro dei jack per collegare un numero all'altro? Con la colla accade qualcosa di molto simile. Quando vai a suturare un vaso togli a una parte del midollo l'irrorazione sanguigna, e ne riduci quindi il funzionamento. La scelta di tappare una Mav è quasi sempre legata a quello che si può fare, cioè a dove e come – passando per il dedalo di vene e arterie – si può arrivare con il catetere caricato a colla. Quello che succede dopo è un gioco di jack che nemmeno una centralinista dei bei tempi riuscirebbe a guidare: cosa hai collegato e cosa hai interrotto in termini neurologici lo scopri solo dopo, con il tempo.

«Guardi qui. Lei aveva un nido in mezzo al midollo.» Il medico prova a farmi decifrare le immagini dell'angiografia. Non c'era un contatto tra una vena e un'arteria ma una ramificazione multipla.

Come si sia creata resta un mistero. Forse c'era già dalla nascita, forse l'intervento di riduzione della spina bifida a due anni e mezzo d'età ha creato le condizioni affinché i vasi si fondessero; può anche essere stata colpa di un'immersione profonda.

Solo ora capisco quanto difficile sia stato giungere a una diagnosi e quanto bravi siano stati la radiologa a Salerno e il neuroradiologo a Milano: la Mav coincide con la schisi vertebrale della spina bifida, sono nello stesso identico punto della colonna, l'area L5 stando alla mappa Asia (il continente non c'entra nulla, Asia sta per American Spinal Injury Association).

Il medico la chiama «nido» di vasi; guardando l'immagine da lontano a me sembra una corona di spine come quella di Cristo.

Da vicino però assomiglia a un ragno. Ne avevo uno in corpo senza saperlo. Da quel giorno in poi ho smesso, improvvisamente, di aver paura dei ragni. Oggi forse so perché.

All'ultimo piano

«Guardi mi dispiace, noi prendiamo solo casi gravi.» Il primario mi riceve nel suo studio in questa specie di nave spaziale che ospita l'unità spinale, un complesso moderno costruito nel giardino di un ospedale toscano, il cui corpo centrale è un vicino palazzone, anni Sessanta, alto sei o più piani. La modernità della struttura è una, pur involontaria, illusione: ti porta a credere che qui magari ci sia la cura per i midolli lesionati, infranti, rotti.

«Guardi, noi prendiamo solo casi gravi» ripete il primario mentre io insisto nel chiedere di essere ammesso a un periodo di riabilitazione dopo la brutta botta della Mav.

Il nostro sottofinanziato Sistema sanitario nazionale non ha sufficiente «capacità» di offrire cicli di riabilitazioni e recupero, si tratti della fisioterapia a cui i casi cronici devono sottoporsi a vita, si tratti di quelli destinati a chi viene fuori da un trauma o da un intervento. Per questo motivo cerca di sfoltire i casi senza selezionarli, insomma di ridurre la platea degli «ammissibili» a prescindere dal loro effettivo stato di salute.

Dopo un intervento per passare in una struttura come questa o in un istituto di riabilitazione, bisogna essere trasferiti da un ospedale. È questo l'unico modo per avere priorità. Nel momento in cui vieni dimesso da un reparto, qualunque siano le tue condizioni e i danni inferti dalla patologia sul tuo fisico, devi metterti in lista d'attesa. Non lo sapevo, del resto queste cose le scopri sbattendoci contro, l'Ssn è famoso perché nessuno ti spiega nulla, scopri un pezzo alla volta. In realtà anche se l'avessi saputo non ci avrei potuto fare niente perché io sono stato operato da un'unità di radiologia interventistica che non ha posti letto, un caso non contemplato.

Da settimane cerco un centro di riabilitazione che mi aiuti a recuperare un po' della forza e della mobilità che ho perso in questo anno di stillicidio. Liberatomi del ragno in corpo, è questa l'unica cosa giusta che posso fare. Non ho (ancora) le competenze, l'esperienza, le informazioni per riuscire a confezionarmi da solo un programma su misura, vicino a casa, come farò negli anni successivi.

«Guardi, noi prendiamo solo casi gravi» ripete il primario che evidentemente non considera sufficiente la sequenza epica di guai capitatimi, come per un cattivo allineamento dei pianeti, né il fatto che nel mondo delle lesioni spinali sono un caso quasi unico: ho una residua capacità motoria su cui le terapie potrebbero concentrarsi con qualche successo.

«Va bene dottore, capisco» gli rispondo con calma. «Quindi lei mi sta dicendo che se io esco da questa stanza, entro nel corpo centrale dell'ospedale, salgo all'ultimo piano, mi butto giù e sopravvivo, a quel punto sarei abbastanza grave da poter essere ricoverato?»

Alla fine del colloquio mi dice: «Senta, provo a liberare un letto per lei, torni a casa e poi la faccio contattare».

Quando si tratta di danni spinali, qualsiasi sia la loro origine, il sistema va in affanno, in confusione. Le unità spinali sono sostanzialmente pensate per i traumatizzati (incidenti stradali, sul lavoro, violenza e via dicendo) che lì ci finiscono d'urgenza, cioè subito dopo essere stati soccorsi da un'ambulanza. Per tutti gli altri, per esempio chi ha un problema congenito o l'ha acquisito per vicende rarissime come la mia, non c'è posto. In qualche modo ti ritrovi nella condizione di stare troppo bene per essere ricoverato in un'unità spinale ma troppo male per starne fuori. La situazione peggiora se questo tipo di paziente si «permette» pure di continuare a camminare, cioè se ha una lesione incompleta.

I medici ti prendono sulle scatole subito perché tu cammini e allora che diavolo ci fai qui, dove «abbiamo la fila per entrare di gente che non cammina». La stessa reazione ce l'hanno anche infermieri e fisioterapisti. Passi per un raccomandato: a favorire questi pettegolezzi c'era il fatto che io e il primario avessimo lo stesso accento e che non fosse toscano. Non immaginavano che forse la mia ammissione era stata determinata, oltre che da una tonnellata di documentazione clinica, anche dalla mia provocazione sull'andare all'ultimo piano? Dalla paura che la mia intenzione di buttarmi giù non fosse un paradosso ma una minaccia?

Per fortuna i pazienti prendono la mia presenza diversamente. Nella mia stanza c'è un ragazzo che parla italiano con uno strano accento, è lì da anni. Mi racconta che è albanese e ormai vive in Italia ma non può uscire dall'ospedale perché altrimenti dovrebbe tornarsene a Tirana, visto che non ha titolo per soggiornare nel nostro Paese. Non so che fine abbia poi fatto, ricordo di aver visto qualche tempo dopo un articolo di stampa locale che raccontava di un blitz (fallito) della polizia in ospedale per espellerlo e rimandarlo a casa. Il ragazzo era un militare, credo di leva. In una notte in cui si era bevuto troppo, alcuni commilitoni avevano sganciato un pezzo d'artiglieria. Gli era finito addosso rompendogli un numero imprecisato di vertebre. Il trasporto in Italia si era reso necessario per salvargli la vita.

C'era poi il ragazzo di origini marocchine finito in una cunetta alla periferia di Firenze: erano in tre in motorino e quell'errore lo pagherà per sempre. Esattamente come per sempre si porterà un dubbio: il danno spinale se l'era procurato cadendo oppure quando i soccorritori l'hanno malamente caricato sulla barella?

«Ma tu sei venuto qui per imparare di nuovo a camminare?» mi chiede un uomo perennemente incazzato che sembra volere fare una cosa sola: usare il coltello, tagliare e cucinare.

Poi c'erano le ausiliarie (le Oss che si occupano della pulizia e dell'assistenza non strettamente sanitaria dei pazienti) ormai persone di famiglia per tanti dei ricoverati, lungo-degenti, alle 2 del pomeriggio spuntavano dal nulla, radunavano tutti e cucinavano la pasta. Roba semplice ma calda e saporita, altro che il cibo nelle vaschette d'alluminio distribuito sui vassoi a orari improbabili come mezzogiorno e le 18.

«Dai, ragazzi, sediamoci» alzo la voce per cercare di portare tutti al tavolo prima che i piatti si raffreddino.

«Ma noi veramente siamo già seduti.» Risate.

Intorno al tavolo ci sono i pazienti post-acuti, quelli che hanno superato la fase peggiore. Altri, usciti da poco dalla terapia intensiva, stanno invece nelle stanze in penombra, quelle dove i pazienti sono sempre sdraiati, sostenuti da cuscini gonfiabili, perennemente sedati. In alcuni casi la loro situazione non era stabilizzata, quindi non era ancora possibile capire l'estensione dei danni spinali e neurologici.

Più passano i giorni più capisco che forse il primario aveva ragione: «Guardi, noi prendiamo solo casi gravi». Forse, avrebbe dovuto dire: «Qui rimettiamo insieme i pezzi delle persone ma non guariamo nessuno. Non ne siamo capaci. Non ne abbiamo gli strumenti. Siamo gli uomini delle caverne della scienza medica. È inutile che si illuda». Un'unità spinale è solo una stazione di «reset». Qui il neoparaplegico o tetraplegico viene messo in condizione di non morire per gli effetti a lungo termine delle lesioni (in primo luogo per le complicazioni legate alla paralisi di vescica e intestino) e di continuare a vivere al meglio possibile. Qui non si guarisce e non si cura niente. Me lo ripeto mentre per la terza volta arrivo al sesto piano del complesso centrale dell'ospedale. Non mi basta l'ora di fisioterapia che ci fanno fare la mattina e nemmeno la piscina dove andiamo ogni tanto. Per cui continuo a scendere e a salire rampe di scale. L'unica certezza che sto acquisendo in questo posto è che se hai la possibilità – cioè se muovi ancora qualcosa del tuo corpo – devi dargli stimoli, stimoli, stimoli. È il volume di stimoli che aiuta a risvegliare i tessuti nervosi, che aiuta a «recuperare fibre». A questo scopo, di lì a pochi anni, si comincerà a sviluppare una serie di macchine (dal locomotor agli esoscheletri) che «azzerando» la gravità o robotizzando gli arti aiutano a esprimere quella forza e quella capacità di coordinamento rimasta nel corpo di un paraplegico. È un modo per dare stimoli al sistema neuromuscolare locomotorio ma anche per contrastare gli ulteriori effetti negativi dell'immobilità.

Penso tutto questo mentre salendo le scale mi accompagna Giuliano Ferrara, non la persona in carne e ossa ma il simbolo di come l'ossequio perenne a Washington e l'eterna corsa in soccorso del vincitore di una parte del giornalismo italiano non abbiano solo fatto danni al progresso della nostra società ma anche alla ricerca scientifica. Detta così sembra un'affermazione metafisica, lontana dalla vita quotidiana delle persone, ma guardando dall'interno di un'unità spinale è invece un danno scritto sulla pelle dei ricoverati. Ferrara è passato dai programmi softcore di Mediaset all'antiabortismo del «laico devoto»; è stato giustificatore in capo di Berlusconi anche in versione amico di Putin, per poi diventare nemico della Russia quando c'è stato da evocare una possibile Terza guerra mondiale, dopo l'invasione dell'Ucraina; si è battuto contro ogni intervento pubblico di regolazione del mercato per poi far incassare milioni di contributi statali al suo quotidiano neoliberista. In questa traiettoria si inserisce il motivo per cui me ne sto portando dietro il pensiero salendo queste rampe di scale. Ferrara si è speso fortemente contro le cellule staminali, in scia dei neo-con americani. Secondo indiscrezioni, nell'estate del 2001, la Casa Bianca non diede attenzione agli avvertimenti (i cosiddetti warnings) dell'intelligence su quello che sarebbe poi stato l'attentato dell'11 settembre perché era troppo impegnata a preparare il divieto di finanziare con fondi federali ricerche sulle cellule staminali. Cellule da tessuti umani considerate da molti l'unica speranza per riparare nervi e midollo lesionati. Una scelta, ideologica e antiscientifica, frutto di quel furore religioso evangelico che aveva contagiato George W. Bush, dopo il «miracolo» del suo mancato soffocamento da noccioline. Glien'era andata una di traverso davanti alla tv durante una partita di football; da qui la sua svolta di fede. Quella messa al bando – rimossa poi da Obama nel 2009 – ha dato un tale colpo di grazia alla ricerca per cui vent'anni dopo non sappiamo ancora se le cellule staminali siano un effimero miraggio o un concreto campo di speranza.

A tutt'oggi possiamo dire di aver capito solo che le staminali «in purezza» non hanno grande efficacia e vanno quindi usate all'interno di un mix di molecole. Non sono un proiettile d'argento ma devono essere integrate in una strategia di cura. In questi anni, abbiamo anche scoperto che le staminali possono essere recuperate all'interno del corpo del paziente, limitando quindi buona parte delle polemiche etico-religiose sulla loro produzione (da feti ed embrioni) che, come uno stigma, hanno danneggiato la ricerca.

Ora non voglio nemmeno dare troppa importanza a Ferrara, che non è George W. Bush. Non gli attribuisco colpe che non ha, ma, vista la stima e la popolarità che lo circondano, è un esempio utile a capire come le parole pesino, come le polemiche facciano danni reali, come ci vorrebbe misura nell'affrontare questioni tanto delicate e tecniche. Ma non ho grosse speranze che le cose possano cambiare. L'irresponsabilità dei commentatori non riguarda solo la ricerca scientifica ma anche eventi drammatici come i conflitti. Mi permetto quindi di ribadire un consiglio che offro da anni: sarebbe opportuno che chi tifa guerra dall'alto del proprio ruolo di giornalista, politico o opinionista, trascorresse una giornata in un ospedale per vittime di conflitti. Dovrebbe fare lo stesso – visitando un'unità spinale – chi si spende per fermare la scienza senza conoscere le sofferenze che si cerca di alleviare.

Del resto un malato cronico è un affare straordinario per l'industria farmaceutica. È un mercato *captive*, che significa letteralmente «prigioniero»: i suoi clienti non hanno alternative. Se non compra certi prodotti il malato non può sopravvivere: si tratti di un diabetico che ha bisogno dell'insulina a vita o di un paraplegico di cui vanno curate le piaghe da decubito, ciclicamente cambiata la sedia a rotelle, modificata l'auto, a cui vanno forniti mensilmente cateteri per svuotamento vescicale e pompe per l'idrocolon, farmaci per controllare i tremori muscolari e i dolori da postura.

«Quando esci da qui ti dovresti iscrivere a un corso di ballo.» La fisioterapista è davvero una bella donna, dai capelli rossi, esuberante, senza paura del contatto fisico come molto del personale che lavora in una corsia.

Ho un debole per lei e quindi non reagisco alla sciocchezza che mi ha appena detto. Ho passato non so quanti giorni in questo pozzo di dolore per sentirmi dire che la soluzione è un corso di ballo?

Ripeto: siamo capaci di mandare l'uomo sulla Luna, di costruire piccoli aerei capaci di volare da soli fino a esplodere sul bersaglio indicato, di ideare strumenti rivoluzionari come uno smartphone, ma del midollo spinale non sappiano nulla, non riusciamo nemmeno a capire da dove cominciare per poterlo riparare.

Sul treno per Roma, con il sole che illumina le campagne della provincia di Siena, non mi faccio prendere dalla disperazione. I risultati della riabilitazione non sono entusiasmanti ma ho fatto un punto clinico, con medici molto esperti, sulla mia condizione neurologica e allo stesso tempo ho capito molte cose su quanto posso e devo fare. Ho una nuova determinazione dentro e una nuova sfida: capire, studiare, imparare, applicare.

Per vivere c'è sempre bisogno di nuove sfide.

Team Piro

«Guarda, dammi qualche giorno e poi organizziamo una videochiamata su Skype.» Continuo a chiedermi: perché? Ma se ci siamo visti di persona, perché mi vuole parlare in remoto? Sono appena uscito da un incontro con un preparatore atletico, uno studioso, uno considerato unanimemente bravissimo, troppo bravo per avere a che fare con l'accademia che l'ha «buttato fuori» da poco, togliendogli una popolare cattedra universitaria. Da qualche mese ho cominciato ad andare in bici. Ho dovuto escludere quella da strada perché la postura è troppo vincolata e poi usare gli attacchi sui pedali è problematico, non ho la forza per ruotare i piedi rapidamente e sganciarli in caso di emergenza. Rischio di cadere rovinosamente e non posso permettermelo.

Gianni, meccanico e biomeccanico (si prende cura sia delle bici che della «posizione» delle persone che vogliono salirci sopra), mi ha aiutato a regolare una mountain bike, raggiungendo un compromesso abbastanza simmetrico nonostante i disequilibri del mio corpo. Il problema di fondo è la differenza di forza tra le gambe e il fatto che vengano «vicariate», cioè aiutate da altri muscoli, i quali normalmente non dovrebbero occuparsi di «spingere» sui pedali.

Dopo qualche settimana di allenamento mi sono però ritrovato a sbattere contro la frequenza cardiaca. Per cercare di lavorare sullo sviluppo della forza devo stare in «soglia», cioè in una fascia superiore a quella che allena lo sforzo aerobico, ovvero il «fondo», la resistenza.

Il problema è che per calcolare la soglia di un individuo bisogna fare un test che nella sua versione semplice ed economica è basato su scatti di corsa su pista d'atletica, qualcosa che io non riesco a fare. Così mi sono rivolto a questo esperto che mi ha fatto lavorare sulla bici statica prima di rinviarmi a una seduta in remoto. Il mondo dei preparatori è opaco, lo stesso professor Conconi – che ha dato il suo nome proprio al test per individuare la soglia anaerobica – è finito travolto da uno scandalo di doping. Il problema di fondo spesso è l'approccio dei trainer, perché il loro obiettivo è la performance. Non è importante come raggiungerla, a quale prezzo, imponendo quale pedaggio alla salute dell'atleta; l'importante è riuscirci.

A pensarci bene non è nemmeno sbagliato, almeno nella logica dell'agonismo, nel senso che se sei un atleta e ottieni un ingaggio milionario oppure vinci una medaglia d'oro, il fatto che le tue ginocchia ti molleranno a quarant'anni o avrai vuoti di memoria a cinquanta è tutto sommato roba che metti in conto. Non vale la pena se nella vita fai altro e sei un agonista della domenica. È invece pericolosissimo se hai già i tuoi problemi di salute e quindi devi mantenerti in un precario equilibrio.

L'esperienza all'unità spinale mi ha insegnato che, anche in un centro d'eccellenza, per me possono fare poco o nulla. Sono un caso fuori canone: troppo forte per un fisioterapista, troppo debole per un preparatore atletico.

A un certo punto ho capito che il mio sforzo doveva essere individuare professionalità diverse, reclutarle e farle lavorare insieme. L'obiettivo è effettuare delle attività che diano stimoli al mio sistema nervoso. Devo recuperare forza e coordinazione, flessibilità e resistenza ma soprattutto devo evitare di farmi male, di procurarmi danni ulteriori a lungo termine, di entrare nel ciclo degli infortuni. Si tratta di mettere insieme la cautela del terapista e la determinazione tecnica dell'allenatore. Ed è difficile, molto difficile.

«Muoviamo insieme l'anca. Fletti e richiama. Richiama e fletti.» Sto sprecando una delle migliori ore della giornata, tra le sette e le otto del mattino quando i miei ormoni sono a mille, l'ideale per allenarsi in palestra. Sono su un lettino con un fisioterapista convinto che le «mobilizzazioni» possano aiutarmi. Si tratta di movimenti accompagnati che servono a «sbloccare» le articolazioni. Nel mio caso, sono completamente inutili. Provo a spiegargli che quello di cui ho bisogno io è lavorare sulla distribuzione di carico, quindi sullo schema del passo. E dopo, magari, rimettere a posto gli effetti collaterali dell'allenamento che faccio altrove, quindi allungare muscoli, ridurre contratture e contenere i dolori.

«Tu non devi allenarti in palestra perché hai un apparato muscolare asimmetrico, se lo potenzi ti fai solo del male, peggiori le cose.» Niente, non capisce. Purtroppo non è raro imbattersi in atteggiamenti del genere, se l'allenatore vuole la performance, costi quel che costi, il fisioterapista tiene in primo piano l'eliminazione del rischio, quello dei danni dovuti al «lavoro» fisico. Inoltre il fisioterapista ambisce a lavorare in un ambiente (immaginario) dove solo lui ha sotto controllo la situazione, muscolare, ossea, dinamica, del paziente. Sto generalizzando – lo so – ma esiste un diffusa tara culturale nel mondo della riabilitazione, che solo negli ultimi anni si sta superando grazie a nuove generazioni di giovani che hanno scelto sia di frequentare scienze motorie che di studiare fisioterapia.

È uno spreco in primis per la professionalità del terapista. Perché un paziente può fare facilmente «volume» (cioè attività ripetitive e «meccaniche») da solo in palestra mentre ha bisogno di essere accompagnato da una figura competente in un percorso di ritaratura dei movimenti e di aggiustamento dell'assetto del corpo.

Saluto, esco dalla sala, infilo lo squallido corridoio del centro e cerco Daniela. La punto, mi avvicino a una distanza che impedisce agli altri di sentire e le dico: «Io qua non ci vengo più a perdere tempo. O mi spostano con te o me ne vado».

I fisioterapisti sono come i fotografi o i giornalisti.

Non esiste «il» fisioterapista, ognuno aderisce a una sua «scuola» e ha la sua specializzazione. Quelli di approccio meccanicista sono i peggiori, almeno per quello che serve a me. Sono convinti che il corpo sia un motore e si dedicano ai pistoni, alle fasce, ai carburatori ma dimenticano che un'auto per muoversi ha bisogno di un impianto elettrico, di una trasmissione, di una carrozzeria adeguata e di un buon bilanciamento dei pesi. Perdono la visione del tutto, lavorano per pezzi non nell'insieme, sono «segmentari». Un atteggiamento che, tra l'altro, domina sempre più in medicina.

Se poi gli capita un paziente come me, che ha un motore malandato, pensano solo a non farlo grippare anche a costo di tenerlo fermo limitandosi solo a lubrificarlo.

Daniela è invece la fisioterapista che fa per me. Si è sforzata di capire e ha fatto leva sulla mia capacità di imparare, sul mio impegno ossessivo per sviluppare un programma che mi ha dato grandi benefici.

L'uomo mi punta una pistola alla testa, grida e non sembra disponibile a cambiare idea. È una di quelle situazioni in cui hai solo pochi secondi per agire e sai che farlo può salvarti la vita o accelerare la tua fine. Il segreto starebbe nel ruotare il tronco uscendo dalla linea di tiro dell'arma ma non riesco a fare un movimento del genere senza cadere, le mie gambe non reggerebbero la forza generata dalla rotazione. Per questo l'unica speranza è contrattaccare, afferrare il carrello dell'arma, impedire la possibile detonazione di un colpo e ruotarla fino a spezzare il dito dell'aggressore, bloccato nel grilletto.

È per questa dinamica che ho cominciato a imparare il krav maga, una disciplina israeliana di autodifesa. Solitamente le arti marziali di questo genere puntano a liberarsi dell'aggressore creando una «separazione» spazio-temporale a cui far seguire la fuga. Ma io non posso correre, a me non basta piazzare le dita negli occhi dell'avversario e sfruttare la sua temporanea cecità per scappare. Io devo resistere fino a che il pericolo sia stato neutralizzato. Il krav maga è stato così per me una scelta naturale: una disciplina di autodifesa che contempla il contrattacco.

L'istruttore con cui mi sto allenando ha in mano solo una pistola da addestramento, la manovra riesco a eseguirla correttamente ma – per fortuna – non gli spezzo il dito perché l'arma è di gomma morbida in alcune sue parti, oltre a essere colorata di viola o magenta, in maniera tale che non possa essere utilizzata da malintenzionati fingendo che sia vera.

Quando ho cominciato con il krav maga non avrei mai pensato che mi sarei ritrovato a fare boxe. Il pugilato era per me la cosa più difficile che potessi immaginare, uno sport completissimo, certo, ma dove l'equilibrio è quasi più importante della forza. Sferrare un pugno «efficace» significa lanciare una mano e un braccio in avanti, se a questa azione non corrisponde un controbilanciamento del corpo che deve essere ben piantato, si rischia di finire come nei cartoni animati: trascinati a terra dai nostri stessi colpi. I maestri lo chiamano «cadere sui pugni».

Eppure l'omone che mi trovo di fronte, un ex campione del mondo di kick boxing, alto più di due metri e dieci, è convinto che il pugilato sia la scelta migliore per me. Non ne sono convintissimo. Per un disabile scegliere un allenatore sportivo è difficilissimo perché devi studiarli e capire se sanno fermarsi prima di fare danni, se hanno la capacità di studiare i tuoi problemi e di trovare delle strategie personalizzate, se riescono a liberarsi dall'idea della perfezione per accettare quella del meglio possibile.

A questa difficoltà se ne aggiungeva un'altra, che non riguardava però solo me. Il mondo degli sport da contatto lo conoscevo da sempre: un ambiente con grandi professionisti e maestri di vita ma anche dove imbattersi nelle persone sbagliate è facilissimo. Un amico di mio padre era arbitro di boxe, da ragazzino, mi aveva invitato nella sua palestra ma a una condizione: «Ti ci porto solo se una volta entrato, cali la testa e guardi solo a terra». In pratica dovevo evitare di «compromettermi» tra delinquenti e criminali.

Sin da ragazzo sapevo che nel mondo del «contatto», se trovi un bravo maestro, un bravo coach, puoi diventare una grande persona, cosciente dei danni che la violenza può fare e quindi evitare di esercitarla al di fuori dalle gare; se invece ti imbatti in ambienti opachi puoi in breve trovarti a menare un negoziante per incassare il pizzo o a fare il recupero crediti per qualcuno che ti ha chiesto un favore.

Alla mia età e nelle mia posizione non me lo potevo permettere, per fortuna Diego apparteneva alla prima categoria.

«La prima volta che sei entrato in questa palestra, per me eri spacciato. Non avrei mai pensato che saremmo riusciti a raggiungere uno solo dei risultati che poi sarebbero arrivati.»

Nei sotterranei di un accorsato centro sportivo del centro di Roma, ti senti lontano chilometri dalla fauna che si affolla sopra le tue teste e che confonde spesso il sacrificio dello sport con l'esibizione di se stessi.

Qui sotto d'estate è un forno, d'inverno una cella frigorifera. Poi c'è il puzzo di sudore, il dolore, il sacrificio, a volte persino la merda se incassi un pugno nello stomaco e hai cominciato da poco a prendere dei nuovi aminoacidi che non avevi mai provato prima.

Da subacqueo ho imparato una cosa, nel gruppo comanda il più scarso. Quando guidi un'immersione la quota massima la stabilisci sulla base del più fragile. Anche se con te hai un gruppo di incursori della Marina, bisogna allinearsi al neo-brevettato che va in paura già a meno venti. È una lezione che ho sempre portato con me, per questo nella mia ricerca di qualcuno che mi potesse aiutare a «recuperare fibre» con lo sport non avevo alternative a un percorso individuale. Non potevo partecipare a classi o a gruppi, non avrei avuto l'attenzione di cui avevo bisogno e avrei sentito addosso il peso di essere una zavorra per gli altri o, peggio, di avere un trattamento differenziato davanti a tutti.

Questo significa, spesso, orari più scomodi e costi ben superiori. Ci sono giorni in cui i miei allenamenti cominciano alle 7 o alle 8 del mattino. Quando finisco di boxare, sollevare pesi, camminare o andare in bici la mia giornata (di giornalista, di papà e di uomo di casa) deve ancora iniziare eppure io sono già esausto.

Il problema vero però è quando sono fuori, lontano dalla mia palestra dove ho tutto sotto controllo. A seconda delle destinazioni in valigia ho le corde per allenarmi utilizzando «carichi naturali» (il mio peso), gli elastici da agganciare ai polsi e alle caviglie per simulare la boxe pur senza sacco e la rotella per allenare gli addominali. Credo di essermi allenato ovunque: in stanze d'hotel piccole come armadi; in sottoscala di alberghi dove l'unica cosa che assomigliasse a una palestra era il cartello «Gym»; agganciato ad alberi in giardini pubblici dell'est americano con il vento a tenere tutto rigorosamente sottozero; in improbabili Holiday Inn dell'Ohio; su terrazze vista Partenone con bar temporaneamente abbandonato per l'inverno; in un cortile di Mosca nonostante la neve (ma c'era ancora il Covid); sotto il sole rovente davanti alla casa di «via del Cimitero» in Sierra Leone; portato via da un vigile del fuoco (in equipaggiamento completo, con maschera e bombola d'aria) dall'ultimo piano di una palestra di New York perché all'allarme antincendio avevo reagito pensando "Le solite esagerazioni americane", rimettendomi cuffie e guantoni. So che, a questo punto, il lettore mi troverà scontato ma in questo precario mondo fitness la situazione meno precaria l'ho trovata a Kabul dove l'impossibilità per gli occidentali di uscire in città e l'onnipresenza di *security contractors* (guardie di sicurezza private, solitamente ex militari) aveva fatto allestire in ogni *guest house* e foresterie varie delle palestre quasi decenti, di solito nei sotterranei vicino alle *safe rooms*, le stanze dove fuggire in caso di irruzione dei talebani. Stanzoni scrostati e col puzzo di umido, la luce e l'aria che filtravano a fatica da una «bocca di lupo», ma almeno piene di «ferro»: manubri e bilancieri sufficientemente pesanti per allenarsi bene e – se eri fortunato – persino il martello da 5/10 chili e un grande pneumatico su cui farlo precipitare.

Quando sei in trasferta, lavori a ritmi ben superiori rispetto a quando sei a Roma; in pratica non ci sono orari, è un flusso continuo. Di conseguenza ci sono dei giorni in cui devi svegliarti alle cinque per poterti allenare e poi essere pronto, prestissimo, a passare dal ruolo di «atleta» a quello di giornalista. I ritmi in trasferta non sono «normali»: capita di passare ore e ore in auto o magari alla scrivania di un ufficio di corrispondenza, dove il lavoro è più statico, in postazione di montaggio video oppure in piedi quando una diretta segue l'altra.

La stasi è dannosissima per un corpo il cui equilibrio è già precario: poco usate le gambe si indeboliscono, muscoli come i flessori dell'anca si irrigidiscono. Se a tutto questo aggiungi lo stress, le pressioni, l'ansia e la mancanza di sonno, il risultato è che, quando torni a casa, alla tua normalità, sei talmente stanco che per altri giorni non riesci a ripartire con il training. Queste pause – in una sorta di effetto ping-pong – non fanno altro che riportarti indietro rispetto al punto che avevi raggiunto, e devi ricominciare. La speranza, in questi casi, è la cosiddetta «memoria muscolare» (non ho mai approfondito per capire se si tratti di un mito da palestra o di qualcosa di scientificamente fondato), cioè la capacità dei muscoli di ritornare più rapidamente allo stato di forma precedente, se ben allenati.

«Ogni sfida a cui ti ho sottoposto l'hai superata, lo devo ammettere. Per questo continuo a dartene.» Tra uno sfottò e un insulto, per la legge dei grandi numeri, Diego ogni tanto ammette che l'essere un sopravvissuto come me ha qualche vantaggio. Io intanto resto concentrato sul rumore ritmico del sacco, non è importante guardare come lo colpisci, è il suono che conta, è quello che ti dice come stai lavorando.

«Allora, ti ho preparato un programma per la bici così facciamo in modo che il tuo percorso non sia una passeggiata ma qualcosa di davvero allenante.» Sono in videochiamata con il famoso preparatore e finalmente i miei sospetti evaporano, non cercava un canale di comunicazione criptato per vendermi degli steroidi o altre strane sostanze dopanti. Semplicemente vive fuori Roma e non essendo io un atleta professionista non sono una priorità per lui quindi – pur in epoca pre-Covid, quando non si trattava di una pratica diffusa – ha preferito rivedermi a distanza. Il programma che mi propone è interessante e molto intelligente perché usa diverse tecniche per superare il problema fondamentale: le gambe sono deboli quindi non riescono a spingere a sufficienza da portare il cuore a un livello di frequenza cardiaca «allenante». Con un'alternanza di sforzi e di recuperi attivi, sembra possibile riuscirci.

Quel bravo preparatore atletico lo perderò di vista, preso da altri impegni, come l'allenatore, Marcolino, con cui per anni ho lavorato sul coordinamento tra sessioni estenuanti con elastici e palle mediche, all'aperto, in ogni condizione immaginabile. C'è chi si appassiona alle sfide impossibili, chi si fa due conti e si rende conto che non è conveniente: richiede troppo tempo, troppo sforzo e troppa responsabilità.

Bisogna cercare altri ma non basta. A me non basta solo una specialità, solo un tipo di allenamento, non basta solo lo sport, esattamente come non è sufficiente la fisioterapia. C'è bisogno di un mix. C'è bisogno di individuare degli specialisti che sappiano seguirti e che riescano quantomeno l'uno a tollerare le scelte dell'altro. Magari non si incontrano mai, ma tu devi tenerli in contatto (o meglio in circuito) per fare in modo che il loro lavoro si integri o, per lo meno, non vada in direzioni opposte. Altrimenti, alla fine, la squadra si sfascerebbe. Allo stesso tempo devi avere coscienza che per quanti sforzi tu possa fare, non riuscirai a controllare tutto, e forse questa ammissione è il passaggio più difficile.

«Purtroppo lo schema del passo può resettarsi. Capita, tu l'hai dimenticato.» Daniela è di fronte a me, seduta al tavolo della sua sala da pranzo. Siamo in penombra perché fuori il cielo è grigio e la luce filtra più a fatica del solito tra le case, cresciute disordinatamente, di questa ex borgata alla periferia orientale di Roma.

«Tu avresti bisogno di qualcuno come me che ti segua. Purtroppo non saprei a quale centro affidarti.» Daniela ha lasciato la struttura dove ci eravamo conosciuti. L'avevano trasferita dal reparto fisioterapia al piano di sopra, la residenza sanitaria assistita, dove non ci sono solo anziani dalla salute difficile ma pazienti anche giovani con gravi disabilità fisiche e mentali. Esigenze di personale, le era stato detto. Tradotto: per tappare un buco sacrifichiamo una bravissima fisioterapista. Dopo una catena di infortuni, tra strappi ed ernie, Daniela aveva deciso di licenziarsi, tirando avanti per due anni senza stipendio e con i risparmi, in attesa della pensione.

Ci salutiamo con la promessa che mi seguirà a distanza, inviandole i miei video come ho sempre fatto quando si trattava della boxe e della palestra. Tenere insieme una squadra è difficile.

La hostess avrà quasi sessant'anni, portati male. Tende all'obesità, brandisce un tablet come a un posto di blocco di polizia e vuole conferma del mio nome. Sono seduto all'uscita d'emergenza di un volo Alitalia e la signora insiste che io lì non ci posso stare perché ho problemi a una gamba. Nei giorni scorsi ho sollevato un bilanciere di cento chili sulla panca piana e mi sto avvicinando a superare il mio record, eppure la hostess è convinta che in caso d'emergenza non potrei essere utile all'evacuazione per cui vuole mettermi nella black list della compagnia. Le chiedo cordialmente se lei pensa di essere più in forma di me. Non mi risponde. Cambio posto. Temo che davvero che non sia in grado di capire. È l'incarnazione oversize della burocrazia.

I carichi di lavoro a cui sottopongo il mio corpo sono pesanti e non è solo una questione di ritrovarsi la sera esausto o di tentare di recuperare energie senza mangiare troppo e male. Ci sono muscoli che si irrigidiscono, la lordosi lombare che aumenta, le vertebre che si avvicinano facendo soffrire i nervi, le conseguenti posizioni «di difesa» che assume il corpo. Sono istintive e servono, per esempio, a non caricare su parti che sono già dolenti ma finiscono con il moltiplicare i problemi, spostandoli dal lato sano a quello sofferente. Nel mio caso poi la postura è già condizionata dal modo in cui cammino. La soluzione di fronte a tutto questo sembrerebbe essere quella del fisioterapista «meccanicista»: fai il minimo, preservati, aspetta. La mia soluzione si chiama Marco. L'ho incontrato nel suo ruolo di fisioterapista in una struttura specializzata in recupero neuromotorio: un gioiello, ma come molte strutture di matrice religiosa non ha retto né ai tagli post-crisi del 2010 né al passaggio «generazionale» dalla gestione diretta dei preti a quella di presunti manager. In breve è crollato tutto, un pezzo alla volta: il reparto ricoveri, la fisioterapia in convenzione, i «solventi» (i servizi privati). Con Marco non ci siamo persi di vista ma non in quanto fisioterapista. Per anni, a sue spese, finito il lavoro ha studiato osteopatia, una disciplina che spesso viene confusa con il lavoro del chiropratico e che invece si basa su un'analisi generale del corpo partendo dall'idea che l'origine del dolore quasi sempre è lontana dal punto che fa male.

È lui che mi rimette a posto, ritrova gli equilibri del mio corpo, mi rimette in pista e mi cura i dolori senza farmaci. Del resto di antidolorifici io non ne ho mai presi in vita mia, salvo che in momenti straordinari. Quando affronti interventi chirurgici come fossero gite fuori porta, sai che i farmaci vanno usati con parsimonia perché se li cominci a prendere dopo una sessione dura in palestra, dopo una lunga giornata di lavoro in trasferta o per un mal di testa più forte del solito, in breve perderanno il loro effetto. Quando poi ti serviranno per davvero degli antidolorifici dovrai passare direttamente a sostanze più pesanti e a maggior dosaggio. Inoltre gli antidolorifici complicano molto le cose perché coprendo il dolore ne oscurano l'origine e la dinamica, quindi rendono più difficile risalire alle cause. Coprendolo, poi, non fai altro che avere la libertà di ripetere il movimento, il gesto, l'abitudine che quel dolore causa in un ciclo che ti porta a passare a farmaci sempre più potenti e dannosi. L'aiuto di Marco è anche quello di un fisioterapista che guarda fuori dai confini della sua specialità, che non si limita al singolo muscolo, al «segmento», ma all'insieme del corpo. Una visione che troppo spesso manca nella riabilitazione.

Qualcuno potrebbe a questo punto chiedersi se nella squadra ci sono dottori.

«Nico, tu pensi che io sia davvero un medico?» Sono con Gigino sul molo del porto turistico di Salerno e guardiamo la sua barca semisommersa per aver imbarcato troppa pioggia. È una lancia di vetroresina, a remi, sarà lunga due metri e mezzo. Non è esattamente una barca «da medico». Eppure Gigino si sarebbe potuto permettere un panfilo se solo si fosse fatto pagare non dico tutte ma un quarto delle visite domiciliari che ha fatto in vita sua. Trovato sulle scale del Duomo di Pisa, adottato da una famiglia americana, mandato a quel Paese il mondo a stelle e strisce («Potevo mai restare in un posto dove facevo l'amore con una ragazza e il giorno dopo lei mi incontrava salutandomi a stento?»), tornato in Italia si iscrive a medicina ma non partecipa alla cerimonia di laurea all'Università di Napoli: «Avevo un appuntamento alla stazione di piazza Garibaldi per vendere i libri di testo». Viene fregato dalla famiglia adottiva sull'eredità, comincia a fare il medico ospedaliero. Dopo turni di almeno dodici ore al giorno, quando finisce comincia il suo pellegrinaggio tra le case di pazienti dalle diagnosi impossibili. La prima volta me lo vidi arrivare a casa mentre combattevo con un'infezione misteriosa di cui nessuno capiva nulla. Gigino non è un medico perché non ha smesso di parlare ai pazienti, di toccarli, di interrogarli, di analizzarne i sintomi. Gigino non è un medico perché preferisce guardare la persona che ha di fronte a sé invece che una sua radiografia.

La «clinica», la chiamano, ed è quella che ormai buona parte dei medici ha dimenticato: ognuno chiuso nella sua settorialità, specializzazione, visione di una parte senza riuscire a vedere il tutto. Ormai in pochissimi, per giungere a una diagnosi, guardano all'insieme dei sintomi, alle abitudini di vita, alla storia del paziente, cercano di ricostruirla e di indagarla. Gigino mi ha insegnato a essere autonomo, mi ha fornito le conoscenze indispensabili a tagliare un cheloide; a riconoscere la puzza di una piaga; a medicarmela; ad ascoltare il mio corpo per capire le ragioni di un malessere. In altre parole mi ha messo in grado di essere meno dipendente dall'apparato medico, privandomi di quel cordone ombelicale (o allungandolo tantissimo) che lega ogni disabile e ogni malato alla sanità. In questo mi ha aiutato a essere libero di andare in giro a cercare di vivere la mia vita, senza dover restare troppo vicino a quell'ospedale o a un certo ambulatorio.

Tra campioni di urine che conserva nel frigorifero di casa per portarli integri al laboratorio e fascicoli con gli ultimi studi pubblicati sulle riviste mediche più importanti del mondo, frequentando Gigino ho potuto capire meglio le cose che mi avrebbe poi detto anni dopo Gino Strada in Sierra Leone, mentre infuriava la tempesta perfetta dell'Ebola. Il grande Gino stava cercando di affermare un principio: se gli occidentali che si erano contagiati potevano guarire, perché non si riusciva a fare lo stesso con gli africani? La soluzione era «semplice»: gli occidentali (contagiatisi in Africa e riportati in patria o contagiatisi nei loro Paesi d'origine) venivano aiutati a sopravvivere a quel virus letale, li si «sosteneva» in vita per consentire ai loro corpi di immunizzarsi. Ma l'Ebola ha tanti volti e non esiste un protocollo standard per affrontare quel virus. Da sola non bastava nemmeno la terapia intensiva, l'unica in una vasta fascia d'Africa, che Emergency era riuscita a costruire nel centro sportivo della federazione olimpica sierraleonese. Era necessaria – ripeteva Gino – la «clinica», cioè un'attenzione personalizzata per ogni paziente, perché c'era chi soffriva di insufficienza renale, chi di distruzione di certe fasce muscolari, chi di emorragie in posti impensabili. La «clinica», cioè guardare al paziente come una persona, nel suo complesso, un'individualità, non come a un insieme di referti di diagnostica specialistica da incasellare in un protocollo standard di cure.

Gigino con quella barca sarà uscito al massimo fuori dal molo foraneo a tentare di pescare, ma poi quando avrà mai trovato il tempo di farlo? Mi viene in mente quella barchetta allagata, ogni volta che vedo al Quirinale la consegna di onorificenze varie. Non capisco perché a un vero medico come Gigino non sia mai stata assegnata una medaglia del genere. Certo c'è il rischio che non si presenti alla cerimonia perché impegnato al capezzale di una paziente leucemica, stanca di stare in ospedale e tornata a casa per morire in pace. Poi penso che, quando l'hanno richiamato dalla pensione per gestire l'emergenza Covid a Salerno, ha fatto notare che si stavano prendendo decisioni sbagliate e che quello che serviva ai malati dovevano deciderlo i medici, non i manager. L'hanno licenziato. Quando un imbarazzato impiegato l'ha chiamato per dirglielo (evidentemente i coraggiosi manager erano troppo impegnati), lui gli ha risposto: «Non mi potete licenziare. Io sono in pensione». E se n'è andato. A pensarci mi viene ancora da ridere. No, al Quirinale non lo chiameranno mai.

Il dolore è fortissimo come una coltellata nella mascella ma non riesco né a reagire né a gridare, ho come un tronco in bocca e mi devo rassegnare ad aspettare la fine di tutto questo, cooperando e senza sobbalzare sulla sedia. Il massetere è il muscolo più potente del corpo umano. Si stima possa sviluppare una forza pari a oltre cento chili. Ti consente di masticare ma può provocare anche grossi danni nell'era dello stress globale. Il tronco che ho in bocca è in realtà solo la mano di un gigante. Avrei dovuto andar via quando l'ho visto entrando nel suo studio, ma non avevo alternative. Dopo due giorni sarei dovuto partire per l'Afghanistan e avevo ogni genere di dolore ai denti. Temevo che qualcosa covasse sotto vecchie otturazioni e non volevo ritrovarmi costretto a farmi curare dal dentista indiano di Kabul, con i suoi conti in dollari.

Avrei dovuto andarmene quando ad aprirmi la porta dello studio era stato questo omone di oltre due metri, più di cento chili di peso, con un camice dallo scollo a V, aperto su un petto villoso. Alle sue spalle i miei occhi notano la prima pagina di un quotidiano britannico: *Italy Brings Misery to London*. Andrea è stato nazionale italiano di Rugby under 21, prima di scegliere lo studio della Medicina e dell'Odontoiatria lasciando la maglia azzurra. «L'unico dentista che conosco a Roma ad agosto è un mio assistente» mi aveva detto al telefono un docente universitario che avevo intercettato cercando un odontoiatra che non fosse in barca o sotto l'ombrellone.

I dolori erano così forti che se Andrea mi avesse proposto di rifare, in un colpo solo, tutte le otturazioni avrei detto sì all'istante. Direi, in realtà, che lo speravo. Invece l'omone si era incaponito a capire i miei sintomi, domanda dopo domanda fino al quesito chiave: «Sei molto nervoso in questi giorni?». Se non fosse stato grosso il doppio di me, sarei andato via. Mi sembrava la solita domanda di quello che brancola nel buio. «Sono nervoso, sì. Come risolviamo?» Gli avevo risposto provocatoriamente.

Dopo avermi infilato in bocca una specie di foglio

copiativo blu, avermi costretto a compiere qualsiasi strano movimento della mandibola, Andrea aveva concluso che – qualsiasi cifra lo pagassi – non avrebbe mai rimosso le vecchie otturazioni. Il mio era solo un problema di tensione, quindi muscolare. Due minuti dopo avevo la sua mano in bocca a fare pressione sul versante interno del massetere per rilassarlo e sbloccarlo. Avevo appena avuto la fortuna di trovare un altro medico «clinico», allergico all'identificazione tra profitto e paziente. Da allora non si è solo preso cura dei miei denti ma anche dell'assetto della mia bocca. Il campo è ancora pieno di incognite ma ormai c'è una certa concordia sul fatto che la postura – e la mia non è simmetrica – influenzi l'Atm (l'articolazione temporomandibolare) e l'occlusione (cioè la chiusura della bocca) e ne venga a sua volta influenzata.

Sono in un posto dove la storia si incrocia, poco distante passava la via Francigena, il percorso dei pellegrini da Canterbury a Roma, poco in basso c'è una specie di piccola vallata dove una cresta di tufo è stata letteralmente intagliata dagli etruschi per poi costruire una necropoli con la pietra estratta, trasformata in tumuli cubiformi come dadi. Sono a Vetralla, un paese sulla Cassia Veientana, raggiungibile in un'oretta di auto o di treno da Roma. Per me è stato però un lungo viaggio. Ci sono arrivato da Barcellona dove un grande ortopedico, ormai anzianissimo ma ancora capace di guardare ai suoi pazienti come delle unicità, mi ha passato questo indirizzo che era incredibilmente tanto vicino a casa mia. In un edificio color Tiffany con un piede multicolore come insegna, lavora Leonardo, di professione tecnico ortopedico, definizione che non rende bene il suo lavoro né la sua continua ricerca di materiali, di forme e soluzioni nuove. Il «vizio» della sua famiglia è quello di costruire plantari e la sua forza non sta nelle macchine o nei materiali che usa (il seminterrato di questo edificio ospita una grande officina), ma il fatto che ascolta il paziente, lo vede camminare, gli guarda e tocca i piedi, palpa le spalle e osserva la schiena.

Gli chiede di tornare nei mesi successivi per «registrare» i plantari, modificarli, migliorarli. Valuta le zone di compressione e quelle di spinta in un gioco il cui obiettivo è ridurre l'attrito e migliorare il passo. Ogni plantare è un pezzo unico.

Per me l'incontro con Leonardo è stato una rivelazione: dopo anni passati a cercare di curare le piaghe da decubito con il bisturi, capisci che per tenerle a bada – pur in un posto come i piedi, dove la pressione non può essere evitata – bastano un paio di plantari, se fatti bene.

Ogni volta che camminiamo per provare l'ultimo aggiornamento guardo alle pareti e vedo le fotografie dei calciatori e degli atleti che a lui si sono affidati negli anni. Ogni volta però penso la stessa cosa: i veri campioni di Leonardo sono persone normali, la cui vittoria è riuscire a camminare in sicurezza.

La differenza tra lo sportivo e il disabile nei loro percorsi di riabilitazione, ma anche di preparazione, spesso è la motivazione: l'impegno contro ogni ragionevolezza, il continuare a versare acqua in un bicchiere che non si riempie mai, il partire da meno per considerare un successo l'essere arrivati a zero. In pochi lavorano sulla motivazione del disabile o del malato, su quella voglia che ti spinge a continuare ad impegnarti e non a trattare la fisioterapia come una terapia, cioè come una pillola da prendere passivamente prima o dopo i pasti. Una volta ho sentito dire da un bravo fisioterapista, in un ambulatorio specializzato, che la forza di volontà è un danno per i pazienti che la esercitano convinti di ottenere qualcosa in più e invece si stancano solo. Spesso – aggiungo io – questa convinzione porta a considerare quei pochi che, da soli, trovano la forza per mettercela tutta come dei pazzi, degli illusi, gente convinta di poter superare dei danni insuperabili. Come se crederci fosse un limite mentre nello sport è la più grande delle risorse.

«Domenico, dove vai?» Sono le cinque del pomeriggio e incrocio Clara, per caso, nel parcheggio dell'ex sanatorio sulla collina. Non indossa la divisa, ha finito il suo turno e sta andando alla macchina per tornarsene a casa.

Domenico non mi chiama mai nessuno, salvo quando mi trovo in un posto dove c'è una scheda anagrafica da compilare all'ingresso e ci vuole il nome di battesimo. Ci sono trentacinque gradi, ho appena finito le mie tre ore di day hospital e sono esausto. Clara è la fisioterapista che mi segue in quel reparto e sa bene dove sto andando, ma le rispondo lo stesso: «Vado in centro a Imola, a camminare».

Di solito un allenatore sportivo vuole rendere possibile l'impossibile, sul pianeta riabilitazione invece è difficile trovare qualcuno che davvero creda in te. C'è sempre come un freno a mano tirato, forse per non creare false illusioni nel paziente o per restare agganciati alla rigida razionalità della scienza. Per questo, uno come me ha bisogno di lavorare il doppio, non può limitarsi alle tre ore giornaliere del programma day hospital e poi al riposo-recupero. Uno come me deve lavorare prima (questa mattina ho passato due ore tra la palestra e la piscina comunale) e dopo la terapia prevista. Deve dare il massimo non solo perché è necessario a migliorare ma anche per dimostrare a medici e terapisti che i risultati sono a portata di mano, che insomma «ne vale la pena». A volte nel mondo della riabilitazione è il paziente che deve motivare i sanitari. Un po' come sulla nave (l'esperienza che raccontavo nel capitolo *Alto Mare*) è una doppia fatica quella che devi sobbarcarti ma piano piano cominci a tirarti dietro gli specialisti che all'inizio erano scettici, li convinci, li carichi e la ruota comincia a girare sempre più forte. Se poi sei fortunato, in questi incerti percorsi ti capita di incontrare persone speciali come quella che ho di fronte ora.

«Vai in centro? Ah bene, allora mi libero. Vengo a vedere come ti muovi nel mondo reale perché noi abbiamo sempre camminato nei corridoi dove il pavimento è piano e liscio.» Nel centro storico di Imola, tra lastre di pietra e pietre di fiume, marciapiedi sbilenchi, auto in sosta, pavimentazione a «schiena d'asino» per far defluire l'acqua piovana, biciclette e pedoni, camminare è molto più difficile che nel corridoio illuminato al neon dell'ospedale, ma questo è il mondo reale. Certo se ci fosse l'aria condizionata qui in centro si starebbe meglio visto che il sudore mi sta inzuppando persino il cappello. «Non ruotare il bacino, i glutei tengono ferma la gamba come un pilastro» ripete la voce di Clara. Forse il caldo devo ringraziarlo, perché in giro non ci sono molte persone, almeno ci vedono in pochi: io davanti a camminare e lei che mi guida. Clara ha rinunciato ad andarsene a casa dopo otto ore di lavoro, mentalmente e fisicamente impegnativo, e l'ha fatto per aiutarmi come non avrebbe potuto fare in reparto. L'ospedale è in collina e non c'è uno spazio piano dove poter camminare per un paio di chilometri: troppi saliscendi e poi i percorsi sono ulteriormente ristretti da auto in sosta, giardini e il carico e scarico. In città invece è una prova di «vita reale». Quando vengo a camminare nel centro storico, ormai ogni pomeriggio, per rendere tutto più sfidante uso le stampelle al rovescio. Le ruoto come fossero bastoni privandomi così della possibilità di stabilizzarle anche con l'avambraccio: l'appoggio è più instabile quindi il cammino è più allenante. Uso le stampelle dopo un intervento all'anca, sperando di dimenticarmele il prima possibile. Oggi invece sto usando dei bastoncini da *nordic walking*, che sono molto simili a quelli da trekking. «Altezza 115 cm» ordina Clara. Significa che i miei gomiti sono piegati a meno di novanta gradi quindi non scaricano peso sui bastoncini, che servono solo all'equilibrio laterale. Un'altra sfida per il mio corpo. «Bravo, bravo» ripete Clara, che purtroppo ha capito anche come «funziono» mentalmente, non solo fisicamente. «Ce la fai?» mi chiede. E anche se mi avesse chiesto di spingere un camion, le avrei detto di sì.

«Ce la fai?» Domandare una cosa del genere a me...!

Ridiamo. Continuiamo a camminare, proviamo a raddrizzare il corpo, a caricare i glutei, ad allargare le braccia, a distendere la schiena. «Ce la fai?» Io non posso non farcela, io non posso non mettercela tutta, soprattutto se vicino ho una persona competente, che finalmente crede in me, o meglio nella possibilità che le cose migliorino e i risultati arrivino. Continuo a spingere, raschio il fondo del barile delle mie forze, non mi fermo. Anche perché ho meno dubbi del solito, quelli che mi tormentano quando mi alleno e mi sento come qualcuno che sta scavando una galleria, come qualcuno che sa di avanzare ma non sa se sbucherà mai alla luce. Di dubbi ne ho di meno perché una fisioterapista esperta come Clara ci crede. Chissà se una volta tornato a Roma, mi aiuterà ancora, a distanza, scambiandoci video, come parte del team. Chissà. Speriamo.

Il sudore gronda dalla fronte, stretta nel caschetto, tanto copiosamente che mi fa bruciare gli occhi. La maschera di plastica trasparente si appanna e i miei denti, per reazione, stringono ancora più forte il paradenti di silicone che, altrimenti, temo possa finirmi in gola.

Quando hai poca mobilità il ring può essere come una pista di pattinaggio su ghiaccio, ogni passo rivela la tua instabilità esponendoti ai colpi dell'avversario che può facilmente metterti al tappeto. Basta una spinta, figurarsi un pugno, e vai giù. Per questo ho bisogno di una strategia di gara, Diego ne definisce una molto semplice anche se opposta alla logica dei pugili, che all'angolo non devono finirci mai. Io invece devo raggiungerne uno il prima possibile, perché lì ho un appoggio per la schiena quindi posso esprimere meglio la forza e la rapidità delle mie braccia senza dovermi troppo concentrare sulla stabilità delle gambe.

Conquista un angolo, incassa, colpisci e poi muovendoti lungo le corde raggiungine un altro. Ripeti la sequenza fino al gong. Detta così sembra facile, in effetti il difficile non è conquistare un angolo e nemmeno colpire l'avversario che si avvicina sapendoti in trappola ma quello che c'è in mezzo tra queste due fasi: l'incassare. Quando sei stretto senza possibilità di fuga, stare nell'angolo significa prenderne tante. Per cavartela devi essere bravo a subirne dieci forse venti colpi, per poterne piazzare uno, sperando che l'avversario lo "senta" e arretri.

Incassarne dieci per avere l'occasione di sferrarne uno, decisivo. Il ring come metafora della vita da disabile.

Esco dalla porta posteriore di un teatro a Belluno, fuori c'è buio pesto ma devo raggiungere l'auto per tirarne fuori una borsa piena di miei libri, poco prima di una presentazione. Ho lo sguardo puntato sulla sagoma riflettente dell'auto, nel buio non vedo che la soglia dell'uscita è sollevata rispetto al terreno coperto di ghiaia. Esco d'impeto e mi ritrovo a terra, come un burattino a cui hanno tagliato i fili. Sono molto bravo a cadere. È una delle cose in cui mi sono specializzato negli anni, come un judoka, anche se è uno sport che non ho mai praticato.

Se impari a cadere è più facile che tu possa rialzarti. La persona che è con me, uno degli organizzatori, non lo sa – del resto ci conosciamo di persona solo da una mezz'ora –, si spaventa e si preoccupa. Lo rassicuro. Apro il cofano e mi metto a cercare, tra i pacchi di libri, quello giusto. Lui è rimasto in un profondo silenzio che rompe all'improvviso come se non riuscisse più a trattenersi. «Nico, ma come fai?» Non la prendo male e non mi meraviglio.

Lo so che quella è la domanda che gira in testa a tutti quelli che mi vedono per la prima volta, a tutti quelli che mi conoscono da un po' di tempo; ma non abbastanza da abituarsi alla mia differenza così da dimenticarla.

Senza smettere di cercare i libri, senza tirar fuori la testa calata dentro il cofano, gli rispondo con serenità e a bassa voce: «Credi che io abbia delle alternative?».

Il silenzio delle Alpi, il cielo stellato, il rumore dei nostri passi sulla ghiaia, la porta di ferro che cigola, rientriamo sul palco, il pubblico applaude, è felice che inizi la serata, parliamo di guerra e di pace. Nessuno sa quello che è appena successo.

Essere recidivi

Uno dei grandi enigmi della mia vita, una di quelle domande che non troveranno mai una risposta ma che continuano a ripresentarmisi in testa è: «Perché c'è sempre qualcuno dietro di me che vuole passarmi davanti?». Non capita solo a New York. Lì è normale perché il motto di ogni buon newyorkese è «*Get out of my way*» (Fammi passare). A New York ognuno corre perché deve andare a salvare la borsa di Wall Street dal crollo, chiudere il contratto del secolo, arrivare in tempo alla lezione di flauto dell'Himalaya che cambierà la sua vita, consegnare un nuovo pezzo per la collezione del MoMa. O almeno si convince che sia così. Ognuno ha un progetto e si immerge nella frenesia della metropoli con l'illusione che stai per farcela anche se nove volte su dieci finisci stritolato dalla macchina di una città che ti rende dipendente dal lavoro eterno, pena la tua sopravvivenza.

Se a New York me ne faccio una ragione, non mi spiego perché nell'addormentata Giudecca a Venezia in un pomeriggio dalla luce dolce che la fa sembrare ancora più lontana dalla disneyficazione di piazza San Marco e dalle orde di turisti, perché nell'unico passaggio obbligato lungo una riva, perché in questi pochi metri coperti da un ponteggio che ti costringe a camminare in fila... perché c'è sempre qualcuno che va di fretta dietro di me?

Non è una questione di competizione, né di ansia indotta dal rumore dello scalpitare dei piedi dietro di me. No, è molto di più.

Ci sono patologie che puoi misurare, sono un guaio, ma almeno non ti lasciano dubbi. Soffri di diabete? L'analisi della glicemia ti dice, senza ombra di dubbio, se ti stai sentendo male perché sei in un picco; altrimenti la escludi e puoi pensare ad altre cause, per esempio una banale influenza. Nel mio caso non esiste davvero una possibilità del genere. Le angiografie sono le uniche procedure capaci di sciogliere dubbi ma il carico radiogeno per il corpo umano è tale che si tratta di interventi a cui sottoporsi con molta cautela e non di frequente.

La speranza è che gli apparati di risonanza magnetica di potenza quattro tesla, per ora alquanto rari, iniettando mezzo di contrasto al paziente riescano a restituire un'immagine attendibile dell'area della Mav evitando quindi procedure invasive e una sequenza di radiografie che può durare ore.

Nell'attesa che le T4 si diffondano, però, l'unico metro della mia patologia sono io. In parallelo alla mia vita quotidiana – la diretta, la trasferta da organizzare, la torta con i bambini, il bollo da pagare – ho il dovere di monitorare i miei sintomi. Sono l'unico che può farlo, non ci sono macchine, reagenti chimici, onde magnetiche che possono occuparsene al posto mio. Ed è una doppia sfida: cercare di capire cosa sta succedendo senza finire nella trappola della diagnosi differenziale (confondere i sintomi di qualcosa di banale e ricorrente con quelli della patologia più grave) e cercare di capire senza sprofondare nelle paralizzanti sabbie mobili dell'ipocondria ansiogena.

Il segreto – almeno il mio – è stabilire un rapporto funzionale con la patologia, che non è una malattia in senso stretto.

Ne vaglio i sintomi come il flusso di numeri che passa in un computer, dati da valutare uno per uno, senza giudizi sul contesto: la vita, il destino, la fortuna.

In pratica è l'esatto opposto di quello che sto facendo scrivendo questo libro che invece affonda le mani nella carne viva e dolente della disabilità.

Due anni dopo la rimozione di quello che nelle immagini diagnostiche sembrava un ragno (e in contemporanea – misteriosa coincidenza! – mi aveva liberato dalla paura dei ragni che mi portavo dietro dall'infanzia), ho cominciato a star male di nuovo. No, non erano tornati i malori, questa volta era qualcosa di diverso. Sentivo la caviglia sinistra indebolirsi. Quando il piede toccava terra, il rumore era sempre più forte, come quello di uno schiaffo al suolo.

Durante una trasferta a Milano trovo il modo di fare un'ecografia, sperando che ne venga fuori un problema locale come un legamento lesionato. Nulla. Proseguo inseguendo una costellazione di possibili diagnosi meno gravi. Si va per esclusione, nel mondo della diagnosi differenziale, per evitare che un problema noto e grave finisca con l'assorbire e orientare tutta la ricerca delle cause di un certo disturbo, di fatto impedendo di trovarle. È un esercizio logico ed è un esercizio per non disperarsi.

L'ultima ipotesi tra quelle meno gravi è la presenza di una cisti di Baker nella zona posteriore del ginocchio, una massa benigna. Potrebbe essere in una posizione tale da schiacciare il nervo che comanda la dorsiflessione della caviglia sinistra. Risultato negativo.

La mappa Asia ormai la conosco a memoria ma vado a rivedermela. È una lettura interessante perché nelle varie fasce e anelli in cui il corpo viene diviso c'è l'origine degli umani: quadrupedi con la coda.

La mappa collega ogni area del corpo a un tratto della colonna vertebrale e serve a valutare gli effetti di un trauma spinale (e di fenomeni equivalenti), in altre parole serve a capire quale funzione è stata danneggiata da una lesione midollare a un certo «livello» della colonna. Nel mio caso continuavo a notare che il tibiale e la zona della caviglia, rispondevano al livello spinale L5 (quinta vertebra lombare) appunto quello della mia Mav.

A furia di guardarla capisco che il mio esercizio diagnostico «per esclusione» è definitivamente fallito, devo tornare in sala angiografica. «Lei qui non ci tornerà più» mi aveva detto il medico un anno dopo la prima procedura, al termine di un'altra angiografia, questa volta di controllo. Le suture erano rimaste in sede, la situazione pareva stabile.

Chiunque sia stato su una barca sa bene che l'acqua trova sempre la sua strada. Basta una tavola di compensato nautico incollata male, una smagliatura nella trama della fibra di vetro o l'impermeabilizzante che cede tra le assi. L'acqua comincia a trafilare all'interno. All'inizio è solo una «macchia» d'umidità, non la si prende sul serio, in realtà una goccia alla volta comincia a entrare. Non ha ancora la forza di sembrare un fiotto che impregna il legno. La macchia comincia ad assumere una traiettoria rettilinea e se non tiri subito la barca in secca per smontare i pannelli e arrivare al problema, sei fregato. L'acqua «cammina», cerca percorsi, strade, fa marcire tutto quello che incontra lungo la sua strada, danni nascosti che continuano ad allargarsi, molto peggio rispetto a quando l'acqua riesce a raccogliere forza e pressione e si apre la strada. Almeno in quel caso la falla la vedi e puoi tentare di tapparla, non è silenziosa né invisibile.

La Mav principale restava solidamente suturata (cioè la colla continuava a tenere separate vene e arterie prima comunicanti), il gioco di gradienti pressori aveva fatto in modo che la circolazione sanguigna si aprisse un'altra strada, anomala. Si chiama angiogenesi ed è la capacità del corpo di sviluppare nuovi vasi, è fondamentale – per esempio – per guarire le ferite. Nel mio caso era una maledizione.

Una vena aveva deciso di riunirsi a un'arteria, si era allungata abbastanza da raggiungerla e fondersi alle sue pareti come un condotto unico, sottile come un capello ma grande abbastanza per complicare il mio cammino. Lo schema del mio passo, all'epoca, era già disturbato dalla riduzione della stenia, la forza delle gambe, dovuta alla prima Mav, adesso la recidiva stava togliendo alla caviglia sinistra la capacità di avanzare a novanta gradi e poi di flettersi a contatto con il suolo. Camminare è come respirare, una funzione talmente naturale che non ne riusciamo ad apprezzare la complessità, il numero di fattori che sono in ballo, i comandi nervosi, i gruppi muscolari, la forza, il coordinamento, l'adattamento, il ruolo della propriocezione. Ed è così che una «semplice» caviglia cadente può compromettere l'intero schema del passo. Per evitare che diventi un ostacolo, un inciampo, un pericolo, il corpo comincia a modificare lo schema: il sollevamento del piede non è più ortogonale al suolo, la gamba va in rotazione per svincolarsi dal terreno, una serie di muscoli (in primis i flessori dell'anca) cominciano a fare il lavoro che altri gruppi non riescono più a svolgere con efficienza, le braccia devono adattarsi per contribuire all'equilibrio.

La mia recidiva non è solo sottile come un capello, è talmente profonda nel midollo che è pressoché irraggiungibile. Per arrivarci bisogna prendere strane strade che passano per uno scarico cervicale o che la aggirano come in una manovra notturna di scout dietro le linee nemiche.

Per questo il tentativo di chiuderla fallisce. Non fallisce una sola volta, fallisce più volte. Continuo ciclicamente a tornare in sala angiografica, senza risultato.

Per disperazione, a un certo punto il neuroradiologo ricorre alla Onyx, solitamente usata per gli aneurismi celebrali. È una colla a base alcolica e quando arriva è come se la schiena mi andasse in fiamme. I muscoli dorsali e lombari si contraggono come colpiti da una scossa elettrica e io sento di essermi sollevato di mezzo metro dal tavolo operatorio, in aria.

A ogni intervento, vedo il mio medico sempre peggio, l'ultima volta entra sostenendosi a un deambulatore. All'inizio mi aveva detto che aveva mangiato troppo tonno, poi che di sicuro i valori sballati del suo sangue dipendevano da vecchie otturazioni di carie fatte con mescola di piombo. Anche lui cercava una risposta avendocela sotto gli occhi, senza vederla. Morirà di lì a un anno per una malattia rara. Nessuno mi toglierà mai dalla testa che fosse stato vittima delle radiazioni che aveva generosamente affrontato per anni, senza sosta tra un intervento programmato e un'emergenza, dalle 8.30 del mattino alla sera.

La fase finale della malattia e poi la morte di Vincenzo, il mio neuroradiologo, mi riprecipitano indietro negli anni in cui cercavo una soluzione al mio peggioramento che nessuno riusciva a darmi. Di nuovo mi ritrovo completamente solo. L'unico medico capace di aiutarmi non c'è più. Era il migliore in Italia, l'unico capace di trattare Mav spinali mentre tutti gli altri – in una disciplina di fatto ancora agli albori – si concentravano sugli aneurismi cerebrali.

Comincio a guardare all'estero, la «scuola» di Parigi è tra le principali al mondo ma la Francia è per me un mondo lontano, distante. Raggiungo alcuni medici negli Stati Uniti, dove invece sono di casa. Prima alla Columbia a New York, ricavandone nulla, poi a Washington, Dc. Il neuroradiologo interventista sembra molto bravo e ha un approccio che mi pare ottimale. Purtroppo poi arriva il preventivo. L'ospedale calcola il costo dell'intervento «a vasi», aumenta ogni volta che si esplora un gruppo di vene e arterie lungo la colonna. Non puoi sapere quanti se ne studieranno in una seduta, quindi teoricamente la fattura può raggiungere il valore di un paio di appartamenti in centro. Non posso permettermelo. Non posso rischiare di vendere casa per un intervento che potrebbe non essere risolutivo e dover essere ripetuto.

Continuo a cercare in Italia, scoprendo che un medico argentino, trasferitosi in Spagna dopo una specializzazione a Parigi, lavora in diversi ospedali della Penisola come consulente: aiuta i colleghi locali a creare strutture d'eccellenza. Purtroppo è un generale senza truppe, non ha potere diretto sulla gestione dei ricoveri (per giunta queste nuove strutture quasi mai hanno posti letto sotto il proprio controllo ma si appoggiano ad altri reparti) né sulle liste d'attesa. Faccio vari tentativi diretti con i primari a cui lui fa da consulente ma è completamente inutile. Non mi resta che andare da lui, nella sua clinica a Madrid, ma è a pagamento. La cifra da pagare è pari a un decimo del preventivo americano ma è comunque una somma che non posso permettermi. Per questi casi in Italia esistono delle commissioni regionali, c'ero passato già vent'anni prima – per altre complicazioni – senza ottenerne nulla.

Ti presenti con diversi faldoni di documentazione medica (più carte ci sono, meglio è) e possibilmente con una o più relazioni di strutture pubbliche attestanti che l'intervento non è fattibile o troppo rischioso in Italia (così la commissione medica può evitare di assumersi responsabilità dirette). Quasi sempre ti dicono che non c'è problema e che, insomma, qui si sta esagerando, siamo in Italia ed è possibile far tutto nella nostra «stimata sanità». Una perdita di tempo inutile mentre i danni della recidiva avanzano perché ogni giorno di compressione nervosa o spinale accelerano la necrosi dei tessuti, cioè la loro morte.

Per fortuna i giornalisti italiani, in tempi in cui avevano ben presente che solo l'unione e l'autonomia fanno la forza, decisero che per essere indipendenti dai poteri (anche da quello che lo Stato potenzialmente esercita sul cittadino attraverso l'accesso alle cure) fondarono una cassa di assistenza sanitaria. Ho così la fortuna di sottrarmi al ricatto del potere politico che poi ha l'ultima parola su queste come su altre questioni legate alla sanità regionale.

«Siamo riusciti a chiuderla» sono le parole che mi arrivano da una sagoma sfocata. Alfredo, il medico, è venuto a trovarmi in terapia intensiva, dove devo restare un giorno, prima di poter essere riaccompagnato in stanza e dimesso. Nelle ultime procedure di (mancata) embolizzazione – si chiama così la sutura con la colla di una Mav – ho sviluppato un'allergia al mezzo di contrasto che rende tutto ancora più difficile. Dopo l'intervento le mani cominciano a spellarsi ed è impossibile toccare qualsiasi cosa senza provare dolore. Questa volta il medico ha usato un liquido radio-opaco diverso anche perché la copertura degli steroidi serve a poco nel prevenire la reazione allergica. Pare sia andata bene, ventiquattro ore dopo essere uscito dalla rianimazione sono in un bellissimo ristorante di Madrid, dopo aver affrontato la stretta rampa di scale che porta alla sala da pranzo.

Al lavoro, come sempre, non sanno nulla di quello che mi sta capitando. Una segretaria mi chiede il certificato con la diagnosi. È un errore troppo banale per essere tale. Le ricordo che basta il numero di protocollo del certificato come accade da diversi anni. L'Inps ha stabilito questo meccanismo proprio per tutelare la privacy dei lavoratori e impedire che le loro patologie vengano rese note a chi dà loro da lavorare, diventando così potenzialmente un'arma.

Dopo pochi giorni ritorno in redazione. Avrei dovuto starmene a casa più a lungo ma non voglio dare scuse a nessuno. Ho la cassa toracica in fiamme perché le fasce nervose che dividono il tronco come fette di salame si stanno stranamente riattivando, le gambe sono deboli, la fatica è generale e diffusa.

«Non entrerai più in una sala angiografica» mi dice il medico salutandomi. «L'abbiamo chiusa» ribadisce.

Dovrei fidarmi delle sue certezze, del resto è un luminare, di quelli veri. Ma non ci riesco.

Alle mie spalle ho gli schermi giganti di Fox News, all'angolo tra la Quarantottesima e la Sesta Avenue. Ho appena finito di girare uno *stand up*, a completamento di un pezzo sugli scandali a sfondo sessuale che stanno terremotando la tv più conservatrice d'America. Le ginocchia non mi reggono, si flettono. Nello stomaco si agita qualcosa, come se stessi leggendo sul sedile di dietro, ma non soffro di mal d'auto, mai accaduto. Immagino sia una reazione del nervo vagale. Sono preoccupato anche perché siamo a marzo e fa abbastanza freddo, condizioni anomale per un calo di pressione con effetti vascolari nell'area della Mav. Tiro avanti, non ho alternative. Domani devo lasciare New York, una rapida sosta a Roma e poi un viaggio allucinante via Istanbul diretto a Khartoum. In Sudan si stanno per celebrare i primi dieci anni del centro cardiochirurgico di Emergency, una scommessa di Gino Strada bollata come follia, rivelatasi poi un successo straordinario. Devo esserci anche perché quella sarà l'ultima volta in sala operatoria per Gino, che con il tempo ha sviluppato un'allergia ai detergenti medicali e la sua pelle comincia a squamarsi quando ne fa uso prima e dopo una procedura chirurgica.

Nonostante il lavoro intenso (giro e monto da solo), la temperatura feroce, il vento caldo, in Sudan riesco ad andare avanti. Un pomeriggio però ho un crollo e dormo per ore. «Sarà la fatica di questa trasferta e il salto del fuso orario da New York a Khartoum» mi dico.

Devo tornare in sala angiografica e dovrò tornarci di nuovo due anni dopo. Arrivare a navigare quella vena grande come un capello è difficilissimo tanto che probabilmente la colla aderisce solo su un versante delle pareti e non riesce a formare un «embolo», un tappo appunto, dà solo l'impressione che si sia formato nelle immagini sul display. Al lavoro continuo a tenere le assenze al minimo, a mandare solo i numeri di protocollo, a restare in silenzio: magari sono solo le mie paure, ma così provo a proteggermi.

«Be', sai, le tue assenze non ti stanno aiutando.» Da un paio di settimane c'è in ballo l'assegnazione di un posto da corrispondente all'estero, cioè da giornalista residente stabile in un Paese straniero, formalmente decisa tramite selezioni interne. Per un inviato come me, sarebbe una naturale evoluzione di carriera. Capita però che sono posti molto ambiti e «politicizzati», perciò per anni – queste occasioni si ripetono ciclicamente – non sono mai riuscito a ottenerne uno pur avendo dei titoli che credevo – sbagliando – avrebbero dovuto giocare a mio favore.

«Cioè, il problema sarebbero le mie due settimane di malattia?» dico a brutto muso al mio interlocutore. «No, sai, non mi fraintendere, volevo dire che le tue assenze qui le riusciamo a gestire, se vai lì è molto più difficile.»

Nel più puro stile dei cosiddetti «tempi Rai» (una battuta che si fa quando una decisione è data per imminente ma poi richiede tempi lunghissimi per arrivare), la nomina in quell'ufficio di corrispondenza verrà formalizzata mesi dopo, la mia convalescenza era come un granello di sabbia al paragone con la durata della procedura ma era servita a cercare di dare una spiegazione «razionale» alla mia esclusione, probabilmente già decisa per altri motivi, magari di linea editoriale da tenere in quella sede di corrispondenza. Quel colloquio ha avuto però un effetto positivo: mi ha fatto prendere la decisione di non partecipare più a selezioni simili. Perché legittimare meccanismi del genere?

La recidiva sembra un fantasma inafferrabile. L'ultimo mio ritorno a Madrid è in pieno inverno. Ci vado da solo per non sconvolgere troppo la vita della mia famiglia, con i bambini piccoli. È inverno ed è un viaggio che mi ricorda una cosa accaduta quando avevo forse diciassette o diciotto anni. Una delle piaghe da decubito alla pianta del piede destro era talmente messa male che l'unica soluzione sembrava l'amputazione. Salgo a bordo di un treno diretto sulle Dolomiti. Ricordo ancora l'apertura delle tendine all'alba, la neve dappertutto, assolutamente esotica per uno che veniva dal Sud come me. Mi aspettava la «montagna incantata», come chiamavo il centro per la tubercolosi ossea nato a Cortina d'Ampezzo tra le due guerre per guarire con l'aria buona. Sono pronto a tutto, purché si risolva. Da anni provano a curare la piaga con massicce dosi di antibiotico, pulizie chirurgiche, vaccini autoimmunizzanti. La soluzione – lo capirò solo dopo – sarebbe stata cambiare gli appoggi, utilizzando dei plantari, ma quella era l'epoca della medicina Frankenstein, il trionfo del positivismo, della manipolazione del corpo non del suo assecondarlo.

Nell'autobus con le ragazze e i ragazzi diretti all'istituto alberghiero mi immagino la mia vita con un piede in meno ma finalmente libera da quel circo.

«Non ho mai tagliato un arto in vita mia e non lo farò ora.» Lo chiamano «penna bianca», il primario, per la sua chioma argentea, folta, ribelle. È stato lui a convocarmi qui per l'intervento, ma ora è lui stesso che non ce la fa ad andare avanti, vuole tentare un'altra strada. Ha l'umiltà di inviarmi da un altro medico a Barcellona, città dove resterò poi a vivere per un po' negli anni post-olimpici.

L'ultimo intervento di embolizzazione dura oltre sei ore, mi sveglio con feroci dolori muscolari alla schiena, ho anche perso sensibilità in una parte del quadricipite destro. È come una macchia nel centro della gamba che mi fa male anche se è priva di sensibilità tattile. Detta così sembra un'assurdità: come è possibile che un'area del corpo priva di sensibilità possa far male? I danni neurologici sono un labirinto buio e misterioso, ci sono aree del corpo dove la sensibilità al tatto è conservata se si usa un batuffolo di cotone per sfregare la pelle ma è totalmente assente se invece si usa un ago. Capita anche che ci siano persone che hanno dolori lancinanti a una gamba o a un braccio, dolori inspiegabili perché quella gamba o quel braccio non ci sono più, sono stati amputati: è la sindrome dell'arto fantasma.

I dolori sono così forti, le ischemie muscolari seguite all'embolizzazione tanto pesanti che devo restare un mese a letto. Aspetto che mi scada il certificato di convalescenza e riprendo rapidamente servizio, c'è una storia che sto seguendo da oltre un anno e, in una serie di rocamboleschi rinvii, il lieto fine sta arrivando.

Amin e sua mamma Reziah, entrambi afghani, stanno arrivando finalmente in Italia. Da prigionieri dell'isola di Lesbos in Grecia a ospiti nella casa famiglia della Fondazione Luchetta Ota D'Angelo Hrovatin a Trieste. Una speranza di cura per la gravissima malattia di Amin, che avevo trovato in mezzo alle baracche del campo di Moria ai margini di un'isola dove non c'erano medici capaci di diagnosticare una patologia rara. L'impossibile era stato reso possibile grazie ai corridoi umanitari di Sant'Egidio, all'impegno di un medico del Policlinico di Udine e alla fondazione triestina intitolata a giornalisti uccisi mentre facevano il loro lavoro. Ero stato io a scoprire la vicenda di Amin, a denunciarla in tv, a seguirla nel tempo e a mettere insieme tutti quei pezzi di «buona volontà». Non potevo non essere lì per documentare e raccontare quell'inaspettato lieto fine. Da zero a cento in pochi minuti. Mi rimetto in piedi e ricomincio a girare per seguire l'ultima tappa del loro viaggio. Da Trieste invio il pezzo in redazione e poi torno a Roma a continuare la mia convalescenza.

Da allora non sono più tornato in una sala angiografica, continuo a monitorare i sintomi. A capire se oggi non ho forza perché ho dormito poco oppure se è perché la piccola vena ha ripreso a cercare la sua via verso un'arteria. A tentare di potenziare i miei muscoli, mantenere flessibilità e reattività, migliorare il coordinamento. È il mio secondo lavoro, a volte mi sento un atleta professionista anche se l'unica medaglia che posso vincere è continuare a camminare.

Da allora non sono più tornato in una sala angiografica e non ci voglio tornare anche se ci sono giorni in cui mi sento così provato che ci entrerei «di corsa» per togliermi ogni dubbio. È così che continuo a chiedermi perché sono tanto lento che c'è sempre qualcuno dietro di me pronto a superarmi.

«Com'è la situazione?» Mi trovo a Mosca, il telefono squilla e dall'altra parte c'è mio zio Peppe. La capitale dista diverse migliaia di chilometri dal Mar Bianco dove si è registrato un misterioso incidente probabilmente durante il test di un nuovo missile balistico. Ci sono perdite di radiazioni, si teme una nuova Černobyl.

«Sono molto preoccupato per l'incidente nel Mar Bianco.»

«Vai tranquillo, se morirò per gli effetti delle radiazioni, non c'entrerà nulla l'incidente di Archangel'sk.»

Ridiamo.

L'invincibile

«Ti posso aiutare a portarla?» Sono nel centro storico di Bologna e le ruote della mia valigia, a ogni passo, restano incastrate nella pavimentazione in pietra. Allo stop devo rispondere con uno strappo, e ogni strappo significa portare l'equilibrio del mio corpo al limite, spingersi in avanti rischiando di cadere. Tutto sommato è normale per me, da sempre faccio dell'equilibrio instabile uno dei miei motori. Capisco però che può preoccupare chi mi guarda.

Questa valigia con le sue robuste ruote da rollerblade l'ho trascinata praticamente in ogni angolo del mondo. Non dimenticherò mai quando venni scaricato da un C-130 italiano all'aeroporto militare di Kabul da dove stavano partendo unità britanniche verso l'infernale Sud del Paese. Passato il caos mi ritrovai in mezzo al nulla. Per un attimo ebbi paura che sarei rimasto lì per sempre, non riuscivo a capire da quale parte andare per raggiungere il terminal.

C'era ghiaia dappertutto, ode al tentativo occidentale di sconfiggere il fango afghano. Non avendo l'equilibrio per sollevare la valigia e portarla in braccio, non c'era alternativa al trascinarla. Scavai due solchi nella ghiaia fino all'ingresso dell'edificio da cui poi saremmo usciti in strada. Oggi la sto trascinando sotto i portici della città emiliana.

«Ti posso aiutare a portare la valigia?» La voce gentile, l'offerta di una bella donna con un sorriso dolce e due occhi che avrei potuto guardare per ore. E diverse ore sono passate, senza che io smettessi di pensare a quanto male le abbia risposto, a quanto bruscamente l'abbia liquidata. Mi pesa sul cuore la memoria del «No» scortese che mi sono lanciato alle mie spalle, senza nemmeno guardarla in faccia, senza nemmeno ringraziare.

Di solito un disabile l'aiuto altrui lo rifiuta sistematicamente. Dall'esterno sembra una questione d'orgoglio, di testardaggine. Non lo è. Rifiutare l'aiuto a volte è frutto di imbarazzo e vergogna, altre volte (come nel mio caso) è una necessità strategica così sintetizzabile: se tu mi aiuti oggi, se oggi io mi appoggio a te, quando domani tu non ci sarai come potrò cavarmela? Non sarò pronto a farlo da solo.

D'inverno, quanto più fa freddo, tanto meno mi copro quando mi alleno. D'estate, invece, scelgo gli orari in cui il sole scotta di più. Devi addestrarti in condizioni estreme, se vuoi cavartela in quelle ordinarie.

"Tutto vero" mi ripetono i pensieri che riempiono la mia testa. "Rifiuti sempre le offerte d'aiuto, ma perché hai risposto tanto sgarbatamente?" Voglio capirlo per evitare che si ripeta.

Nella Roma eternamente ostile alla disabilità nessuno in decenni è riuscito a sostituire le scale della metropolitana con degli ascensori; in compenso sui display c'è l'elenco delle scale mobili e degli elevatori guasti, fermata per fermata. Che poi sarebbe molto più facile e breve elencare quelli che funzionano.

Ho una devozione alla ridondanza, la mia regola è portarsi dietro sempre qualcosa in più rispetto a quello che potrebbe servire. Banalmente la valigia per una notte fuori ne copre tre perché se ti chiamano dal giornale e devi partire all'improvviso sei pronto. Nello zaino, quello «giornaliero», quello per il computer, la borraccia e le chiavi di casa io ho anche una tourniquet, un Ifak (kit di pronto soccorso individuale) e un paio di forbici da estricazione. Perché non puoi mai sapere quando un'emergenza ti si parerà davanti e sarà l'ora di aiutare qualcuno.

Ridondanza significa peso, e quindi spostare il bagaglio che ti porti dietro è più difficile. Sarà per questo che sulle scale o nei passaggi più delicati, c'è spesso qualcuno che vuole aiutarmi. Sono allenato e, ormai in ogni condizione, riesco a rispondere con un sorriso e un «No, grazie».

Anche se poi mi sale un retropensiero: se tu vuoi davvero aiutarmi, perché non ti indigni con amministratori e politici? Perché non chiedi che al posto di queste maledette scale non vengano montate delle scale mobili come nelle metropolitane di mezzo mondo? Perché non chiedi che gli ascensori e le scale mobili che già ci sono smettano di andare fuori uso a giorni alterni? Già, perché?

La risposta è tragicamente semplice: in particolare in Italia, la disabilità non ha alcuna dimensione collettiva e quindi politica. Le persone «normali» finiscono con il considerarla come un problema individuale e come tale provano, generosamente, ad affrontarlo. Si avvicinano, ti offrono il loro aiuto e finisce lì.

Ma a faticare sulle scale non sono solo io, caso clinico pressoché unico in letteratura. Ci sono le donne incinte, gli anziani piegati dall'età, le madri con i passeggini, l'atleta che si è rotto un piede. Insomma roba molto frequente e comune: casi molti diversi tra di loro, che dovrebbero far capire a tutti che il tema delle barriere architettoniche è universale. Invece la percezione è purtroppo opposta, chi guarda da fuori li considera nient'altro che casi singoli. La morte della politica.

È forse per questo che le ho risposto così male? Continuo ad analizzare la casistica. Realizzo che con gli estranei è facile sorridere e declinare l'offerta, con chi conosci personalmente è tutto molto diverso. Che ti voglia bene, che sia solo un'amicizia o una conoscenza di lavoro, l'altro è già avanzato troppo dentro di te. Va fermato in fretta, prima che arrivi alla radice dei tuoi problemi. È tassativo evitare che il vostro rapporto cambi natura, scada nel pietismo da libro *Cuore* o nell'autocensura («Non lo invito perché è un evento molto faticoso, non voglio metterlo in difficoltà. Mi dispiace, ma lo faccio per lui»). Sì, okay, è tutto vero. Eppure avrei potuto essere più gentile con quella donna. C'è dell'altro da prendere in considerazione.

Ho smesso da ragazzo di chiedermi perché fosse toccata a me. Quella era una domanda inutile e dannosa, mi distraeva dal mio obiettivo principale: usare al meglio il tempo che mi era stato concesso dal destino.

Per fare non basta però la razionalità, cioè un obiettivo e un progetto per raggiungerlo. C'è bisogno di volontà, tanta volontà. Ma anche quella a volte non basta, a quel punto entra in gioco la rabbia, un carburante che può darti la spinta necessaria a rompere l'ultimo diaframma di roccia, un attimo prima di tornare a rivedere la luce. Ce l'hai dentro di base, la lasci silente in un angolo senza prendertene cura, magari la usi come fosse un'arma in più ma ha degli effetti collaterali. La rabbia è il «doping» della volontà.

A furia di usarla però capita che la rabbia ti resti dentro come un rumore di fondo, suona sempre a basso volume, e però si alza all'improvviso quando meno te lo aspetti, soprattutto quando i tuoi problemi e la normalità della vita ti lasciano stanco ed esausto alla fine della giornata.

Che peso può avere la disabilità sulla psiche? Onestamente non so rispondere, per quello che ho visto frequentando corsie e ambulatori direi: tristezza, voglia di resa, fuga dalla realtà e dalle sue sfide. Ma quei disabili non li ho visti fuori dagli ambienti ospedalieri, nel mondo reale, quindi la mia sarebbe una risposta parziale, imprecisa.

Posso raccontare, invece, del peso che sulla psiche può avere opporsi alla disabilità, tentare di vivere senza essere definito dai tuoi problemi fisici.

Ho delle fortissime fascicolazioni nella zona del collo, i trapezi si contraggono spontaneamente, ormai sempre più di frequente. Non devo arrendermi alla loro prepotenza che vorrebbe allontanarmi dall'obiettivo, devo mantenere tutti i muscoli rilassati.

I livelli di ossigeno stanno drasticamente calando, tra i primi segni d'ipossia ci sono appunto le fascicolazioni, che consistono in tremori muscolari attraverso i quali il corpo ti chiede di tornare a respirare. È l'allarme che suona prima che tu possa perdere i sensi, a quel punto i polmoni andrebbero in spasmo e si riempirebbero di acqua condannandoti a morte.

Per via del gioco delle pressioni parziali dell'aria questo meccanismo è molto più probabile che scatti quando sei in risalita da un'immersione in apnea: mancano pochi metri alla superficie ed è allora che arriva il blackout. Credo di averlo sfiorato tante volte quel momento, anche se in mano non avevo un pesce appena arpionato. Mi è invece capitato per cercare di recuperare ancore incaramate. Tiri la cima dall'alto ma non fai altro che bloccare ancora di più le marre, cioè i «denti» dell'ancora, prese dentro chissà quale spaccatura nella roccia. Liberarle non è mai un lavoro di forza: sott'acqua devi usare al meglio il respiro, economizzarlo mentre limiti al minimo i movimenti per ruotare il pezzo di metallo, fino a estrarlo. Capita però che ci siano fondali talmente frastagliati che disincagliare l'ancora non basta, se l'appoggi per poi tirarla una volta risalito sulla barca c'è il rischio – la quasi certezza – che ricada di nuovo in un'altra fessura. Per questo dopo aver consumato tanta aria per restare sul fondo a estrarla, devi usare quella che ti è rimasta nei polmoni per portare la pesante ancora a vedere la luce del sole. Ed è lì che senti la carezza dell'anidride carbonica sugli occhi.

Il battito dei muscoli trapezi lo senti invece solo qui, in piscina. Sono inginocchiato poco sotto un blocco di partenza al quale mi reggo con le mani per tenere il corpo e la testa sotto la superficie. Lo intravedo sfocato attraverso l'acqua resa blu dal colore delle piastrelle. Guardo ritmicamente in quella direzione per avere la certezza dell'ovvio: l'istruttore è ancora lì e quindi io non sono solo. Il trapezio batte, il diaframma spinge sulla gola, il freddo mi scuote. Sono fuori: quattro minuti e trentasei secondi, apnea statica, il mio record personale. Il grido della fame d'aria sbatte sotto il telone che copre la piscina e rimbalza con l'eco.

A guardare le classifiche dei campionati italiani, con un po' di fortuna sarei potuto finire tra la quinta e la decima posizione ma l'agonismo è come un altro lavoro e io già ne ho uno, per giunta molto complicato.

Trattengo il respiro non perché voglio arrivare in finale; trattengo il respiro perché è l'unica cosa che mi aiuta ad andare avanti. All'inizio per un essere umano sembra impossibile persino resistere senza respirare per più di trenta secondi, poi guadagni consapevolezza e controllo del tuo corpo e il cronometro corre sempre più avanti.

Avere a che fare con una disabilità significa prendere tante botte, sbattere contro troppi muri, cadere sul ghiaccio e sentire le mani scivolare quando provi a rialzarti. Ogni volta che la vita ti porta in un punto dal quale non riesci a uscire, la mia prima reazione è la rabbia ma non è quella a cui ricorri per aiutare la volontà. Al contrario, è una rabbia che ti zavorra e ti spinge nell'angolo buio della depressione. Chi ti sta intorno non riesce a capire cosa stia succedendo e tu, caparbiamente, li tieni all'oscuro perché almeno così a soffrire è una persona sola.

Ma la rabbia spinge come il vapore in una pentola a pressione, fino a che la valvola comincia a sibilare. A volte basta una banalità, come l'acqua di un bicchiere che si rovescia, per trasformare il sibilo in un brutto fischio. A quel punto la tua rabbia viene fuori e la reazione non è proporzionata all'evento che l'ha scatenata. Ed è incomprensibile alle persone a cui vuoi bene, perché loro non sanno nulla del muro contro il quale continui a sbattere. Li tieni all'oscuro per proteggerli ma poi, proprio per non aver condiviso i tuoi problemi, ti ritrovi a ferirli.

La piscina è l'unica salvezza, sia che ti ci tuffi per davvero o che sia solo un percorso mentale, evocato alla bisogna.

Devi scendere sul fondo, spinto dalla zavorra della depressione e dalla rabbia. Ti adagi sul fondale di mosaico azzurro, consumi tutta l'aria, bruci l'ossigeno, lasci spazio all'anidride carbonica, cominci a sentire le contrazioni, la fame dei polmoni. È la morte che si avvicina, che è poi una liberazione. È la fine di ogni dolore ma è anche la vittoria di quel muro che non sei riuscito a demolire e adesso ti sta franando addosso beffardo. Sbarri gli occhi, la vista sfocata del blu della piscina ti risveglia, lava via i pensieri scuri. Cominci a riconoscere le linee delle corsie dipinte sul fondo, gli angoli della vasca e il luccichio argenteo dell'unica scaletta. L'ultima molecola di ossigeno brucia la rabbia e la tristezza, le incenerisce. Il corpo smette di trattenersi sul fondo, la spinta è verso l'alto, la luce dei fari della piscina, l'aria nei polmoni, la gioia di tornare a respirare: un gesto già fatto miliardi di volte, indispensabile alla vita. Adesso si può ricominciare.

«Nico Piro, l'invincibile.» Parole che arrivano a sorpresa nel mezzo di un discorso pubblico e che all'inizio fatico anche a capire: era una battuta?

Gli anarchici hanno bloccato il ponte che dà su viale Trastevere, la polizia sembra pronta alla carica. Protestano per la detenzione di Alfredo Cospito al 41-bis.

Il taxi deve fermarsi: scendiamo. Un fuori programma che mi obbliga a un giro lunghissimo, prima camminare fino a ponte Sisto poi di nuovo sul lungotevere fino all'auditorium di Sant'Egidio, la comunità che da mezzo secolo si batte per la pace e per gli ultimi della Terra.

Ci arrivo sfinito, in condizioni molto diverse da quelle che avrei voluto. Ho perso il controllo della situazione che avevo pianificato come al solito.

Ogni volta che entro in un auditorium, in un teatro, in una sala dove sto per partecipare a un evento pubblico, controllo sempre prima quale sia la via di accesso al palco o al podio. Per questo arrivo sempre in anticipo. Molti teatri in Italia hanno ripidi gradini davanti al boccascena per passare direttamente dalla platea al palco. Quasi sempre sono privi del corrimano. Per me sono improponibili, non solo perché poco sicuri ma perché mi esporrebbero alla vista del pubblico in un modo che non desidero. Mi capita così di chiedere la «scaletta» (cioè la sequenza delle presenze sul palco) al conduttore della serata, memorizzarla e allontanarmi. Un paio di ospiti prima di me, al buio, dal mio posto in platea mi alzo, infilandomi nei corridoi, per seguire la strada che mi sono fatto mostrare in precedenza e arrivare nel retropalco da dove spunto quando tocca a me.

Quella sera a Sant'Egidio non era possibile: non c'era un palco ma un banco dei relatori, per giunta posizionato su una pedana non al livello del pavimento. Per arrivarci c'era solo uno scivolo per disabili, collocato sul lato destro della platea. Io però vengo fatto sedere sul lato sinistro: chiedo il cambio di versante ma è impossibile per via dei posti assegnati. È in momenti come questi che capisco perché le star, ossessionate dalla propria immagine, pianificano nei minimi dettagli ogni loro partecipazione a eventi pubblici. Basta che si siedano sotto una luce sbagliata e le loro foto da copertina vengono compromesse.

Per passare dal lato sinistro al lato destro devo camminare davanti a tutta la platea poi rumorosamente salire su una rampa fatta di lamiera dove ogni passo risuona come su un tamburo scadente.

È una passeggiata infinita in cui mi sento schiacciato dal peso dei pensieri delle persone, di quelli che mi vedono dal vivo per la prima volta. «Ti vedo sempre in salute in tv!» mi aveva confessato una volta una persona seduta al tavolo con me, a un congresso della Federazione nazionale della stampa. Reagiva così, sconvolta dalla risposta alla sua prima domanda: «Che ti è successo alla gamba?». «Ci sono nato.» È il conflitto tra l'immagine reale e quella catodica, che rende ancora più difficile l'incontro con la mia disabilità

Sono completamente esposto agli sguardi e mi sto producendo in una pessima camminata, provato dalla stanchezza. Mi accompagnano Alex e Caterina, che salgono con me sul palco dove Riccardo Iacona mi consegna il premio «Colombe d'Oro», una soddisfazione immensa che non riesco però ad apprezzare fino in fondo. L'ansia, qualcosa che pure non mi appartiene, mi ha ormai spinto il cuore in gola.

Alla fine della cerimonia, Andrea Riccardi ripercorre la serata e in un passaggio del suo discorso usa parole che mai mi sarei aspettato: «Nico Piro, l'invincibile» scandisce.

Andrea non usa mai parole a caso. Per la prima volta realizzo che sono invincibile, che non mi sono mai arreso. Ma non posso smettere di pensare agli altri «come me».

Di fronte alla disabilità ho trovato la «mia strada». Fatta di alti e di bassi, di progetti, di uso del tempo sino all'ultima goccia, di studio, di sacrificio, di rabbia e di volontà. Ma questa è la mia strada. Probabilmente la mia esperienza può interessare a un disabile perché è la riprova che esiste una possibilità di farcela. Credere però che tutti possano farcela seguendo questo percorso non è solo irrealistico, è anche ingiusto.

Io sono il frutto della cultura e della saggezza della mia famiglia, che ha saputo insegnarmi con coraggio a farmi beffe della vita. Sono anche il frutto delle condizioni materiali che mi offre oggi il mio lavoro. Possiamo ridurre tutto a rabbia e volontà? Assolutamente no. Abbiamo bisogno di uno sforzo vero dello Stato per dare condizioni materiali dignitose a tutti i disabili, condizioni che consentano loro di studiare, di capire i propri limiti e superarli. Perché 313 euro al mese, per disabili tra il 74 e il 99 per cento con reddito annuo non superiore a 5391,88 euro, solo formalmente sono un assegno di invalidità, in realtà sono una mortificazione legalizzata. Per giunta, non cumulabile con altri provvedimenti di sostegno al reddito.

Questa è la mia strada, ma ognuno deve essere in grado di tracciarsi la propria, che probabilmente non lo porterà in Afghanistan ma lo tirerà fuori dalla stanza in penombra dove il destino lo/la ha relegato/a.

«Nico Piro, l'invincibile.» Sono parole che porterò sempre nel cuore, avendone capito appieno il significato. Parole che sono inequivocabili perché vengono da una persona che ha dedicato tutta la sua vita agli ultimi, ai vinti, agli sconfitti: i migranti trattati come umani di terza classe; i senza fissa dimora ignorati da chi passa davanti ai loro giacigli in strada; i poveri che non riescono a dar da mangiare ai loro figli; gli anziani abbandonati nel limbo anaffettivo degli ospizi.

Le parole sono pietre. Da giornalista le considero strumenti di lavoro, vanno scelte accuratamente perché possono fare molto male. Il nostro linguaggio è intriso di bellicismo, quando si tratta di malattia poi si raggiunge l'apoteosi.

Li sentite i cronisti parlare dell'ex grande calciatore

che si è battuto contro un brutto male? Purtroppo alla fine è morto. La sua «guerra» è finita male. Vuol dire quindi che è uno sconfitto? Un perdente? Un fallito?

Perdenti sono quelli che ricorrono all'epica guerresca per coprire il loro vuoto di strumenti nel raccontare la malattia e comprendere la disabilità. Per questo dobbiamo ripulire il nostro linguaggio dal bellicismo cominciando dal rispettare i vinti, gli sconfitti, i perdenti come fanno alla comunità di Sant'Egidio.

«Nico Piro, l'invincibile.» Sono contento di esserlo, ma quelli che sono stati vinti dalla malattia e dalla disabilità non hanno meno dignità di me. Hanno solo bisogno di altro aiuto, di attenzioni specifiche, di non essere abbandonati affinché anche loro possano diventare invincibili. Invincibili a loro modo. Ognuno invincibile a modo suo.

Papà, perché sei diverso?

I Lari erano collocati all'ingresso delle case, i Penati invece nei pressi della dispensa, che era poi la parte della dimora più lontana dalla porta principale. Dividendosi i compiti queste divinità domestiche proteggevano le abitazioni degli antichi romani. I miei Lari e Penati sono poco distanti dall'ingresso e poco distanti dalla dispensa, a metà strada, a due metri e mezzo d'altezza. La mia divinità domestica sorveglia la casa e la famiglia attraverso le sue quattro «luci», gli oblò circolari aperti sui lati di quella forma sferica. Il suo rame e il suo ottone non li ho mai lucidati e mai lo farò per lasciarlo ossidare come merita uno strumento di lavoro che non è una decorazione. È stato prodotto nel 1971, come riporta la sua targhetta di matricola, è un elmo da palombaro presumibilmente arrivato da uno degli stock della flotta del Nord o comunque dalla Marina sovietica. Di elmi da palombaro ne vorrei una collezione, in particolare sogno il Marina della Galeazzi, progettato negli anni Trenta, un capolavoro della ricerca italiana. Con il Galeazzi mi sono immerso in passato: non è solo funzionale, è di una bellezza assoluta. Non dimenticherò mai la prima volta a Ravenna in una pozza per addestramento, profonda dieci metri. Appena arrivato sul fondo, gli istruttori nell'interfono mi dissero: «Andiamo a prenderci il caffè, aspettaci». E restarono (l'ho capito solo dopo) venti minuti a osservarmi per capire se andavo in panico. L'elmo sovietico che sta sulla mia parete è l'unico che mi sono potuto permettere. La nostra non è stata però una storia nata per motivi di denaro, o meglio di prezzo, quando un collezionista olandese me l'ha portato a La Spezia sono rimasto incantato dalla sua semplicità, quella tipica dell'ingegneria sovietica, che segue principi base come la capacità di resistere all'usura, rompersi il meno possibile e fare in modo che si possa riparare dovunque, in qualunque condizione climatica e con pochi attrezzi. Essenzialità spesso confusa con rozzezza (che era invece tipica dei beni di consumo sovietici, non degli equipaggiamenti o delle armi).

Quello che proietta l'oblò centrale, che occupa buona parte della calotta sopra il collare, è lo sguardo severo di un ciclope. Non giudica ma ti ricorda di leggere la frase posta poco sotto, a rilievo sul muro: *dum spiro spero*. Una frase latina, secondo alcuni da attribuire a Cicerone, che significa: «Finché respiro, spero». Quando sei abituato a stare sott'acqua il respiro assume un altro valore rispetto a quello delle persone normali, sulla «terra». Con una colonna di mare alta quaranta-cinquanta metri sopra la tua testa, ogni respiro conta: consumare troppa aria, fare entrare anche solo un filo d'acqua nelle vie aeree, perdere il morso sull'erogatore, calcolare male i tempi di risalita e di decompressione rispetto al residuo nella bombola: ogni errore può costarti la vita.

Purtroppo la subacquea è una delle cose a cui ho dovuto rinunciare in una vita che, a volerla vedere pessimisticamente, è un continuo perder pezzi che poi non recuperi, e in una visione ottimistica è invece un continuo reinventarsi.

L'odore del sale misto al neoprene non lo dimentico, come non dimentico mai la lezione impartita dalle profondità. Sulla terra a un disabile capita qualcosa di molto simile a chi è in immersione. Ogni soffio d'aria è indispensabile: sperare è come respirare. Perdere la speranza è come scivolare, precipitando nell'abisso della solitudine e dell'esclusione. Vista la situazione italiana, l'integrazione di un disabile dipende solo da lui stesso; nella migliore delle ipotesi dalla sua famiglia e dalla sua comunità «locale» (il condominio, il quartiere, il posto di lavoro). Ogni respiro conta.

Ragazzi dalla pelle color caffellatte si lanciano in mare. È febbraio, l'acqua è gelida ma per loro quella è la loro unica possibilità di lavarsi. È il 2008 e, da qualche anno, Patrasso non è più solo lo snodo dei vacanzieri che arrivano in Grecia con i traghetti. È il crocevia della fuga dall'Afghanistan, dall'Iraq, dall'Africa verso l'Europa. All'epoca la rotta balcanica (il cammino per arrivare in Unione europea dalla Macedonia alla Slovenia) non esisteva ancora, verrà «aperta» qualche anno dopo per reazione alla repressione dei poliziotti greci. Progressivamente il porto della cittadina verrà militarizzato per impedire ai migranti di saltare dentro o sotto i camion, in procinto di imbarcarsi sui traghetti, con destinazione Italia.

Sul lungomare di Patrasso c'è un lotto di terra squadrato, lì doveva sorgere un altro palazzo mai costruito mentre poco distante c'è lo scheletro di un palazzo costruito ma mai completato, avvisaglie di quella che sarà la crisi greca.

L'unica edificazione su quel suolo l'hanno fatta i migranti: baracche fetide, che lasciano ogni giorno sperando di non tornarci più, sognando di aggrapparsi ai semiassi di un Tir.

Un girone di dannati a pochi metri dai bar dell'aperitivo al sole e dal fiume di auto e camper in andata e ritorno dalle spiagge del Peloponneso. Trascorrerò diversi giorni in mezzo a loro: il clima nel campo non è facile, c'è tanta rabbia. Questi ragazzi sono prigionieri di quello che chiamano *The Game*. Il gioco è quello di saltare sotto i camion mentre sono in fila per entrare al porto, scavalcare la recinzione dello scalo per nascondersi in mezzo al carico, sfuggire ai pestaggi della polizia e dei militari che ormai controllano ogni centimetro delle banchine, non farsi prendere dai camionisti terrorizzati dall'idea di essere scambiati per trafficanti.

Tra una pozza di liquami e l'odore fetido della plastica «cotta» dal sole, un gruppo di giovani afghani mi racconta dei loro tentativi, sempre falliti, di arrivare in Italia mentre sui piccoli schermi dei cellulari, quelli con i tasti fisici, mi mostrano le foto di volti tumefatti e corpi ammaccati, segni dei pestaggi ricevuti dalla polizia.

I ragazzi parlano disposti in semicerchio, in un piccolo slargo tra quell'ammasso di legna e plastica di scarto che chiamano casa. Quando arriva alle loro spalle un altro giovane afghano, all'unisono si spostano, aprendo quel semicerchio come la quinta di un teatro e lo lasciano passare, lento e impacciato.

Ha la tipica andatura «anserina» di chi ha una lesione spinale, trascina i suoi piedi e muove a fatica le gambe, spostandole con la rotazione del bacino. Gli basta poco tempo per conquistare il centro della scena. Parla di quanto desideri arrivare in Europa dove – dice – i medici iraniani (lui viene dall'Afghanistan) gli hanno assicurato che c'è una cura per i suoi problemi. La cura non esiste, purtroppo io lo so meglio di lui anche se vorrei essere in torto.

Il ragazzo non ne parla, non lo racconta, non lo denuncia, parla come se effettivamente avesse l'agilità, la corsa e la forza fisica per scavalcare e lanciarsi sotto un camion senza essere né visto né travolto. Scambio sguardi con i ragazzi, è una tacita intesa: a tutti noi è chiaro che al «gioco» lui non potrà partecipare mai. Il vento dell'Egeo porta il gelo nei nostri cuori, perdo contatto con la conversazione, continuo a pensare a come il mondo possa rifiutarsi di vedere tutto questo. L'unica cosa che mi mantiene «presente», in mezzo a quel semicerchio di anime in pena che fa da corona al più sfortunato di tutti, è che lui continui a respirare, continui a sperare.

Quando mi è venuta voglia di pubblicare un libro sulla disabilità, condizione che ho affrontato per tutta la vita ma su cui mai mi sono impegnato da attivista, il mio obiettivo era politico.

Non volevo scrivere di me, volevo usare la mia storia per provare a dare speranza ai disabili – perché tutto è possibile –, per aprire gli occhi alle persone – capire come la loro interazione con la disabilità non è mai neutra –, e risvegliare chi ricopre ruoli istituzionali e solitamente ignora il problema.

Purtroppo, nella conversazione pubblica, i disabili non hanno voce. Sono silenti perché silenziati: nessuno prova a mettersi nei loro panni (meglio, nelle loro scarpe), nessuno chiede la loro opinione.

Ai nostri «governanti» (termine che si riferisce a chiunque amministri la cosa pubblica, a qualsiasi livello territoriale e funzionale) conviene che i disabili se ne restino nel loro angolo buio. A portarci a tutto questo è un misto di sciatteria, razzismo, inadeguatezza che complica la vita a milioni di diversamente abili.

È stato molto difficile arrivare alla decisione di pubblicare questo libro perché, certo, volevo metterci dentro qualcosa di me, della mia esperienza personale di «disabile di successo», ma avevo paura dell'autoreferenzialità, tratto tipico del nostro presente, l'epoca del selfie. Non è una questione di riservatezza, che pure conta. Il messaggio volevo fosse generalizzabile. Quando si dice che il personale è politico.

Credo che la fine del giornalismo contemporaneo sia proprio legata all'equivoco del «noi siamo qui», cioè alla confusione tra la notizia – i fatti che stanno avvenendo – e le vicende del giornalista, una figura che in realtà dovrebbe limitarsi a essere testimone, non protagonista.

Un giorno ho raccontato della decisione di tenere per me, nel cassetto, questo libro a un collega che stimo molto, direi un maestro. Mentre glielo raccontavo, mi aspettavo una conferma alla mia ritrosia, volevo sentirmi dire che era meglio lasciar perdere. Non mi ha risposto: «Hai ragione», come mi aspettavo. Mi sono sentito dire: «Dipende da come lo fai», con mia grande sorpresa. Si è così aperta una crepa nelle mie convinzioni. A trasformare quella crepa in una breccia è stata la «prova bambini».

Anni di «allenamento» mi hanno trasformato in un campione nel prevenire certi discorsi o meglio nel prevenire «la domanda», nelle sue diverse varianti: «Cos'hai fatto alla gamba?», «Cosa ti è successo?» e via dicendo. A volte credo di emanare un campo elettromagnetico intorno a me che blocca le comunicazioni sgradite, come i jammer antibomba che interferiscono con lo spettro radio per disabilitare i telecomandi degli ordigni. Funziona bene con gli adulti, non con i bambini e i loro interrogativi feroci, pur proferiti con la dolcezza e l'innocenza della scoperta.

«Papà, perché sei diverso?» mi ha chiesto una volta mia figlia Caterina. «È colpa della stupida malattia» ha tagliato corto Alex, mio figlio più grande. Ottima mossa ma inutile contro Caterina l'inarrestabile: «Papà ma tu sei l'unico al mondo a camminare così?» e via dicendo, una pioggia di domande con il suo sorriso capace di aprire tutte le porte.

Essere un genitore disabile è difficile. Per non mandare in cortocircuito il rapporto con i tuoi figli, gravandoli del tuo peso esistenziale che spesso è davvero troppo per loro, bisogna fare un giro molto largo. Piuttosto che mettere i bimbi di fronte ai tuoi limiti e spiegare loro che «Certe cose papà non le può fare», è necessario provare a sviluppare il loro senso di autonomia, la loro indipendenza e le loro capacità di far da soli. Devi seguirli, star loro vicino, guidarli, riuscire a fare in modo che siano loro a svolgere compiti che altrimenti ricadrebbero su di te: «Vado a prendere dallo zaino il libro che voglio mettere vicino al letto, così lo leggo quando sto per addormentarmi». Al posto di sentirsi dire: «Papà, puoi andarmi a prendere all'ingresso quel libro che vorrei in cameretta?».

In questo modo riesci a ridurre al minimo l'esposizione dei tuoi bimbi all'evidenza dei tuoi limiti. È un modo per migliorare il loro rapporto con la tua disabilità e, forse, avviarli sulla strada che li porterà a essere degli adulti migliori di quelli che ci circondano oggi.

Nel mio caso, essere un papà disabile è ancora più difficile perché trascorro molti mesi dell'anno lontano da casa, e la separazione e la distanza non fanno altro che complicare i rapporti. Se il mio lavoro è mosso dall'insofferenza verso le ingiustizie e potrebbe essere una forma di altruismo, verso la mia famiglia si trasforma in un atto di grande egoismo. La necessità (fisica, mentale, emotiva) di fare informazione dove la terra brucia ha un impatto su chi ti sta più vicino.

Come trasformare tutto questo in un momento di crescita e non di trauma per due bambini è stata ed è ogni giorno una sfida complessa. Io provo sempre a parlare loro dei drammi del mondo, di quanto impegnarsi per gli altri sia un valore. Spero, con questo, anche di aiutare loro a capire che quel mondo fatto di champagne, auto di lusso e hotel a cinque stelle che impera nell'iconografia dei social non è l'unica scelta possibile di vita e quasi sempre è una balla.

«La tua educazione si vede in tuo figlio.» Maurizio è il mio farmacista e mi parla dall'altra parte di uno schermo di plastica trasparente anti-Covid, cosa che rende ogni conversazione surreale; questa di più perché non capisco se stia scherzando o se voglia dirmi che Alex l'ha combinata grossa. «L'ho trovato al parco ieri da solo e gli ho chiesto con chi fosse. Lui mi ha detto che era con la tata. Gli ho chiesto dove fosse la signora perché, appunto, era solo e lui mi ha detto che era lì da qualche parte e che dovevo cercare una donna con i pantaloni rossi.» Lì ho cominciato a ridere perché ho capito dove volesse arrivare Maurizio: «Nico, non mi ha detto di cercare una donna africana, di colore, con la pelle nera, mi ha chiesto di cercare una tata con i pantaloni rossi!». Ridiamo.

Alex e Caterina – grazie soprattutto alla loro super mamma, Elizabeth – sono due bambini forti e speciali.

Spero di prepararli a vivere in un mondo fatto di diversità, non solo quella che toccano con mano quando il loro papà non riesce a metterseli a cavalcioni sulle spalle ai concerti o quando alla giornata del portiere c'è la sfida rigori genitori-figli. Anche la diversità degli altri che incontrano ogni giorno per strada, a scuola, al parco giochi, sia essa legata al colore della pelle, alla classe sociale o alla cultura. Lo sforzo è che guardino in faccia queste cose della vita anche se non rientrano nella rappresentazione del mondo dominante in tv, al cinema, sui social.

«Perché cammini così?» La domanda mi arriva da dietro la «reception» di un accorsato coiffeur per signore del centro di Roma. Sono appena entrato in questo posto, vicino a casa, dove vado perché qui mi fanno il favore di tagliarmi i capelli anche se non sono una signora.

Non riesco però a capire di chi sia la voce perché il banco della cassa copre la piccola sagoma del figlio del parrucchiere, un amichetto di Alex. Sorridendo, gli rispondo: «Perché la vita spesso combina pasticci». Una risposta che deve essergli piaciuta molto, a giudicare dal suo sorriso, visto che quel bimbo soffre di allergie gravi: rischia di morire ogni volta che mangia, se qualcuno commette anche solo un banale errore di ingredienti o scambia i piatti.

Il rumore dei passi attraversa la siepe, dietro c'è la terrazza coperta di un piccolo albergo ristorante dell'Ogliastra, un'area della Sardegna dove lo Stato ha stroncato l'anonima sequestri non riuscendo però ad andare oltre la repressione e lasciando senza prospettive di sviluppo un territorio che si arrangia con il turismo.

Di rimando arriva l'urlo: «*The limping rhino is here!*».

La voce è quella di due dolcissimi delinquenti, i miei figli che mi aspettano per colazione. Siamo sui lati opposti della siepe, loro non mi possono vedere ma hanno sentito i miei passi pesanti: «Il rinoceronte zoppicante è arrivato!» ripetono le loro voci adorabili. Per loro io sono un rinoceronte, che in effetti è il mio animale preferito. Per loro io non mi fermo mai, carico l'ostacolo fino a che non libero la strada. Ma sanno troppo bene (maledetta scuola!) che un rinoceronte pur arrivando a pesare fino a tre quintali è veloce, molto veloce. Può correre a oltre cinquanta chilometri l'ora. Io invece no, ma resto un rinoceronte per loro, un rinoceronte speciale, zoppicante, «*the limping rhino*».

Episodi del genere mi portano a concludere che ho superato la prova bambini. Quando l'ho capito è stata per me la conferma che fossi blindato a sufficienza per continuare a tirare dritto.

Ho sempre ignorato la mia disabilità nella mia sfera pubblica; insomma, ho fatto finta di nulla. Non volevo che il mio lavoro venisse giudicato *ad handicap* cioè sulla base delle mie maggiori difficoltà di partenza. Non volevo sconti.

È stata la scelta giusta a cui sono seguiti silenzi dubbiosi, interrogativi scritti sui volti altrui e solo raramente domande, da me rapidamente neutralizzate. È stato un modo per proteggere la mia vita normale dal rifiuto che il «resto del mondo» ha dell'anormalità.

Negli ultimi anni però l'aumento degli incontri pubblici, delle manifestazioni, delle cerimonie di consegna premi, degli eventi, il ritrovare su Google come ricerca ricorrente «Nico Piro gamba» e «Nico Piro malattia» ha rappresentato per me un'escalation sempre più difficile da gestire.

Quando compari in televisione e sui social è facile nascondere la disabilità motoria.

Gli incontri «in presenza» – come si chiamano gli incontri «fisici» dall'epidemia di Covid in poi – sono molto più difficili da affrontare perché c'è poco che puoi nascondere: se ci sono scalini da affrontare per salire su un palco magari entri dal retropalco, ma se cammini male, cammini male. Quello che però mi pesa di più non è tanto la sorpresa delle persone, che è tutto sommato una reazione naturale.

Dentro chi ti vede in tv o ti segue sui social, scatta un meccanismo per cui vieni percepito come una persona di casa, come qualcuno che si conosce da sempre anche se non l'hai mai incontrato di persona. Quando questa immagine virtuale (spesso idealizzata) va in collisione con una realtà inaspettata, la reazione delle persone è di shock. Confusione, interrogativi, la messa in dubbio di certe convinzioni appesantisce l'atmosfera poco prima di cominciare un dibattito difficile o di ricevere un riconoscimento emozionante. Gestire questo carico emotivo è diventato per me sempre più difficile.

«Ha evidenti problemi a una gamba ma non ha mai rivelato in pubblico l'origine del problema né l'impatto sulla sua vita.» Quando ho visto comparire questa frase sulla mia voce di Wikipedia sulle prime volevo chiedere che venisse cancellata poi ho sperato potesse semplificarmi la vita perché in qualche modo era un avvertimento, un'informativa. Mesi dopo un utente l'ha contestata in quanto «senza fonte» e quindi è stata rimossa.

Questo peso personale mi ha spinto a scrivere questo libro. Un gesto liberatorio rispetto alle responsabilità che sento su di me e verso gli altri disabili. Ho avuto la fortuna di «integrarmi», parola che di solito applichiamo ai migranti ma vale per ogni diversità; ho un dono che arriva con un dovere, quello di fare qualcosa per gli altri come me.

Non sono sicuro di cosa accadrà ora alla mia vita, dopo aver parlato tanto apertamente dei miei problemi e della mia disabilità. Non so se cambieranno le reazioni delle persone che mi conoscono da lontano ma che mi vedono per la prima volta da vicino. Non so cosa accadrà alle invidie e al razzismo (di una piccola parte) dei colleghi. Non so se cambierà quello «stato di indifferenza» duramente costruito nel rapporto con i miei datori di lavoro, che mi ha consentito di essere trattato da persona normale.

Con questo libro mi avventuro in un territorio inesplorato. È come un salto nel buio, nelle acque nere con la torcia spenta ma senza il piacere dell'oscurità che annulla tutto e porta pace nell'animo.

Nel 2023, sono stato alla scuola Rodari, un istituto comprensivo in provincia di Belluno. Mi piace interagire con gli studenti ma non mi era mai capitato di incontrarne di così piccoli. In particolare quelli delle prime medie, emozionati di ascoltare un giornalista della tv; ancora bambolotti, li avrei riempiti tutti di baci e pizzicotti come faccio con i miei figli.

Alla fine un gruppo di bambine e bambini – proprio i più piccoli – si sono avvicinati. Volevo abbracciarli, loro però erano come in missione, seri e concentrati. Mi hanno circondato, hanno fatto un respirone per prendere coraggio e mi hanno chiesto: «Che è successo alla tua gamba?». Scommetto che si aspettavano una risposta epica tipo l'esplosione di una granata chissà in quale provincia remota dell'Afghanistan. Avrei voluto dargliene una così, ma non sarebbe stato onesto, sarebbe servito solo a fare felici loro e me. In quegli interminabili istanti tra la loro domanda e la mia risposta, ho capito che li avrei feriti e delusi se avessi detto loro, come faccio di solito: «È una lunga storia, roba vecchia». Non potevo ignorarli, snobbarli come faccio con gli adulti.

Ho recuperato anch'io il coraggio in qualche tasca del mio animo, li ho guardati e ho detto loro: «La gamba? Sono nato così».

È calato il silenzio, li ho visti confusi. Non so se delusi, sorpresi o dispiaciuti. Li ho guardati, ho sorriso e ho aggiunto con quello che assomiglia a uno scioglilingua: «Il problema non è mai il problema! Il vostro problema deve essere come risolvere il problema».

Ecco, questo è il messaggio che vorrei restasse di questo libro.

Quello che verrà

Le mie gambe sembrano quelle di una zebra, me le hanno depilate a macchie. Non che io abbia tanti peli ma il lavoro è stato così preciso che la differenza tra «vuoti» e «pieni» è più che evidente. In ognuno dei «buchi», sulla pelle lasciata scoperta, ci sono attaccati dei sensori i cui led brillano a intermittenza; sono serviti a effettuare una elettromiografia dinamica, cioè a vedere come il sistema nervoso e certi muscoli delle gambe funzionano durante il cammino. Un esame molto meno invasivo e doloroso rispetto alla classica elettromiografia statica, per effettuare la quale il corpo viene riempito di aghi attraverso cui far passare le scariche elettriche. Servono a capire come i segnali nervosi circolano nel corpo, dove arrivano e dove si fermano. Le mani delicate di una dottoressa e di un'infermiera mi stanno togliendo i sensori. Per disattivarli è necessario il passaggio di una calamita. Probabilmente quella venuta fuori dal costosissimo kit di questo dispositivo si sarà rotta, per cui a sfiorarmi è un fiorellino, un magnete da frigo che ha ricevuto un inatteso avanzamento di carriera. «Fatto questo esame cosa accade? Ne prendiamo atto?» chiedo alla dottoressa, già conoscendo la risposta. «Sì, diciamo che è un tempo zero per monitorare gli sviluppi.»

La neurologia monitora, non riesce a fare altro, non cura e non guarisce. Sono in un ospedale sopra una piccola collina, alla periferia di Imola. Qui il Duce volle costruire un sanatorio, anche se di aria salubre a meno di duecento metri sopra il livello del mare ce n'era poca, e gli alberi per ombreggiare i campi arsi dal sole dovettero piantarli intorno ai padiglioni. Servì però a dare mille posti di lavoro nei luoghi d'origine di Mussolini. Oggi due dei tre padiglioni sono abbandonati e di fatto non restaurabili perché, pur ben costruiti, sono in rovina da troppi anni e per giunta sotto vincolo della Sovrintendenza: ristrutturarli significherebbe spendere molto più che costruire nuovi edifici, senza considerare poi che in tempi di agonia del Servizio sanitario nazionale, finiti i lavori edili, bisognerebbe assumere medici e infermieri, oltre che sostenere le spese correnti dei reparti. Peccato perché l'unico dei tre padiglioni in funzione ospita il centro per le lesioni spinali più all'avanguardia d'Italia, con il suo approccio «olistico» (parola solitamente abusata ma che questa volta non fa marketing, descrive bene la realtà). Qui si segue il paziente dal momento del trauma alle fasi successive, con «rientri» periodici, c'è spazio anche per chi soffre di lesioni di origine non traumatica – come me – e quando si parla di ridare autonomia al paziente, non ci si limita solo a insegnargli le manovre per passare dalla carrozzina all'auto ma anche, per esempio, lo si avvia allo sport.

Peccato per quei due padiglioni abbandonati, tornerebbero tanto utili visto che può durare molti mesi la lista d'attesa per entrare in questo istituto di riabilitazione (buon frutto degli anni della sanità democratica in Emilia).

Che ci faccio io qui? Purtroppo da qualche mese sono incappato, con un decennio di anticipo rispetto alla media della popolazione, in un inconveniente banale. Mi si è usurata la testa del femore e quindi ho avuto bisogno di una protesi d'anca. Un intervento di routine nelle persone «normali», nel mio caso un nuovo grado di complicazione in una situazione già complessa. Nei mesi del peggioramento dovuto ai dolori e agli scompensi dell'anca usurata, sono stato costretto a passare alle stampelle per camminare. Una novità, questa dei bastoni, che ha avuto un singolare effetto sugli altri o almeno su quelli che mi conoscevano già da prima (cioè da almeno sei mesi). Non mi chiedono perché io stia usando le stampelle: qualcuno per discrezione, il resto perché ti danno per spacciato ma hanno troppa paura per parlarne.

Sono qui perché vorrei liberarmene, tornando a camminare come facevo prima, magari non benissimo ma almeno con le mani libere, senza ausili.

«Siamo lontani» mi dice una fisiatra. Un modo gentile per dirmi che lei – lo intuisco – non crede che accadrà mai. Non mi faccio influenzare dal suo pessimismo o forse dalla sua razionalità. Ci devo provare lo stesso, fosse solo perché ho la fortuna di avere del «materiale» su cui lavorare. Su circa centocinquanta pazienti ricoverati, a camminare siamo solo in due. Per gli altri non c'è speranza di tornare in piedi salvo affidarsi ai «progressi della scienza» (cioè qualche rivoluzionaria, inattesa scoperta) frase che sento ripetere da quarant'anni nel corso dei quali nulla è cambiato davvero, non ci siamo mai svegliati la mattina con la notizia che la pillola magica era stata trovata.

Ci sono poi quelli che attendono, sono i pazienti il cui trauma è più recente. In questi casi, per i medici valutare l'estensione del danno è difficile (di nervi sappiamo davvero pochissimo) e si lascia sempre uno spiraglio attraverso il quale possa passare la speranza di un risveglio, la ripresa di sensibilità, di forza in un'area del corpo al momento paralizzata; paralisi che si spera quindi essere temporanea. Attese di giorni, settimane che molti si portano dentro per anni quando di speranza ormai non ce n'è più.

Siamo lontani da Imola, per giunta su una specie di collina, e anche nei giorni di «libera uscita» per i ricoverati (non in day hospital) allontanarsi dall'istituto è molto difficile, salvo durante le gite e i servizi di trasporto organizzati da volontari. Il bar interno, con il suo terrazzo che dà sul parcheggio, è l'unico vero luogo di svago a disposizione dei «non acuti», cioè di quei pazienti per i quali il peggio è passato e non sono più in terapia intensiva. Dell'aggregazione quello che mi colpisce non è solo il ruolo delle madri anziane, chine su figli che sono uomini fatti ma hanno bisogno dello stesso aiuto che necessitavano da bimbi piccoli. Sono i discorsi. Si parla liberamente di argomenti intimi, dai caterismi ai farmaci per gli spasmi. Questa piccola comunità trova rifugio e conforto nel suo essere «omogenea» ma non è solo questo. L'ostilità del mondo esterno, il razzismo diffuso, l'inadeguatezza della società spingono queste persone a trovare sollievo quando sono isolati, nascosti al resto del mondo, di fatto «segregati».

Ognuno ha la libertà di chiedere all'altro che cosa sia successo. È un catalogo della sfortuna umana: la ragazza investita dall'ubriaco al volante; il ragazzo paralizzatosi in un incidente d'auto mentre alla guida c'era un paraplegico diventato poi quadriplegico, il ragazzino nemmeno adolescente tuffatosi in mare dagli scogli per poi sentirsi galleggiare sulla sabbia, senza sentire più una parte del corpo; la donna che ha perso il figlio in un incidente stradale e ha tentato il suicidio, fallendo; il ragazzo che voleva dividere due litiganti in un bar e si è preso una coltellata alla schiena.

Eppure l'assenza di rancore è assoluta. «Io prego per la persona che ha fatto questo a mio figlio. Non lo odio.»

Intanto le vite restano congelate: coniugi che non si vedono per mesi e magari l'altro/a si rifà una vita; il marito che non vuole tornare a casa perché si vergogna a farsi pulire il culo dalla moglie; chi si nasconde in reparto per periodi lunghissimi perché a casa non lo vogliono più; chi si nasconde in casa perché ha paura di farsi vedere diverso da prima. Persone che parlano della loro vita al passato; negozi che restano chiusi perché il titolare è qui; aziende che vanno in malora; parenti che scompaiono perché hanno paura di confrontarsi con la nuova realtà dei loro cari. Persone sole che lo Stato ha completamente abbandonato, non solo sotto il profilo sanitario (come dimostrano gli accenti che vanno da Capo Passero all'Aterno e poco hanno a che fare con l'Emilia-Romagna), ma anche nella transizione verso la loro nuova vita da disabili. Non ci sono contributi per famiglie che si spostano da una parte all'altra dell'Italia e restano per mesi a integrare l'assistenza ospedaliera; per imprenditori e lavoratori che vorrebbero tenere in vita le loro imprese, troppo piccole per andare avanti senza il titolare; per case spesso da vendere e ricomprare o da rifare daccapo per adattare i bagni o cancellare le scale. «E pagatela questa bolletta! Non potete restare senza luce in casa» grida al telefono un ragazzo, di origini dominicane. Dall'altra parte la famiglia, ritrovatasi morosa mentre lui era impegnato in un lungo ricovero.

La mia fortuna è quella di non avere un lavoro precario ma penso ai freelance, ai collaboratori, a tutti i «lavoratori poveri», quelli senza malattia pagata e mi sale il disgusto per gli anni delle balle neoliberiste dai forbiti nomi inglesi come Job's Act.

Il cocktail povertà e malattia è devastante ma spesso è reso ancora più dolente dall'ignoranza, dal non avere strumenti culturali (oltre che economici) per affrontare la disabilità. Sulla terrazza del bar non ci sono solo persone in carrozzina, va in scena il fallimento di una società, la Costituzione lasciata lettera morta, la democrazia avvizzita. Il tutto nascosto a occhi esterni, custodito in questo pezzo di società separata, segregata, cancellata.

Io ho la fortuna del lavoro che, se non è in redazione, è nelle pagine di un libro da scrivere o di un contributo da dare sui social. Mi tiene vivo, occupato, lontano dalla paura di vivere. È lo stesso metodo e la stessa disciplina che uso per la preparazione fisica, per la terapia, per la fatica in palestra. I terapisti la riconoscono da lontano, mi dicono che la si trovi solo o quasi nei militari («Ma non la truppa, in quelli che vengono da esperienze estreme») o negli sportivi.

«Ma tu prima facevi boxe? No, perché hai dei movimenti da professionista.» L'omone pugliese non riesce più a trattenersi e si avvicina spingendo la sua sedia a rotelle. Finito il mio turno di fisioterapia, mi sono messo nell'angolo di una palestra con una coppia di pesi da due chili e sto facendo una decina di round «nel vuoto». Mi fa ridere che anche questo anziano signore mi attribuisca un «prima»; gli spiego che io invece la boxe l'ho cominciata proprio per cercare di recuperare un po' di equilibrio, perché la cosa più difficile, soprattutto se hai braccia forti, è non «cadere sui pugni», non farti trascinare via. Chiacchieriamo. Un altro anziano in sedia a rotelle nel corridoio mi sorride: «È bello vedere qui qualcuno che cammina». Tra i parenti, quelli che mi incontrano per la prima volta, hanno un sussulto negli occhi: sperano che io sia la prova che la medicina possa fare qualcosa, ma è solo una vuota speranza che dura poco.

Io intanto ho comprato una bici a pedalata assistita, cioè elettrica ma che ti fa faticare lo stesso. Eppure gli anziani vestiti da Giro d'Italia e le massaie fuori forma continuano a superarmi sulla pista ciclabile. A questo punto credo che la disabilità non c'entri nulla: sono scarso e basta. Ho anche comprato un esoscheletro. Su questi apparati, che si agganciano alle gambe e ti trasformano in una specie di mezzo robot, si sta investendo tanto. Per esempio i militari sperano così di sostituire «muletti» e altre macchine in modo da poter fare operazioni di carico e scarico in luoghi remoti senza dover allestire complesse basi logistiche. I neurologi sperano invece che «robotizzando» i loro pazienti li si metta in condizione di camminare ed essere autonomi anche se il loro midollo resta spezzato. Io ne ho comprato uno su Kickstarter, il sito di crowdfunding. È pensato per la corsa in salita, in montagna, quindi per aumentare le performance. Costava abbastanza poco da provarci, magari mi aiuta. In realtà l'azienda è in ritardo di un anno con le consegne mentre io lo aspetto impaziente e curioso di capire se funzionerà.

«Tu che sei giornalista, perché non scrivi una cosa su noi disabili che non contiamo nulla?» L'anziana signora in carrozzina elettrica mi parla mentre la aiuto a caricare il suo bucato in una delle lavatrici. I degenti possono usare la lavanderia comune nel fine settimana, sempre qui sulla collina, alla periferia di Imola. Sto aspettando che l'asciugatrice con i miei vestiti concluda il suo lavoro per tornarmene in stanza; poggiato sopra c'è il mio iPad. Non ho il coraggio di dirle che sto correggendo le bozze del mio prossimo libro, tutto dedicato alla disabilità. Non ho nemmeno la forza di dirle che in realtà non ho voglia di darlo alle stampe, di metterlo in circolo, e che forse la paura me l'ha fatta passare lei con la sua domanda.

Rinunciare al rapporto con la disabilità, nasconderla, significa spesso rinunciare alla forza che il «diverso» può offrire al «normale», in tutte le gradazioni che possono contenere queste definizioni ridicole. Perché, a pensarci bene, uno che cammina è davvero automaticamente normale? Magari tortura i suoi colleghi, maltratta i figli, picchia la moglie ma nelle definizione comune è normodotato. Incredibile quanto le convenzioni (e il razzismo che si portano dietro) ci allontanino dalla realtà.

«Mi dispiace ma qui non si guarisce nessuno, ci curano e basta.» Lo dico forse troppo bruscamente a un signore che incrocio uscendo dall'ascensore, sempre qui sulla collina. Meravigliatosi all'apertura delle porte, per la terza volta nel giro di pochi giorni, mi chiede quanto tempo ci abbiano messo a farmi camminare di nuovo.

Nelle guerre di posizione, come quella in Ucraina, esiste una cosa chiamata *grey zone*, è l'area che non è di nessuno, né di chi avanza, né di chi difende. Sta in mezzo nell'attesa che qualcuno la conquisti. Sulle mappe si assegna un colore a ogni esercito, le zone di mezzo vengono invece segnate in grigio.

A volte penso che io abbia passato la mia vita lì: non abbastanza normale per i normali, non abbastanza disabile per i disabili, cercando di impedire che la mia zona grigia venisse conquistata dalla disabilità ma perennemente respinto nella conquista della normalità.

Il dono è davvero strano.

Indice

Finito di stampare nel mese di luglio 2024
per conto di RCS MediaGroup S.p.A.,
da Rotolito S.p.A., Via Sondrio, 3, Pioltello (Milano)
Printed in Italy